明清禪宗文獻叢書

第一輯

黃繹勳　成慶　主編

漢月法藏禪師珍稀文獻輯注初編

黃繹勳　輯注

總序：明清禪宗之活力

黄繹勳、成　慶

近代明清佛教的學術研究是以衰敗觀和僧諍的討論啓幕的。本叢書之出版意不在於質疑這些主張所呈現的部分事實，而是着眼於近年來大量明清禪宗珍稀文獻之陸續發現，冀望在既有的看法之外，藉由整理、出版和研究這些文獻，爲世人提供重新思索明清禪宗之活力的契機。

本總序之題名，乃受美國學者葛利高理（Peter Gregory）所撰"The Vitality of Buddhism in the Sung"（《宋代佛教之活力》）一文所啓發。西方學術界對於宋代漢傳佛教的研究，在葛利高理所編的 *Buddhism in the Sung*（《宋代的佛教》）一書中，已獲得學者們以新的視角重審唐代和宋代佛教的價值和定位的共識。葛利高理更於其"The Vitality of Buddhism in the Sung"一章中，具體地檢驗所謂"唐代以後漢傳佛教衰敗的刻板印象"的三個來源，分別爲：1. 宋代佛教中特別是禪宗僧人對己身禪門反省的負面言詞；2. 日本學術界基於宗派和國族思想立場對漢傳佛教的偏頗評論；3. 宋代儒者和歷史學者企圖邊緣化佛教的成見。[①]

佛教自宋而後，傳衍至明清時期亦有數百年的歷史，同樣地，明清佛教亦背負著衰敗的普遍印象，因此，筆者以爲葛利高理上述有關"唐代以

---

① 　Peter Gregory ed. *Buddhism in the Sung*. Honolulu：University of Hawai'i Press，1999，pp. 1-20；黄繹勳《明清佛教研究新文獻與新審思——以碩揆禪師尺牘爲例》，《佛法與方法：明清佛教及周邊》，復旦大學出版社，2021年，第119—131頁。

後漢傳佛教衰敗的刻版印象"的檢驗內容，也適用於幫助我們重新審思明清佛教之刻版印象。

首先，例如明末湛然圓澄（1561—1627）於《慨古録》之所陳述："自嘉靖間，迄今五十年，不開戒壇。而禪家者流，無可憑據，散漫四方，致使玉石同焚，金鍮莫辨。"①臨濟禪僧漢月法藏（1573—1635）於《提智證傳序》慨嘆當時情形："禪道式微，不獨無典之妙不傳，抑且宗門奧典幾致滅裂。"②曹洞禪僧永覺元賢（1578—1657）亦説："入明以來，二百餘載，聖賢隱伏，法脉久湮。"③這些明代禪宗僧人對於禪門反省的言詞、褒古抑今的語調，成爲了明清禪宗的普遍負面印象之濫觴。

繼而，關於學術界對明清佛教史的叙事問題，吳疆認爲始於梁啓超（1873—1929）《論中國學術思想變遷之大勢》一文，學者將中國學術史的宋元明階段評斷爲"儒佛混合時代"，清朝則爲"衰落時代"；進而通過陳觀勝（Kenneth Ch'en；1907—1986）的英文著作《中國佛教史概論》（*Buddhism in China: A Historical Survey*），影響到歐美學術界。④ 同樣地，日本學界如鐮田茂雄（1927—2001）亦於其《中國佛教通史》中統括："明清以後的近代佛教，可以説是佛教的衰頽期。"⑤因而，此簡單概括化的衰落史觀，根深蒂固地盤踞於東西方學術界超過一個世紀之久。

明清儒者對於佛教的態度較複雜。明朝初中期朱學獨盛而反佛立場鮮明，正如荒木見悟所言："反映當時思想狀況的大部分現存資料，都充斥著以儒家正統爲認識之基調的論述，一旦對佛教抱有好意、親近佛典，幾

① 《慨古録》，《卍新纂續藏經》（65），頁 369 上。

② 黃繹勳《漢月法藏禪師珍稀文獻輯注初編》，《於密滲提寂音尊者智證傳·提智證傳序》，上海古籍出版社，2024 年。

③ 《永覺元賢禪師廣録·送本立上人歸山序》，《卍新纂續藏經》（72），頁 455 上。

④ 吳疆《佛法與方法：明清佛教及周邊》導言，復旦大學出版社，2021 年，第 2—3 頁。陳觀勝於其書中，將起至宋朝迄至現代的佛教皆列於衰敗期，參其 *Buddhism in China: A Historical Survey*. New Jersey：Princeton University Press，1964，pp.389 - 470。

⑤ 鐮田茂雄著，關世謙譯《中國佛教通史》，臺北新文豐出版社，1987 再版，第 241 頁。

乎都會得到'不純狂蕩'的評價，這些親近佛教者在人性論方面的艱苦探索也好，其獨創性思想的由來也罷，幾乎都可能被輕易抹殺。"①中後期因王陽明(1472—1529)之學興起，佛教亦隨著有了復興的機緣，值得注意的是，王陽明雖近禪，但仍堅據闢佛的本位。② 以士人群體而言，如管東溟(1536—1608)、錢謙益(1582—1664)、黃宗羲(1610—1695)、方以智(1611—1671)等，皆是明清之際出入儒佛的代表，而他們在佛門內部的僧諍與人事糾葛之中也扮演著重要的角色。按照陳玉女的分析，明代佛教的一個重要特色就是世俗化，也就是説，當時佛教界與社會各階層有着較多互動往來，因而佛教內部的許多諍論也勢必與士紳之網絡形成密切的關聯。而過去對於明清佛教的研究，多局限於僧侶角色上，對於有著強烈佛教背景的士人往往輕描淡寫，描繪成歷史上的"失意者"與"邊緣者"，而未能看到轉折時代士人身份的豐富性與多歧性。③ 簡而言之，明清鼎革之際，禪、儒的關係複雜密切且相互資長。

　　誠如以上所簡述，明清佛教情況的負面評斷或主張雖不容全盤否認，但是，明清二朝(1368—1911)橫跨五百多年，在其榮衰起伏之間，若僅以禪宗典籍而言，收錄於現已出版的《卍續藏經》(新文豐版)、《嘉興大藏經》(新文豐版；民族出版社版)和《徑山藏》(國家圖書館藏本)等等，以及珍藏於中國、日本和越南等各大圖書館與寺院藏經樓的數量，便累積計千部以上。④ 吳疆於其《禪悟與僧諍：17 世紀中國禪宗的重構》一書中便主張，

　　① 荒木見悟著，陳曉傑譯《明代思想研究——明代的儒佛交流》序，山東人民出版社，2022 年，第 3 頁。

　　② 范佳玲《明末曹洞殿軍：永覺元賢禪師研究》，臺北花木蘭文化出版社，2010 年，第 271—277 頁。

　　③ 參看陳玉女《明代佛門內外僧俗交涉的場域》，臺北稻鄉出版社，2010 年，第 28—31 頁。另有關"狂禪"，參吳疆《演繹本真——李贄、佛教以及前近代中國文字境界的興起》(中譯文)，《宗教與歷史》，宗教文化出版社，待刊；有關"逃禪"遺民，參廖肇亨《忠義菩提：晚明清初空門遺民及其節義論述探析》，臺北"中研院"中國文哲研究所，2013 年。

　　④ 《卍續藏經》，臺北新文豐出版社，1994 年；《嘉興大藏經》，臺北新文豐出版社，1987 年；《嘉興大藏經》，民族出版社，2008 年；《徑山藏》，國家圖書館出版社，2016 年。

由於此時期禪宗各類文獻的數量豐盛,代表此時期禪宗發展之繁茂,因而可將第十七世紀稱爲禪宗歷史上的"第三個黃金時期"。① 近期適逢珍藏於各處的明清稀見佛教文獻陸續被重新發現,此時正是我們重新檢驗明清漢傳佛教固有印象的絶佳時機。②

明清佛教研究以陳垣先生之著作爲開端,其所言著名僧諍内容,以"宗旨學説之爭"爲上,"門户派系之爭"爲次,"意氣勢力之爭"爲下,"墓地田租之爭"爲下之下,概述了明清叢林之紛紛擾擾。③ 而日本學者野口善敬則開始注意到"僧諍"背後的"法諍"内涵,如明清曹洞壽昌派與臨濟天童派關於高峰原妙禪師"主人公"的諍論,以及密雲圓悟與漢月法藏關於六祖偈"本來無一物"理解的分歧,均是將"僧諍"的研究進一步拓展與深化。但是,關於這些非常有價值的議題,學界尚缺乏足夠的文獻以供深入研究。④ 本叢書第一輯即收録了上述僧諍之一所涉及的關鍵人物——密雲圓悟(1567—1642)和漢月法藏(1573—1635),以及三峰派後代禪師之珍稀文獻。

第一册成慶的《密雲圓悟禪師天童直説校注》,以杭州圖書館所藏明崇禎年間《天童直説》初刻本(存八卷)爲底本,以上海圖書館藏崇禎間重刻本補齊第九卷,并校以其他相關之本。内容包含了《闢妄七書》和《三録》,爲密雲圓悟對漢月法藏《五宗原》和提語《智證傳》的批評,我們可以

---

① 吴疆《禪悟與僧諍:17世紀中國禪宗的重構》,中西書局,2023年,第4頁。

② 紀華傳於其《20世紀以來的清代漢傳佛教研究》一文中,詳細統計和簡述了有關清代漢傳佛教的論文、專著和專題研究的著作,并且提出幾點問題,最後亦建議學者:"廣泛收集各種原始資料,綜合已有的研究成果,把清代佛教研究實質性地推上一個新臺階。"《中國宗教研究年鑒(2005—2006年)》,宗教文化出版社,2008年。

③ 陳垣《明季滇黔佛教考》(上册),河北教育出版社,2000年版,第275頁。

④ 野口善敬《明末に於ける"主人公"——密雲円悟の臨済禪の性格を巡って》,《九州大學哲學年報》第45期,1986年,第149—182頁;《關於明末"本來無一物"是"外道法"的論爭》,張立文、町田三郎主編《傳統文化與東亞社會》,中國人民大學出版社,1992年,第136—152頁;野口善敬撰、李賀敏譯《雪關智闇與"主人公"論爭》,《中國佛學》2021年第1期,第115—139頁。

從這些文獻中去釐清密雲圓悟與漢月法藏論諍的真實脉絡，并且也可以藉此深入了解密雲圓悟當時所廣泛參與的其他論諍情形。特別是，天童派與三峰派之紛爭，最終由雍正帝以《揀魔辯異錄》將三峰派定調爲“宗徒敗類”與“魔外知見”而告終，使得本來盛極一時的三峰派迅速失去影響力，同時亦終結了明清時期禪宗内部透過交辯和磋議檢視和重整“宗旨學説”的機會。如今藉由密雲圓悟珍稀文獻的整理與出版，我們得以超越僧諍的負面外在表相或意氣之爭，重獲進一步釐清禪宗發展至明清時期的各家“宗旨學説”和教法異同的時機。①

　　第二册和第三册黃繹勳的《漢月法藏禪師珍稀文獻輯注初編》和《漢月法藏禪師珍稀文獻輯注續編》，共收錄了蘇州西園寺藏經樓、蘇州鄧尉山天壽聖恩寺藏經樓、上海圖書館等處所藏十三種珍稀文獻，包含在密漢師徒之諍中扮演關鍵角色却長久未被關注或發現的《於密滲提寂音尊者智證傳》，以及漢月駐錫或講法於蘇杭多座寺院的語錄，其内容爲漢月上堂、小參、普説、懺法、法語、頌古和詩偈等等，涉及不同主題與體裁，爲我們系統地了解漢月法藏的禪教、戒律、懺法、净土思想或參禪看話頭的指導，以及其與在家居士和蘇杭寺院互動交流等等面向提供了豐富且重要的材料。②

　　第四册釋法幢的《具德弘禮禪師珍稀文獻輯注》，選錄和點校具德弘禮（1600—1667）所撰述語錄及相關文獻，收錄了蘇州西園寺藏經樓、南京圖書館、首都圖書館所藏以及《徑山藏》、《禪宗全書》、《中國佛寺志叢刊》

　　①　參成慶《密雲圓悟禪師天童直説校注》，附錄《〈天童直説〉與密雲圓悟、漢月法藏論諍再考》，上海古籍出版社，2024 年。

　　②　以漢月法藏之珍稀文獻爲材料，筆者之一黃繹勳已發表了以下成果：《漢月法藏禪師珍稀文獻輯注初編》，附錄《漢月法藏〈於密滲提寂音尊者智證傳〉略探》；《明末漢月禪師〈三峰和尚心懺〉略探和點校》，《佛光學報》新七卷，2021 年，第 1—45 頁；《明末漢月禪師和嘉興真如寺》，日本花園大學《禪學研究》第 100 號，2022 年，第 183—203 頁；《明代漢月禪師的精神歷程》，《人文宗教研究》第十三輯，宗教文化出版社，2022 年，第 144—165頁；《明末漢月法藏禪師之看話禪思想》，《宗教與歷史》，宗教文化出版社，待刊。

等所收的語録和文獻共八種。具德弘禮爲漢月法藏法嗣，是三峰派第二代傑出的禪僧，十坐道場包括廣孝、安隱、杭州佛日、靈隱、徑山等寺，具德生平結制和廣開禪期，致力於傳法和教化弟子，以法脉傳承延展三峰派的僧團勢力。此書描繪了具德弘禮的生平行誼與人物面貌，可爲學界研究具德禪師的禪法教學、禪學思想、生平事迹與弘法影響，乃至探討分析清初三峰派的蓬勃發展現象等，提供豐富的材料。①

第五冊王啓元的《碩揆原志禪師珍稀文獻輯注初編》，收録國家圖書館藏《碩揆禪師語録》（尺牘十二卷），以及常熟圖書館藏《借巢集》（三卷）。碩揆原志（1628—1697），屬漢月法藏三峰派第三代，歷主江南徑山寺、三峰寺、靈隱寺等著名禪寺，爲三峰派傳衍至清初第三代的重要禪師之一。《碩揆禪師語録》包含碩揆原志的尺牘和書啓，《借巢集》爲碩揆的詩作，此兩部文獻包含了關於碩揆生平和禪法思想、清代禪宗以及三峰派於清代的發展軌迹、法門紛争所展現的禪門省思意義，以及康熙年間靈隱寺寺史等課題的諸多珍貴史料，學者借此可更深入地分析探討明清佛教之時代特色和價值。②

簡言之，禪宗發展至明清時期，與社會各階層之士人、居士和民衆互動頻繁，展現出多元精彩的面貌。雖然明清佛教過去總是給人們一種衰敗的普遍印象，但是明末佛教的復興景象，又是不容我們忽視的事實。如果以傳統佛教戒、定、慧三學的範疇，來重審明清禪宗之活力的話，漢月在禪宗教團内推行三壇大戒，并著《弘戒法儀》一書，詳細説明了三壇大戒的流程。通過漢月和其他禪師的努力，三壇大戒儀式明清之時經常在禪宗

① 參釋法幢《具德弘禮禪師珍稀文獻輯注》，附録一《三峰派第二代具德禮禪師生平著述及傳承譜系考》，上海古籍出版社，2024 年。

② 參王啓元《碩揆原志禪師珍稀文獻輯注初編》，附録《碩揆原志禪師生平與尺牘研究》，上海古籍出版社，2024 年；黄繹勳《明清佛教研究新文獻與新審思——以碩揆禪師尺牘爲例》，《佛法與方法：明清佛教及周邊》，第 119—131 頁；《靈隱碩揆禪師的住山歷程和禪門省思——從上方、徑山、三峰到靈隱》，《獅子吼》第 24 期，2022 年，第 11—24 頁。

教團内進行并由禪師主持，是爲推動漢傳戒律之一大創舉。① 雲棲袾宏(1535—1615)《禪關策進》、漢月《於密滲禪病偈》《於密滲参禪諸偈》和晦山戒顯(1610—1672)《禪門鍛鍊説》等著作，皆是明清禪僧對参禪學道之重要省思和指導。② 此外，在明清之際所爆發的多次"僧諍"，除開一些佛門内部的人事意氣之争外，大量僧諍仍然與對"禪門宗旨"理解的分歧有關，比如曹洞壽昌派與臨濟天童派關於高峰原妙對於"主人公"的諍論，③以及漢月法藏與密雲圓悟對於"五家宗旨"的激辯等等，均透露出明清對於禪門宗旨和傳統公案進行再詮釋的努力和活力。另外，由於正德、嘉靖年間古學之風始開，讀書與考證重新被重視，在儒學界也掀起了一股回歸原典的思潮。晚明，此種回歸經典的思潮亦影響佛教之學術風氣，明末禪僧注釋佛教經、律、論的種類和數量遽增。④ 這些著作都明白揭示明清禪僧對傳統佛教戒、定、慧三學的承繼與重視，并且展現了明清禪宗之創新活力。

因此，現代學界對明清佛教應以更全面和多元的角度進行探討與分析，例如盛行於江南湖湘的、有著千餘位傳法弟子的密雲圓悟以及所屬的天童系和四川破山系，對清代江浙禪宗影響至深的磬山一系，位居常熟和蘇杭重要寺院的漢月法藏和其後幾代衆多弟子的三峰派，甚而對於現代佛教影響廣大的曹洞壽昌系和福建鼓山系，等等。這些當時具有重大影響的禪師，却因爲著作不見於世，在明清佛教歷史研究中被忽略，也因此

---

① 吴疆《禪悟與僧諍：17 世紀中國禪宗的重構》，第 31 頁。

② 雲棲袾宏《禪關策進》，《大正新修大藏經》(48)；漢月《於密滲禪病偈》和《於密滲参禪諸偈》，參本叢書第一輯第二册，黄繹勳《漢月法藏禪師珍稀文獻輯注初編》；晦山戒顯《禪門鍛鍊説》，《卍新纂續藏經》(63)。

③ 野口善敬《明末に於ける"主人公"——密雲円悟の臨濟禪の性格を巡って》，《九州大學哲學年報》第 45 期，1986 年，第 149—182 頁；野口善敬《"本来無一物"は外道の法》，《禪文化研究所紀要》，1992 年第 5 期，第 1—50 頁；野口善敬撰、李賀敏譯《雪關智闇與"主人公"論争》，《中國佛學》2021 年第 1 期，第 115—139 頁。

④ 范佳玲《紫柏大師生平及其思想研究》，臺北法鼓文化，2001 年，第 24—32 頁；聖嚴法師《明末佛教研究》，臺北法鼓文化，2000 年，第 44—48 頁。

影響我們對明清佛教的全面了解。

　　欣幸的是，近年來由於資訊技術發達，收藏於海內外的明清禪宗珍稀文獻相繼被重新發現、獲取。這些禪宗文獻體例豐富多元，除了常見的禪師上堂或小參的機緣問答和參禪指導以外，更包含如行由、行實、行狀、行脚、行錄和塔銘等禪師生平史傳，尺牘和書信等僧俗往來記載，文集、序、記、引、疏和雜著等涉及寺院情況與社會交流相關信息，頌古、拈古、詩偈和頌讚等表達精神境界或文學意涵的作品。與唐宋相較，明清禪宗與現代佛教時間上更爲接近，許多內容對我們而言更顯熟悉和親切，特別是相似之關懷議題，正是現代佛教可汲取或參考的豐碩活力泉源。因而，基於探究和闡發明清漢傳佛教的時代意義和價值之需要，將這些新發現的稀見明清佛教文獻整理出版，正是現代學者亟需加強努力的方向。

　　本“明清禪宗文獻叢書”系列正是以出版明清禪宗珍稀文獻的深度整理和研究爲目標，將多元地包含天童密雲系、漢月三峰派、四川破山系、磬山系、曹洞壽昌系和福建鼓山系等的相關文獻，爲明清禪宗專題研究提供新的文獻材料。今日漢傳佛教的發展，已逐漸跳脫過去“追溯唐宋”的視野，而更注意到明清佛教留下的各項傳統，如寺廟建築、清規儀軌、修行實踐等等，而這些都代表了明清佛教尚待發掘的諸多面向。希望將來能有更多學者以其專業特長，如以社會、文化、歷史、經濟、政治等多元視角，更進一步運用和探討此類稀見文獻的珍貴內容，促使漢傳佛教的學術研究向前推進，更臻完善。

目　　録

凡　例

一、本"明清禪宗文獻叢書"系列所收之文獻，多爲新文豐版《嘉興藏》所未收，明清時期寺院自行刊印的珍稀傳本，版本價值極高。

二、總序説明本叢書之出版緣起和校注明清禪宗珍稀文獻的目標。第一輯以陳垣先生著作所述的僧諍中，著名的密漢之諍——密雲圓悟(1567—1642)和漢月法藏(1573—1635)二位禪師，以及漢月禪師後代弟子的語録文獻爲開端，之後將多元地包含天童密雲系、漢月三峰派、四川破山系、磐山系、曹洞壽昌系和福建鼓山系等的相關文獻，爲明清禪宗專題研究提供新的文獻材料。

三、導論包含每一册文獻作者的生平簡介，諸種文獻排序之理路和重要價值。

四、解題提供文獻版本信息和內容簡要説明，意在於提供讀者將來可進一步探索的研究方向。

五、文獻正文校點之通則如下：

1. 古今字、異體字、正俗字原則上改爲通行字。

2. 原書明顯錯字或缺字以〔〕校改補正。

3. 原書有殘缺或難識者，以□表示之。

4. 謹斟酌原書句讀、訓讀符號，以及文意，施以現代標點，幫助讀者閲讀。

六、注釋主要爲校改所據、引用出處，以及禪宗公案和詞語典故之簡要釋義，方便讀者理解。

七、附錄爲作者使用該册文獻資料的研究專論之例。

八、校注定多疏誤之處，希望讀者不吝指正。

導　論①

　　漢月法藏禪師（1573—1635）出生於梁溪（今江蘇無錫）儒門。他於《海虞三峰於密藏和尚普説》中自述 11 歲時因病就醫於德慶院，15 歲辭父母於德慶院出家，他形容自己 19 歲剃髮時是"塵勞滿眼，未知此事，但心中耿耿，若有所失"，29 歲受沙彌戒於雲棲袾宏（1535—1615），之後十年之間"費盡心力，喫盡勞苦"，四處行脚，却總不遇契合良師，一直到 37 歲纔受具足戒於金陵靈谷寺的古心如馨（1541—1615），38 歲終於安頓在海虞（今常熟）的三峰禪寺。②

　　漢月於 40 歲（1612）時決定入百日不語死關，至第五日忽聞窗外二僧折竹聲若迅雷，"頓見虛空粉碎，大地平沉，人法俱消"。漢月此時纔明白過去閲讀前人祖師所説的悟後偈語，皆是轉句或是半提，只有自己親驗纔是向上全提時節，這是漢月無師自悟的開悟經驗。③《常熟三峰清凉禪寺志》現存最早之版本記漢月 42 歲時（1614），偶然從架抽得覺範惠洪（1071—1128）的《智證傳》，一讀下來，有如惠洪親授於五百年

---

①　本書原書名爲《漢月法藏禪師珍稀文獻選輯（一）》，由佛光文化出版社於 2019 年 4 月首次出版發行，今由上海古籍出版社得授權出版大陸版修訂本。

②　參見本書《海虞三峰於密藏和尚普説》。

③　《三峰藏和尚語録.三峰和尚年譜》，新文豐版《嘉興藏》（34），頁 205 下—206 上。

前,漢月歎曰:"我以高峰印心,覺範印法,真師則臨濟也。"①意謂漢月以臨濟義玄(? —867)爲真師,遥尊高峰原妙(1238—1295)印心,而覺範惠洪所代表的特別意義,則是印證了漢月所體證的佛法。②

在駐錫於三峰禪寺期間,漢月心中雖已遥嗣臨濟,也在三峰禪寺爲一方之師并收受自己的徒弟,但秉持著"威音已後,不許無師"的原則,他一直都"不正席、不升座"。③ 漢月到了 52 歲(1624)纔謁見當時被認爲是臨濟嫡孫的天童密雲圓悟(1567—1642),漢月曾於《上金粟老和尚》書信中自述他 29 歲讀了《高峰語録》便發大心參禪,并誓言若大徹之後,要紹隆臨濟宗,後來得知密雲乃高峰嫡骨正傳,怎敢"不一探堂奥"?④ 漢月於是杖策金粟山,謁見密雲。但是,漢月對二人首次相遇的經驗却感不甚相契。直至三年之後(1627),漢月於安隱寺收到密雲專使送僧伽黎(表付法之袈裟)和手書,書云:"老僧年邁,不能領衆説法了也,舊衣一頂惠與代勞耳。"漢月這時纔正式接受成爲臨濟宗密雲法嗣。⑤

漢月成爲密雲法嗣的過程雖頗曲折,但不可諱言,漢月自此聲名大開,蘇杭寺院紛紛邀請漢月前往開法或住持。因此,於今新文豐版《嘉興藏》的《三峰藏和尚語録》目録中記有漢月弟子爲其所集的語録,除了《住海虞三峰清凉院語》以外,尚有《住蘇州北禪大慈寺語》、《住杭州臨平安隱

----

① 《常熟三峰清凉禪寺志》,常熟圖書館藏抄本,四册七卷,上圓嚴炳述於壬辰(1652),孫淇寶洲續訂於約乾隆十年(1745)。《三峰藏和尚語録・三峰和尚年譜》則記漢月所讀爲惠洪的《臨濟宗旨》,歎曰:"我以天目爲印心,清凉爲印法,真師則臨濟也。"新文豐版《嘉興藏》(34),頁 206 上。

② 學者吳疆表示此遥嗣法脉之舉在明末是頗爲常見的情況,參其書《禪悟與僧諍:17 世紀中國禪宗的重構》,第 8 頁。

③ 《三峰藏和尚語録・三峰和尚年譜》,新文豐版《嘉興藏》(34),頁 207 上。

④ 《三峰藏和尚語録・上金粟老和尚》,新文豐版《嘉興藏》(34),頁 190 上。

⑤ 《三峰藏和尚語録・三峰和尚年譜》,新文豐版《嘉興藏》(34),頁 208 下;有關漢月嗣法密雲的詳細討論,參連瑞枝《漢月法藏(1573—1635)與晚明三峰宗派的建立》,《中華佛學學報》第九期,1996 年,頁 167—208。

寺語》、《住梁溪龍山錦樹院語》、《住蘇州鄧尉聖恩寺語》（一）、《住蘇州鄧尉聖恩寺語》（二）、《住杭州南屏净慈寺語》、《住嘉興水西真如寺語》、《住蘇州松陵聖壽寺語》和《住蘇州鄧尉聖恩寺語》（三），①并包含《廣録》（上堂和小參等）、《頌古》、《五宗原》、《雜偈》、《法語》、《書問》和《雜著》。此外，漢月還於 1623 年作《弘戒法儀》和《傳授三壇弘戒法儀》，1626 年作《於密滲施食旨概》，其著作内容豐富多元，是研究明末佛教非常珍貴的材料。②

　　但本書所輯之珍稀文獻，多不見收於上述新文豐版《嘉興藏》的《三峰藏和尚語録》之中，而且屬漢月早期著作。1616 年漢月開始於三峰禪寺結夏時，對衆人拈提惠洪的《智證傳》，最後於 1620 年完成了《於密滲提寂音尊者智證傳》。1619 年，漢月又作《於密滲禪病偈》和《於密滲參禪諸偈》。1622 年，漢月受德慶庵衆人之邀請於禪修期間開法，其弟子因而集成《海虞三峰於密藏和尚普説》；同年返回三峰禪寺後，又作《和隱真子勸修偈》。本書所輯最後一部爲《於密滲宋元三尊宿做工夫因緣邪正注》，此書首頁記有“明吴門北禪寺沙門法藏注”，依此推判應爲 1626 年，漢月受邀駐錫北禪寺後所作。③

　　藉由本書所輯漢月珍稀文獻的問世，我們適可重新審視漢月早期重要之思想和禪法内容，以及他對明末佛教的貢獻。本書所輯六部漢月珍稀文獻，現藏於上海圖書館和蘇州西園寺舊藏經樓，依撰寫和成書年代之

---

　　①　今新文豐版《嘉興藏》的《三峰藏和尚語録》目録中所列，漢月駐錫於各寺語録之名稱和内容，與其内文有些歧異，本書中暫以其目録所列語録稱之。

　　②　除了現今新文豐版《嘉興藏》所收《三峰藏和尚語録》以外，筆者亦見到多種架構和内容相異之語録，如：蘇州西園寺藏經樓藏《三峰於密藏禪師語録》（不全）和《鄧尉山天壽聖恩寺三峰藏禪師語録》（不全）；蘇州鄧尉山天壽聖恩寺藏經樓收有《三峰藏禪師全録》手抄版（不全），現收於敕建天壽聖恩禪寺編《臨濟宗三峰法藏禪學體系》第二册，蘇州天馬出版有限公司，2013 年；上海圖書館藏《漢月禪師遺稿》。有關漢月語録之全面討論，參拙著《漢月法藏禪師珍稀文獻輯注續編》，上海古籍出版社，2024 年。

　　③　《三峰藏和尚語録》記：“（天啓）六年，丙寅，和尚五十四歲，吴郡北禪請開堂。”新文豐版《嘉興藏》（34），頁 208 中。

順序,排列如下:①

一、《於密滲提寂音尊者智證傳》(1616—1620)

二、《於密滲禪病偈》(1619)

三、《於密滲參禪諸偈》(1619)

四、《海虞三峰於密藏和尚普説》(1622)

五、《和隱真子勸修偈》(1622)

六、《於密滲宋元三尊宿做工夫因緣邪正注》(1626)

第一部《於密滲提寂音尊者智證傳》是漢月最早在三峰禪寺教導弟子的内容。後來,漢月又於蘇杭特定寺院,針對好佛儒者之根器,再提語《智證傳》中經教的内容,藉以與參禪境界相印。因爲《智證傳》貴在其博引經教的内容,可以讓好讀佛經的儒者"因智而證"或"以證證智",并堅固他們參禪的決心;再者,漢月依據己身的經驗認爲,無師自悟者徹悟後,可以用《智證傳》内容來細檢自己所證的境界。②

此外,目前學術界對於密雲與漢月師徒之諍的研究,多著墨於漢月所著《五宗原》,部分原因是未見漢月所著的《於密滲提寂音尊者智證傳》之故。密雲於1634年痛斥漢月到處拈提惠洪覺範所著的《智證傳》,將禪院

①　本書所收上海圖書館六部文獻中,《於密滲提寂音尊者智證傳》之索書號爲線善 T415196-99,《於密滲禪病偈》、《於密滲參禪諸偈》、《海虞三峰於密藏和尚普説》、《和隱真子勸修偈》和《於密滲宋元三尊宿做工夫因緣邪正注》則爲合集,索書號爲線善 798214。唯根據上海圖書館古籍書目查詢系統(http://search.library.sh.cn/guji/)所示,此合集爲明泰昌元年(1620)刻本,此信息有誤。以最後一部《於密滲宋元三尊宿做工夫因緣邪正注》爲例,此文獻首頁記有"明吳門北禪寺沙門法藏注",可見成書時,漢月已駐錫於北禪寺,而在1626年漢月54歲時纔正式受邀駐錫北禪寺,可見此合集之刊刻年代應晚於1626年,參《三峰藏和尚語録·三峰和尚年譜》,新文豐版《嘉興藏》(34),頁207中—208中。

②　參本書《於密滲提寂音尊者智證傳》之破題。

變爲"講席"，此乃違犯佛教所知障之大忌。① 但由於《於密滲提寂音尊者智證傳》之缺失，學者一直無法具體陳述漢月爲何要拈提《智證傳》，藉以了解師徒之諍的關鍵內容。因此，本書所輯收藏於上海圖書館和蘇州西園寺舊藏經樓的《於密滲提寂音尊者智證傳》，適可補上此議題中非常重要的一塊拼圖，讓我們得知漢月在《於密滲提寂音尊者智證傳》所述的思想。有關此典籍之研究，請參本書附錄筆者所撰《漢月法藏〈於密滲提寂音尊者智證傳〉略探》一文。

　　第二部《於密滲禪病偈》撰於 1618 至 1619 年間。三峰禪寺於此二年間禪路乍開，許多僧人紛紛從各地而來，漢月在扣問他們前來三峰禪院參禪的原因後，發現他們對於參禪都各有偏執的理解，漢月於是將之記下後書成《禪病偈》。1626 年，漢月已駐錫北禪寺時，首座徹公見到來訪參禪者"魔説轉熾"，便先以《禪病偈》格正前來挂搭之人的禪病，後來因爲求偈之人衆多，徹公便將之付梓，名爲《於密滲禪病偈》。漢月於《於密滲禪病偈》中以"有者"或"有"起首，共列舉了約五十種禪病，并於跋中説明，他之所以列出這些禪病，是懇請諸方尊宿都能"知其病而力救之"，禪宗法門則因此有"撥亂返正"的希望。就現代參禪者而言，漢月的《於密滲禪病偈》亦不失爲可用來細細檢視自己禪修困境的絕佳內容。②

　　第三部《於密滲參禪諸偈》共有四十偈，爲漢月作於 47 歲（1619）住三峰禪寺時。漢月以"大信、直心、持戒、發憤、去我、絕情、絕理、絕善惡、絕簡點、絕修證、近知識、受鍛煉、看話頭、勤問話、莫妄答、便要徹、少打坐、

──────────

① 《密雲圓悟禪師天童直説》卷一，頁 5；《密雲禪師語録・天童密雲禪師年譜》，新文豐版《嘉興藏》(10)，頁 83 下。有關漢月之研究，中文現代學術研究可參釋見一《漢月法藏之研究》，臺北法鼓文化，2000 年；連瑞枝《漢月法藏(1573—1635)與晚明三峰宗派的建立》，頁 167—208；廖肇亨《惠洪覺範在明代——宋代禪學在晚明的書寫、衍異與反響》，《"中研院"歷史語言研究所集刊》第七十五本第四分，2004 年，頁 797—837。

② 參本書《於密滲禪病偈》。

莫習静、勿墮工夫窟、勿立主宰、疑情、壁立萬仞、懸崖撒手、斷命根、莫坐前後際斷處、以證悟爲期、更進一步、服勤、入鍛須深、遍參、到家、住山、出格、相應、不肯住、出入生死、重法脉、提振宗風、始終重戒、總頌"等四十題名作偈，叮嚀參禪者從初學到證悟，甚而擔任住持者應注意之細節，尤其是到了末尾第三十九偈，漢月以"始終重戒"爲題名，囑咐參禪者始終都必須持戒，顯示漢月對戒律的重視。①

第四部《海虞三峰於密藏和尚普説》是 1622 年德慶庵舉辦禪修時，大衆延請漢月前來升座開法之内容。此書最珍貴之處爲包含漢月從出家、做工夫至開悟過程的兩次自述，漢月特別以己身修行之經驗，勉勵參禪者看話頭爲唯一做工夫的方法，必須久久不懈，漸漸鍛煉，以了悟爲期，并請大衆細檢禪宗燈録中諸祖列傳，以己眼證明。② 漢月如此推薦參禪者閲讀諸祖列傳，恰可銜接本書收録的最後一部文獻——《於密滲宋元三尊宿做工夫因緣邪正注》，以漢月注語宋元三位尊宿做工夫的因緣，來驗證如何藉由看話頭最終得了悟的實例。

第五部《和隱真子勸修偈》包含漢月所作《序》、勸修偈三十首，以及《十二時歌》，漢月於《序》中説明此偈是因唱和宋代如如居士顏丙之《普勸修行文》和隱真子之《勸修偈》而作，漢月以據稱爲永明延壽（904—975）所作《四料簡》中的角虎説、《維摩詰經》之經句、四羯磨法和雲棲袾宏（1535—1615）之説，舉證儘管修行净土也絶不可放棄禪、教、律的學習與實踐。漢月之《序》以"禪、教、律之三宗皆能攝净土"起首，以"和三十日偈以勸參禪爲净土切要最上事"結尾，明確地表達出净土是當時廣爲大衆所喜好的修行，但是，漢月堅持主張禪、教、律是修净土的基礎，其中，參禪更是净土修行最切要之事。③

第六部《於密滲宋元三尊宿做工夫因緣邪正注》爲漢月所摘引三位尊

---

① 參本書《於密滲參禪諸偈》。

② 參本書《海虞三峰於密藏和尚普説》。

③ 參本書《和隱真子勸修偈》。

宿之生平行履和漢月之注語，三位尊宿分別爲宋代大慧宗杲（1089—1163）、元代雪巖祖欽（1214—1287）和元代高峰原妙。漢月對這三位尊宿生平最強調的内容便是他們如何做工夫，通過參禪而得悟的因緣。這三位尊宿做工夫得悟的因緣雖然都不同，但最後的目標都是契證，可見漢月作《於密滲宋元三尊宿做工夫因緣邪正注》的最終目的，在於以三位尊宿做工夫得悟的因緣爲實例，讓參禪者了解在行脚、訪師、參禪、開悟的過程中，會有甚麽困難，并以自己參禪的經驗提醒參禪者該注意的做工夫細節，尤其是一再叮嚀參禪者必須以"契證爲期"，必要"實實證到推移不動田地"，如此纔是"真正爲生死參禪"。①

可見，漢月教學以參禪爲核心，以引導弟子開悟爲目標。漢月的弟子繼起弘儲（1605—1672）於《三峰藏和尚語録》記載漢月曾告訴他："古人傳持道法所貴久遠，不在熱大，汝輩綿遠傳去，我身背上事畢矣！"②而後漢月的法嗣僅《五燈全書》一書所記，便有出家弟子十三人："三峰梵伊弘致禪師、兜率一默弘成禪師、焦山問石弘乘禪師、三峰在可弘證禪師、瑞光頂目弘徹禪師、顯寧澹予弘垣禪師、鄧尉剖石弘壁禪師、華嚴于槃弘鴻禪師、靈隱具德弘禮禪師、靈巖退翁弘儲禪師、雙髻慧刃弘銛禪師、安隱潭吉弘忍禪師、焦山碩機弘聖禪師。"③由此名單便可知，除了常熟三峰禪寺以外，漢月弟子們位居蘇州和杭州多座重要寺院，如具德弘禮（1600—1667）住靈隱寺，退翁弘儲住靈巖寺，又住持今湖南南嶽福嚴寺，三峰派第二代人才濟濟，禪風盛行於江南和湖湘，漢月希望其弟子們能"綿遠傳去"之心

①　參本書《於密滲宋元三尊宿做工夫因緣邪正注》。

②　《三峰藏和尚語録》，新文豐版《嘉興藏》（34），頁 211 中。

③　《五燈全書》，《卍新纂續藏經》（81），頁 385 上。剖石弘壁（1599—1670）之法嗣仁叟寂震曾編《三峰燈史》八卷，輯漢月和弟子二代於三峰禪寺和鄧尉山聖恩寺住持，以及其他法嗣之燈譜，可惜今已不存，參仁叟寂震《金剛三昧經通宗記》，《卍新纂續藏經》（35），頁 331 下。另，長谷部幽蹊於其文詳列了三峰派於三峰禪寺、鄧尉山聖恩寺、靈隱寺（雲林寺）等寺歷代住持之信息，《三峰一門の隆替》，《愛知學院大學論叢一般教育研究》31（3），1984 年，頁 705—745。

願可謂完遂。①

　　但是，三峰一派在漢月去世約一百年後，不幸於 1733 年遭到清廷的打壓，雍正帝將三峰派徒衆削去法席，不許入祖庭，不許説法，三峰派祖師典籍亦遭毀板，進而散逸。② 不過，在當時民間隨刊隨印的《方册藏》中，根據康熙十六年(1677)編成的《續藏經值畫一》目録，我們已見到收有漢月《弘戒法儀》，之後續刻的《又續藏經值畫一》又見收入漢月《三峰禪師語録》、漢月弟子弘儲《繼起禪師語録》和《南岳單傳記》、三峰第三代弘儲法嗣靈樹僧遠《靈樹遠禪師雲巖集》和内紹智種《内紹禪師語録》。③ 此外，由於雍正帝於 1735 年駕崩，乾隆三年（1738）法化再開後，嘉慶七年(1802)所編之《補刻嘉興楞嚴寺藏經目録》仍可見到上述典籍，三峰派隱匿於諸山的語録典籍也再獲護持付梓，清末刊印的三峰派第三代晦山戒顯(1610—1672)所撰《禪門鍛煉説》（刊印於 1872)即是一例。④

　　除了語録以外，學者認爲漢月所著《弘戒法儀》亦於清末湘鄂地區影響頗廣。成書於清乾隆七年(1742)的《南山宗統》律宗譜系列漢月爲南山律宗祖師古心如馨下二世，稱漢月爲“鄧尉藏律師(兼宗臨濟)”，足見明清

---

　　① 《五燈全書》，《卍新纂續藏經》(82)，頁 330 下；談玄《清代佛教之概略》，張曼濤主編，現代佛教學術叢刊(15)，《中國佛教史論集(六)》，臺北大乘出版社，1977 年，頁 150；另，任宜敏統計了三峰派二、三代傳人所弘化的省分遍及現今“浙江、江蘇、湖南、湖北、四川、廣東、安徽、江西、雲南、河北”等，又所住錫的寺院包括“國清、徑山、顯寧、靈隱、安隱、金粟、焦山、金山、祥符、虎丘、靈巖、拈花、般若、華藏、報恩、華嚴、雲門、太平天國”等十八刹，參其文《“三峰”葉裔及其化迹考析》，《浙江學刊》第 5 期，2011 年，頁 52—63。

　　② 雍正於其《揀魔辨異録》所附上諭記：“天童密雲悟派下法藏一支，所有徒衆，著直省督撫詳細查明，盡削去支派，永不許復入祖庭。果能於他方參學，得正知見，別嗣他宗，方許秉拂。諭到之日，天下祖庭，係法藏子孫開堂者，即撤鐘板，不許説法，地方官即擇天童别支承接方丈。”《卍新纂續藏經》(114)，頁 192 下。

　　③ 《藏經值畫一目録》，CBETA 電子佛典，《國家圖書館善本佛典》(59)，頁 62 上—中。

　　④ 長谷部幽蹊《三峰一門の隆替》，《愛知學院大學論叢一般教育研究》33(4)，1986 年，頁 750；釋法幢《清嘉慶〈補刻嘉興楞嚴寺藏經目録〉文獻整理與略考》，《大藏經的編修·流通·傳承》，浙江古籍出版社，2017 年，頁 273、276。

律宗燈譜對漢月的尊重。① 另外，由於部分佛教寺院和禪宗叢林仍支持三峰禪派，協助保存三峰派祖師著作，所以，除了《徑山藏》②以外，現今我們還可以從各地陸續尋得三峰派珍稀文獻。

關於此議題，陳垣先生於 1962 年出版了揭開明清僧諍内幕的《清初僧諍記》，但其書所運用的許多文獻材料，由於年代久遠，學者多已不得一見。日本學者長谷部幽蹊雖於 1986 年發表《三峰一門の隆替》，整理出三峰派諸師之著作目錄，但我們只得見目錄。接著，日本學者野口善敬於 1989 年撰譯《譯注清初僧諍記》時，利用現存於日本的文獻資料補充了部分信息，但是仍有一些文獻材料是當時所未見的。因此，2017年 2 月在日本花園大學國際禪學研究所舉辦的工作坊中，筆者發表《明清三峰派稀見文獻解題（一）》初稿時，野口善敬所長表示，這些逸失已久的文獻重新問世，是陳垣先生出版《清初僧諍記》五十年後的重大突破，可使我們對於陳垣先生在《清初僧諍記》所討論的許多典籍和細節不再限於臆度和猜測。由此可見，新問世的明清佛教稀見文獻是可供學界進一步細探明清僧諍的内容和三峰派早期發展實況的非常重要的材料。③

本書所輯的六部文獻，爲現今已發行的新文豐版《嘉興藏》或國圖社版《徑山藏》以外，所發現漢月著述的稀見文獻或版本，文獻價值極高，是爲當時三峰禪寺或北禪寺所自行刊印的寺院傳本，每半頁 9 行，每行 18

----

① 《南山宗統》卷三，頁 1，台南，和裕出版社所發行，2001 年；釋果燈《明末清初律宗千華派之興起》，臺北法鼓文化，2004 年，頁 78。另一部編撰於乾隆三十年(1765)的《律宗燈譜》則特別指出："馨祖以下受其戒法者十餘人，傳授戒法惟寶華光祖爲最盛，若鄧尉藏祖兼承臨濟禪宗，其間多有絕其法嗣者，後之人苟能遥相繼續，亦不致支派滅如也。" CBETA 電子佛典，《大藏經補編》(22)，頁 690 上。

② 《徑山藏》(全 230 册)，國家圖書館出版社，2016 年。

③ 陳垣《清初僧諍記》，中華書局，1962 年；長谷部幽蹊《三峰一門の隆替》，《愛知學院大學論叢一般教育研究》33(4)，1986 年；野口善敬《譯注清初僧諍記》，福岡中國書店，1989 年；黃繹勳《明清三峰派稀見文獻解題（一）》，《佛光學報》新五卷・第一期，2019 年。

字，相異於《徑山藏》早期刊本半頁 10 行、每行 20 字的版式。① 綜論本書所輯六部漢月珍稀文獻的重要性，有二項特色。

　　首先，漢月年譜中，除了《於密滲宋元三尊宿做工夫因緣邪正注》以外，皆可見到本書所輯其他五部文獻的書名記載，而且這五部文獻成書皆早於漢月謁見密雲之前，此外，漢月於《於密滲宋元三尊宿做工夫因緣邪正注》中也未曾提及密雲，因此可以確定的是，六部文獻皆是漢月早期的著作。

　　再者，有別於後期漢月弟子們所幫忙彙集的，漢月駐錫於蘇杭多所寺院的語錄，其内容多爲漢月於上堂或小參中回應問話者不同主題的體裁，而本書所輯的這六部漢月珍稀文獻，除了《海虞三峰於密藏和尚普説》以外，都屬於有專題内容的著作。因此，可以讓我們比較系統地了解漢月的禪教思想，他對禪病和參禪的指導，對禪、教、律、净的分析，此外，通過他對三位尊宿做工夫得悟的注語，也可讓參禪者以三位尊宿爲實例，了解從行脚、訪師、參禪到開悟的過程。

　　這六部漢月珍稀文獻的重新發現，使筆者得以點校和出版本書，從而讓現代學者得以運用這些稀見文獻的内容，將來或可重新就漢月的禪、教、戒律、净土思想或參禪和看話頭的指導等等面向，發展成研究專文或專書。能夠利用新出文獻探究闡發明清漢傳佛教的時代意義和價值，正是我們現代學者亟需加強努力的方向，亦是筆者心中最大的期盼。

---

　　① 方廣錩於《略談〈徑山藏〉的歷史地位》中提及中國佛教典籍有二大流傳系統，即歷代大藏經和民間傳本，本書所輯的六部文獻即屬民間寺院傳本，《大藏經的編修・流通・傳承》，頁 8—9。

一、於密滲提寂音尊者智證傳

解　　題①

一、版本

　　十卷。本書所依之底本爲明天啓四年(1624)刻本，分藏二處：上五卷藏於上海圖書館，書前《提智證傳序》半頁 7 行，每行 15 字，正文半頁 9 行，每行 18 字，單魚尾，四針眼法，每卷分別裝訂成册，此爲上海圖書館所藏之第一部(索書號：線善 T415196‑99)；下五卷藏於蘇州西園寺舊藏經樓，半頁 9 行，每行 18 字，單魚尾，六針眼法，五卷合訂爲一册，首頁有"一粟草堂珍藏"印。② 上海圖書館的第一部藏本和蘇州西園寺舊藏經樓本版式、版心净尺寸等均相同，爲同一版本，但所用紙張材質及尺寸不同，且裝訂方式相異，應爲不同時期印刷和裝訂之印本。③ （參圖版二和圖版四）

　　上海圖書館另藏有第二部《於密滲提寂音尊者智證傳》十卷本(索書號：線善 T375515‑16)，根據其版式推判，此部與第一部是同一版本之不

　　① 本書有關《於密滲提寂音尊者智證傳》之解題，筆者已發表於《明清三峰派稀見文獻解題(一)》，頁 137—149。

　　② 筆者在此特別感謝蘇州西園寺方丈普仁大和尚同意調閱古籍，藏主法宗法師、三寶樓智誠法師和圖書館樓曉蔚先生熱心協助調閱古籍。

　　③ 上海圖書館所藏之第一部，其開本尺寸爲 15.9×26.2 cm，蘇州西園寺舊藏經樓本爲 18×27.5 cm，二本版心净尺寸均爲 14.3×20.7 cm。

同印本。①

二、内容説明

　　《於密滲提寂音尊者智證傳》内容依次包含卷首漢月所作《提智證傳序》(1624)、紫柏真可(1543—1603)所撰《重刻智證傳引》和正文。此書頁首屬名記爲"明海虞三峰沙門法藏提語,三峰門人廣敏録語",可見是爲漢月駐錫於三峰清凉寺時所作,而録語之人爲廣敏,即漢月早期弟子聽石廣敏(活躍於 1616—1624 年間),《三峰清凉寺志》記漢月住三峰清凉寺時,至萬曆戊午(1618)、己未(1619)年間,四方來學益衆,共有十四人,皆是漢月"真實抱道衲子",録語《於密滲提寂音尊者智證傳》的聽石廣敏便是其中之一。②

　　作此書之因緣,根據《三峰和尚年譜》所記,漢月於萬曆三十八年(1610),38 歲時行脚至虞山,安頓於三峰禪寺,40 歲時開悟,44 歲起於三峰禪寺結夏時,開始對衆人拈提覺範的《智證傳》,四年之後,即 48 歲時,漢月完成提語《智證傳》全書,《於密滲提寂音尊者智證傳》之刻印則晚至天啓甲子(1624)。此年,漢月 52 歲,恰是謁密雲圓悟于金粟廣慧寺之年。所以,漢月完成提語《智證傳》的時間實早在謁見密雲圓悟之前四年。

　　以下筆者擇選《於密滲提寂音尊者智證傳》中部分重要信息加以簡單介紹,分別爲:上海圖書館本紫柏真可《重刻智證傳引》之版式、漢月所述紫柏真可重刻《智證傳》之因緣、漢月《提智證傳序》重要内容摘録、漢月

---

　　①　上海圖書館所藏之第二部,其開本尺寸爲 17.1×26.9 cm,版心净尺寸爲14.3×20.7 cm。

　　②　《三峰清凉寺志》記:"漢公住三峰,至萬曆戊午(1618)、己未(1619)間,四方來學益衆,提唱無虛日,時座下參學又有聽石敏、净心玉……輩十四人,皆真實抱道衲子,亦在弟子之列,而未付法者事迹莫詳,僅一見其名而已,附録於此。"《中國佛寺志叢刊》(40),廣陵書社,2006 年,頁 126。

《於密滲提寂音尊者智證傳》破題重要内容摘録和漢月《於密滲提寂音尊者智證傳》正文之體例。

（一）上海圖書館本紫柏真可《重刻智證傳引》之版式

上海圖書館本《於密滲提寂音尊者智證傳》之真可《重刻智證傳引》，與中國國家圖書館所藏刻印於明萬曆十三年（1585）的《寂音尊者智證傳》卷前真可之《重刻智證傳引》版型相異：國圖本半頁 7 行，每行 15 字，共 3 頁，并附有《附達觀師書》；①上海圖書館本半頁 9 行，每行 18 字，共 2 頁，且無《附達觀師書》。因此，筆者推測上海圖書館本真可《重刻智證傳引》應是刊印《於密滲提寂音尊者智證傳》時重新雕版，保留了漢月書寫真可《重刻智證傳引》的樣貌，可鑒賞漢月書法之美，誠屬珍貴。（參圖版一）

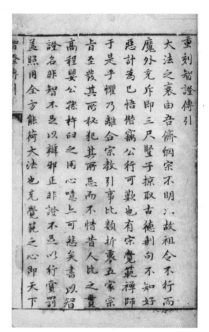

圖版一　紫柏真可《重刻智證傳引》
　　　　漢月手書上板上海圖書館本

（二）漢月所述紫柏真可重刻《智證傳》之因緣

漢月《提智證傳序》提及了現存資料中都未記載，有關紫柏真可重刻《智證傳》因緣之信息：

萬曆間，介如□公偶於爆紙中購得此書，乃呈　柴②老人，老人曰：“吁嗟乎！臨濟兒孫猶在耶！”遂命開公梓而公之天下後世。③

① 北京國家數字圖書館，http：//mylib. nlc. cn/web/guest/shanbenjiaojuan，2017/4/23。

② 原文作“柴”，“柴”字應爲“紫”和“柏”之合字，以表對紫柏之敬意。

③ 參本書《提智證傳序》。

上文中"介如□公"①生平不詳,但"開公"應爲真可之徒弟密藏道開(活躍於約 1560—1595 年間),萬曆二十一年(1593)曾協助《嘉興藏》之刊刻工作,將經版從五臺山移置於徑山寺寂照庵,刻藏工作南遷後便以病隱去。② 由於真可《重刻智證傳引》作於萬曆十三年(1585),《智證傳》當時由真可徒弟道開負責梓刻,是與漢月所記頗爲符合的。

(三) 漢月《提智證傳序》、刊印和題名

漢月於《提智證傳序》中特別解釋,他從萬曆丙辰(1616)年起,於三峰禪寺結夏時,開始對衆人拈提覺範的《智證傳》,一直到庚申年(1620)纔完成提語《智證傳》全書,并且由首座聽石廣敏録成帙,後漢月於天啓甲子(1624)親自作序,這爲我們提供了有關漢月《於密滲提寂音尊者智證傳》成書過程非常重要的信息。此外,漢月《序》後有"三峰道人"、"於密氏"和"法藏之印"三印,又爲我們提供辨認此書爲漢月著作之證明。以下爲漢月《提智證傳序》重要摘録内容。

> 三七不思,十方未證者,即睹星而悟,亦單明自己之天然外道也。百城未遍,樓閣不離者,縱顧象而悟,亦一悟便了之了事漢子也。……
> 宋覺範禪師知邪説之難鉏,悲大法之欲滅,乃作《智證傳》以懸救末法。……
> 蓋五宗之最,惟臨濟一宗法密而不滲,苟非真參大透者,不能盡其閫奥。覺範雖加拈掇,如空裏電光,畧示影響。竊恐捉影之徒尚追語脉,不顧狂陋,復爲之持起。
> 歲丙辰結夏峰中,對衆日提一則,時或間越一二。至庚申,痛念法門,

---

① 《武林梵志》中"靈隱禪寺"條目中記有"壬子(1612)延介如石公講楞嚴義海於寺",但此延介如石是否即爲漢月所言之"介如□公"則有待繼續考證,CBETA 電子佛典,《大藏經補編》(29),頁 578 中。

② 密藏道開又於萬曆十二(1584)至十三(1585)年間興復了嘉興楞嚴寺,制定了《楞嚴寺規約》。詳《密藏開禪師遺稿》,新文豐版《嘉興藏》(23),頁 34 中—下;《新續高僧傳》,CBETA 電子佛典,《大藏經補編》(27),頁 86 上;中嶋隆藏《嘉興入藏仏典と密藏道開の立場》,《東方學》第 113 期,2007 年,頁 34—50。

勃勃虐病，因强病爲之卒業，提成而病愈。……而首座敏公等録之成帙，投敝篋久矣。適豫林嚴居士見而合，傳以壽諸梓。自顧荒駷，何足流布？以爲力於法門，第爲法之私，不無乘願者耳。覽此書者，諒不以尾蠅而棄驥也，願諸法中高明傑出之士俯以教我。

天啓甲子歲秋日三峰法藏於密氏序①

漢月於序中所提及的"豫林嚴居士"，②即爲各卷末頁刊記中屢屢出現的捐金刻印者嚴樟（活躍於 1624 年）。蘇州西園寺藏經樓所藏《於密滲提寂音尊者智證傳》卷十末頁有嚴樟所作完整刊印記，顯示此書完刻於天啓四年（1624）。

　　綜合漢月《提智證傳序》和嚴樟刊記內容，我們可以得知漢月從 1616 年開始於三峰禪寺提語《智證傳》，由首座廣敏將漢月提語部分録之成帙。漢月於 1620 年完成提語全書，但是書成後收於篋中很久，纔將提語交給嚴樟。嚴樟便將漢月提語和《寂音尊者智證傳》合彙爲一册，接著又與陳元鼎、信女智卯、智吉於 1624 年共同捐貲發願繕刻，并且將刻板送三峰禪院。①　筆者依目前上海圖書館和蘇州西園寺舊藏經樓所藏《於密滲提寂音尊者智證傳》來判斷，這上下二部版式相同但裝訂方式各異，應是於不同時間印刷和裝訂的，如今此二處藏本各自毀損的爲上部末頁、封底和下部封面，但內容大致完整，實爲可幸！

　　至於《於密滲提寂音尊者智證傳》之題名，現存資料中另有些許差異，如《三峰藏和尚語録》中僅記爲《於密禪師提智證傳》，主要爲缺"滲"字，由

　　①　參本書《提智證傳序》。

　　②　當時常熟名人有嚴家四代——嚴訥、嚴澂（1547—1625）、嚴樸和嚴炳，爲長期護持三峰禪寺之家族，但嚴樟與此嚴家之關係則不詳。嚴訥字敏卿，號養齋，進士出身，官至吏部尚書，兼武英殿大學士；嚴澂爲常熟虞山琴派創始人，號天池，著《松弦館琴譜》；嚴樸字少文；嚴炳字孚文，一字孟虎，大學士。《三峰藏和尚語録・三峰和尚年譜》於萬曆四十四年丙辰（1616）記事中曾提及嚴澂，即嚴天池之名，新文豐版《嘉興藏》（34），頁 206 下；嚴炳則爲常熟圖書館藏《常熟三峰清凉禪寺志》之原纂者。

　　①　參本書《於密滲提寂音尊者智證傳》之刊記。

於漢月所作《提智證傳序》中并無題名之解釋，筆者只能旁敲側擊其可能原因。事實上，漢月現存著作中尚有其他包含"滲"字之題名，如《於密滲禪病偈》（完成於 1619 年）、《於密滲宋元三尊宿做工夫因緣邪正注》（完成於約 1626 年）和《於密滲施食旨概》（完成於 1626 年，《卍續藏經》第 59 冊，第 1082 號）。"滲"字之意，漢月於《三峰藏和尚語録》提及"情滲漏、見滲漏、語滲漏"①三種滲漏，於《於密滲提寂音尊者智證傳》中亦曾提及"蓋五宗之最，惟臨濟一宗法密而不滲，苟非真參大透者，不能盡其閫奥"，②上述"滲"字之用法皆含有負面之意涵，漢月又説再提語《智證傳》是"不顧狂陋"，所以，漢月現存著作題名包含"滲"字的可能原因，是爲漢月之字號或是漢月自謙之詞。

（四）漢月《於密滲提寂音尊者智證傳》破題重要内容摘録

圖版二　上海圖書館本

此書之破題是以△三角形符號起頭的（參圖版二），漢月説明提語《智證傳》的主要原因，是於三峰禪寺結夏説法時全無下手處之故，纔會選擇舉提寂音尊者《智證傳》以示徒衆。重要内容摘録如下：

> 三峰今年結夏，下手全無柄欛，雖然終日商量，不曾説一句話。……良久，云："……如其不會，不免提起葛藤，與大衆翻謄一上，舉寂音尊者《智證傳》。"乃云："終日商量不説一句謂之'寂'，不説一句終日商量

①　《三峰藏和尚語録》，新文豐版《嘉興藏》（34），頁 157 中。
②　參本書《提智證傳序》。

謂之‘音’。于此薦得，則寂處聞音，音中見寂。寂音俱喪，人法雙亡，個裏翻身，直下便了。不然則音寂相違，人名法相，輪轉無窮，幾時休歇？薦得謂之‘智’，便了謂之‘證’。尊者引經作傳，正謂佛法盛時，弟啐師啄，因智而證，以證證智，燈燈相續……”①

漢月認爲惠洪覺範作《智證傳》，意在於“因智而證，以證證智，燈燈相續”，此破題内容提供了漢月提語《智證傳》動機與目的完整陳述。

（五）漢月《於密滲提寂音尊者智證傳》正文之體例

至於《於密滲提寂音尊者智證傳》正文之體例，首先，此書既爲漢月提語《智證傳》之作，其基礎架構當爲惠洪《智證傳》原本一〇九則之内容，但是，漢月皆於每一則之前先作一些提語，如下列圖版三所示爲第六則之内容：

〔漢月提語〕

△“毫釐兩竭，天地何分？有差無差，絶待絶倫。直得三祖没處下口，思大無地容身。輕安起障，病業身心，總在阿師拂子頭上轉大法輪，還會麽？”隨聲便喝！舉：

〔惠洪引文〕

三祖大師曰：“毫釐有差，天地懸隔！”

〔惠洪傳文〕

傳曰：南嶽思大禪師，既獲宿智通，尋復障起，四肢緩弱，不能行步。自念曰：“病從業生，業從心起，心源無起，外境何狀？病業與身，都如雲影。”如是觀已，顛倒想滅，輕安如故。②

因此，漢月提語與《智證傳》原本内容的辨識方式爲：每一則起首爲漢月的提語，低一格和以△三角形符號開頭，并且以“舉”結尾引出《智證

---

① 參本書《於密滲提寂音尊者智證傳》之破題，漢月另於第一〇九則提語説：“及看尊者之傳，太似老婆心切，半思半恨，不覺技癢，因對十數禪子略爲提起，使不住於經教道理，恐牽人入於濁智流轉故也。”可見漢月提語《智證傳》時，約有十數禪弟子。

② 參本書《於密滲提寂音尊者智證傳》第六則。

傳》之內容；接著爲《智證傳》一〇九則之內容，頂格；最後惠洪的評唱以
"傳曰"開頭并且低一格。（參圖版三）

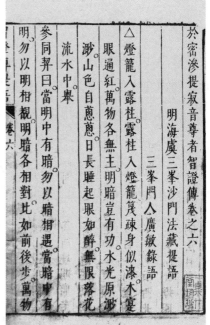

圖版三　上海圖書館本　　　　　　　圖版四　蘇州西園寺舊藏經樓本

　　上海圖書館所藏第一部《於密滲提寂音者智證傳》爲殘本，僅存至卷
五末頁，亦即至第五十七則中段，而上海圖書館所藏之第二部則爲全本。

　　蘇州西園寺舊藏經樓本《於密滲提寂音尊者智證傳》爲下半部（參圖
版四），古籍封面雖已不存，內容卻是完整無缺的。如今，本書將上海圖書
館本和蘇州西園寺藏經樓本合并，學者已可見到《於密滲提寂音者智證
傳》的全貌，有完整的材料可供研究。

　　（六）刊記

　　《於密滲提寂音尊者智證傳》卷一、二、三、七、九和十末頁皆存刊記，
由其內容可見此典籍是由吳郡奉佛弟子或信女所捐貲刻印的，而且各卷
之發願文各異，內容分別爲：

　　吳郡奉佛弟子嚴樟捐金刻智證傳提語一卷　　願早悟宗旨世遇明師

　　吳郡奉佛弟子嚴樟捐金刻智證傳提語二卷　　願先親超昇亡幼解脫

　　吳郡奉佛弟子嚴樟捐金刻智證傳提語三卷　　願門盛無衰身強不弱

　　吳郡奉佛弟子嚴樟捐金刻智證傳提語四、五卷　願男燫焌吉祥善慶

　　吳郡奉佛弟子陳焀昭刻智證傳提語六、七卷　願早悟宗旨世遇明師

　　吳郡信女智卯、智吉捐金合刻智證傳提語八、九卷　所願吉祥如意者

　　吳郡奉佛弟子嚴樟、陳自新合刻智證傳提語第十卷　願圓成佛果

最後，卷十末頁并有嚴樟作於天啓四年（1624）的刊記，提供了《於密滲提寂音尊者智證傳》刊刻緣起、捐金繕刻者和刊刻年代完整的信息如下：

　　　　愚聞之先聖曰："歸元性無二，方便有多門。"因自念禪宗、净土乃學道之二大路也，愚質最鈍，偏喜禪宗，遇三峰漢大師雖晚，一嘗其本分草料，遂有省處，從兹信入禪宗，更不改步矣。一日　大師手授《智證傳提語》一册，謂愚曰："此吾大病中所作，提成而病愈，道不在兹乎？"首座曰："此書五家宗旨具焉，參禪人不可不看。"愚未能領受，且念得兹寶，宜廣同志，乃合《寂音尊者智證傳》，彙爲一册，與陳元鼎、信女智卯、智吉捐貲發願繕刻，板送三峰禪院，庶流通無盡而光明遍照哉至！　大師悟道機緣，作書意旨悉具本條，愚不敢贊。

　　　　　　　　　　天啓四年秋吳郡教下弟子嚴樟頓首述

由此刊記可知，嚴樟偏好禪宗，遇漢月於晚年，是將漢月提語和《寂音尊者智證傳》合彙爲一册，并且於 1624 年與陳元鼎、信女智卯、智吉共同捐貲繕刻的主要功臣。《於密滲提寂音尊者智證傳》刻印完成後，板木被送存於三峰禪院，可惜今已不存。

三、小結

　　漢月謁密雲圓悟于金粟廣慧寺之後，於蘇杭四處應邀弘法，又於特定寺院，針對好佛儒者之根器，提語《智證傳》中經教的内容，藉以與參禪境

界相印。因爲《智證傳》貴在其博引經教的內容，可以讓好讀佛經的儒者
"因智而證"或"以證證智"，并堅固他們參禪的決心；再者，漢月依據己身
的經驗認爲，無師自悟者徹悟後，可以用《智證傳》內容來細檢自己所證的
境界。《於密滲提寂音尊者智證傳》的撰述體例誠爲禪宗典籍中非常特殊
的一種，有關此典籍之研究，請參本書附錄筆者所撰《漢月法藏〈於密滲提
寂音尊者智證傳〉略探》專文，期待學界對此典籍有更完整深入之分析和
探討。

於密滲提寂音尊者智證傳
提智證傳序

三七不思，十方未證者，即睹星而悟，亦單明自己之天然外道①也。百城未遍，樓閣不離者，縱顧象而悟，亦一悟便了之了事漢子也。② 今之人欲將一棒一喝以當透綱宗，明大法，不亦見彈而思鴞〔炙〕③乎？是以百丈雖扭鼻而再〔參於〕馬〔祖〕，④〔雲〕⑤門既折足而温研於雪峰，兜率逢〔清

---

① 無師自悟者爲"天然外道"一語可見於《六祖大師法寶壇經》記：永嘉玄覺禪師，温州戴氏子。少習經論，精天台止觀法門。因看《維摩經》發明心地，偶有僧人玄策相訪，出言暗合諸祖。玄策云："仁者得法師誰？"玄覺曰："我聽方等經論，各有師承。後於《維摩經》悟佛心宗，未有證明者。"玄策云："威音王已前即得，威音王已後，無師自悟，盡是天然外道。"玄覺曰："願仁者爲我證據。"玄策云："我言輕，曹溪有六祖大師，四方雲集，并是受法者。若去，則與偕行。"玄覺遂同玄策來參六祖。《大正新修大藏經》(48)，頁 357 中—下。

② 此説出於《大方廣佛華嚴經·入法界品》："善財童子依彌勒菩薩摩訶薩教，漸次而行，經由一百一十餘城已，到普門國蘇摩那城，住其門所，思惟文殊師利，隨順觀察，周旋求覓，希欲奉覲。"《大正新修大藏經》(10)，頁 439 中。之後，善財童子"次第得普賢菩薩諸行願海，與普賢等，與諸佛等，一身充滿一切世界，刹等、行等、正覺等、神通等、法輪等、辯才等、言辭等、音聲等、力無畏等、佛所住等、大慈悲等、不可思議解脱自在悉皆同等"。《大正新修大藏經》(10)，頁 442 中。

③ 原文缺此字，語出《莊子·齊物論》："見彈而求鴞炙。"，故補"炙"字。

④ 原文缺三字，筆者依上下文語意補爲"〔參於〕馬〔祖〕"。此典故可見於《百丈懷海禪師語録》，百丈懷海(749—814)侍馬祖道一(約 709—788)行次，見一群野鴨飛過。馬祖曰："是甚麽？"百丈曰："野鴨子。"馬祖曰："甚處去也？"百丈曰："飛過去也。"馬祖遂回頭，將百丈之鼻一搊，百丈負痛失聲。馬祖曰："又道飛過去也。"百丈於言下有省。《卍新纂續藏經》(69)，頁 5 下。

⑤ 原文缺一字，筆者依上下文語意補爲"〔雲〕門既折足"。此典故出自《雲門匡真禪師廣録》中，雲門文偃(864—949)連三日扣睦州道明(780—877)門，至第三日睦州始開門，雲門乃拶入。睦州便擒住云："道！道！"雲門擬議，睦州托開云："秦時轢鑠鑽。"雲門從此悟入。《大正新修大藏經》(47)，頁 573 中。

素〕①而大黃龍，②興化遭大覺而起臨濟，③曰“三玄”，④曰“後句”，⑤豈欺我哉？

昔之人分大法而立五宗者，各因其所證入而設隘外之玄關，布空中之雲隥，分絕纏之宗眼，涌頂門之心咒，曲盡其證證之人法，直斷夫了了之命根而後已耳。奈之何一悟自己，氣便食牛，直欲吞全鼎，咽大臠，而棄置庖丁之游刃於無用之地者，良可笑也。宋覺範禪師知邪說之難鉏，悲大法之欲滅，乃作《智證傳》以懸救末法。蓋重關擊析，取諸豫也。

國初已來後五百歲，禪道式微，不獨無典之妙不傳，抑且宗門奧典幾致滅裂。萬曆間，介如□公偶於爆紙中購得此書，乃呈　柴　老人。⑥老人曰：“吁嗟乎！臨濟兒孫猶在耶！”遂命開公梓而公之天下後世。老人序曰：“充覺範之心，即天下有一人焉，能讀此書，直究綱宗，行祖令，斯不負著書之意。即未能洞明此書，而能廣其傳於天下，以待夫一人焉，能洞明之者，縱未能酬覺範之志，亦覺範所與也。”⑦

夫法藏夙緣何幸，古印猶存。方於三玄同喝之就〔教〕⑧無人，忽得此書，四百年餘，不分延促，如在室中親受其證者，豈偶然也耶！蓋五宗之最，惟臨濟一宗法密而不滲，苟非真參大透者，不能盡其閫奧。覺範雖加拈掇，

---

①　原文缺“清素”二字，筆者依上下文語意補之。

②　《嘉泰普燈録·隆興府兜率從悅禪師》記兜率從悅（1044—1091）遇見年逾八旬清素首座，二人交談之後，兜率從悅纔明白清素爲黃龍慧南的師兄弟，算來是師祖的輩分。《卍新纂續藏經》（79），頁 329 上。

③　《景德傳燈録》記魏府大覺（約與興化存獎同時人）和興化存獎（824—888）二人雖同嗣臨濟，而興化存獎常以大覺爲助發之友。《大正新修大藏經》（51），頁 295 上。

④　意指臨濟之三玄，《古尊宿語録·鎮州臨濟慧照禪師語録》記臨濟云：“一句語須具三玄門。”《卍新纂續藏經》（68），頁 23 下。

⑤　漢月曾多次提及“末後句”之意義，如《三峰藏和尚語録·住蘇州鄧尉山聖恩禪寺語》中説：“末後一句，始到牢關，把斷要津，不通凡聖。”新文豐版《嘉興藏》（34），頁 140 中。

⑥　柴老人即紫柏真可，詳本書之《解題》。

⑦　紫柏《智證傳·重刻智證傳引》，《卍新纂續藏經》（63），頁 170 中。

⑧　原文作“政”，筆者推判應爲“教”之訛字，故修正原文爲“教”。

如空裏電光，畧示影響。竊恐捉影之徒尚追語脉，不顧狂陋，復爲之持起。

歲丙辰結夏峰中，對衆日提一則，時或間越一二。至庚申，痛念法門，勃勃虐病，因强病爲之卒業，提成而病愈。所提者爲何？將收覺範狼籍之夜光，復胎明月，勿使賈胡於指間認實法也。庶幾冷爐之餘，一星豆爆，鼓十方爲橐籥，扇香海爲熖爐，烹盡衆生佛祖而不斷其法脉者，或因兹而致之也。提蓋座中一時之言，而首座敏公等錄之成帙，投敝篋久矣。適豫林嚴居士見而合，傳以壽諸梓。自顧荒駮，何足流布？以爲力於法門，第爲法之私，不無乘願者耳。覽此書者，諒不以尾蠅而棄驥也，願諸法中高明傑出之士俯以教我。

　　　　　　天啓甲子歲秋日三峰法藏於密氏序

重刻智證傳引

大法之衰，由吾儕綱宗不明，以故祖令不行，而魔外充斥。即三尺竪子，掠取古德剩句，不知好惡，計爲己悟，僭竊公行，可歎也！有宋覺範禪師于是乎懼，乃離合宗教，引事比類，折衷五家宗旨，至發其所秘、犯其所忌而不惜。昔人比之貫高、程嬰、公孫杵臼之用心，噫！亦可悲矣。書以"智證"名，非智不足以辯邪正，非證不足以行賞罰。蓋照用全，方能荷大法也。充覺範之心，即天下有一人焉能讀此書，直究綱宗，〔行〕①祖令，斯〔不負〕②著書之意。即未能洞明此書，而能廣其傳于天下，以待夫一人焉，能洞明之者，縱未能即酬覺範之志，亦覺範所與也。覺範所著，有《僧寶傳》《林間錄》，與是書相表裏。業已有善刻，金沙于中甫比部，復捐貲刻是〔書〕，③三集并行于世，亦法門一快事也。有志于宗門者，珍重流通，是所望云。

> 皇明萬曆乙酉夏六月既望僧真可述

---

① 原文缺字，依林伯謙《標點注釋智證傳》補"行"字，頁 77。

② 原文缺字，依林伯謙《標點注釋智證傳》補"不負"二字，頁 77。

③ 《於密滲提寂音尊者智證傳》中所錄《重刻智證傳引》少"書"字，依林伯謙《標點注釋智證傳》補"書"字，頁 77。

於密滲提寂音尊者智證傳　卷之一①

明海虞三峰沙門法藏提語

三峰門人廣敏録語

△“三峰今年結夏，下手全無柄欛。雖然終日商量，不曾説一句話。且道不説話，又商量個甚麽？”驀拈鐵如意云：“如意出在報慈橋下。”良久，云：“會麽？若此處會得，不妨搖蒲扇，著凉鞋，灑灑落落，緑陰樹下，乘風凉過夏去也。如其不會，不免提起葛藤，與大衆翻膽一上，舉寂音尊者《智證傳》。”

乃云：“終日商量不説一句謂之‘寂’，不説一句終日商量謂之‘音’。于此薦得，則寂處聞音，音中見寂。寂音俱喪，人法雙亡，個裏翻身，直下便了。不然則音寂相違，人名法相，輪轉無窮，幾時休歇？薦得謂之‘智’，便了謂之‘證’。尊者引經作傳，正謂佛法盛時，弟唪師啄，因智而證，以證證智，燈燈相續，不必著書。

“自宋將末，耆宿漸少，後悟既疏，恐成斷絶，事不獲已。只得發其秘、犯其忌，著爲此書。俾後之無師自悟者，於此證之，則五家綱宗，一覽而透其大法，爲千古空印也。”

復拈如意云：“大衆！如何是寂中音？”又打如意一下云：“如何是音中寂？如有智者，不妨以此證明，其或聖智未通，向下更須畫蛇添足。”喝

---

① 本書正文中，漢月之提語以低一格，惠洪《智證傳》頂格，惠洪所撰之“傳曰”低二格表示。

一喝！云：“明年更有新條在，惱亂春風卒未休。”①

〔一、涅槃經〕

△“棒起虛空迸地開，一時生死合歸來。真仙不逐當年蛻，昨夜步虛乘月回。勘破也，莫依俙，兩堂首座喝如雷。拈來擲向人前看，雪裏〔暗〕②香初綻梅。”以柱杖卓一下云：

“若會得這一下子，便會得賓主句子，③便會得同喝句子，④便會得四賓主句子，⑤便會得三玄三要句子，⑥便會得四喝句子，⑦乃至照

---

① 引自《雲門匡真禪師廣錄》，《大正新修大藏經》(47)，頁 567 上。

② 原文缺半字，筆者依語意補“暗”字。

③ 臨濟賓主句子可見於《古尊宿語錄·臨濟禪師語錄之餘》，《卍新纂續藏經》(68)，頁 32 中；漢月亦曾引此段賓主句子於其《三峰藏和尚語錄·頌古》中：“示衆：‘參學之人大須仔細，如賓主相見便有言論往來，或應物現形，或全體作用，或把機權喜怒，或現半身，或乘獅子，或乘象王。’”新文豐版《嘉興藏》(34)，頁 165 下。

④ 臨濟同喝句子可見於《古尊宿語錄·臨濟禪師語錄之餘》，《卍新纂續藏經》(68)，頁 23 中；漢月亦曾引此段同喝句子於其《三峰藏和尚語錄·頌古》中：“兩堂首座相見同時下喝，僧問師：‘還有賓主也無？’師曰：‘賓主歷然。’”新文豐版《嘉興藏》(34)，頁 165 下。

⑤ 臨濟四賓主句子可見於《古尊宿語錄·臨濟禪師語錄之餘》，《卍新纂續藏經》(68)，頁 32 中-下；漢月亦曾引此段四賓主句子於其《三峰藏和尚語錄·頌古》中：“如有真正學人便喝，先拈出一箇膠盆子。善知識不辨是境，便上他境上作模作樣，便被學人又喝，前人不肯放下，此是膏肓之病不堪醫治，喚作賓看主。或是善知識不拈出物，祇隨學人用處即奪，學人被奪抵死不肯放下，此是主看賓。或有學人應一箇清淨境出善知識前，知識辨得是境，把得拋向坑裏，學人言：‘大好善知識。’知識即云：‘咄哉！不識好惡。’學人便禮拜，此喚作主看主。或有學人披枷帶鎖出善知識前，知識更與加一重枷鎖，學人歡喜，彼此不辨，喚作賓看賓。”新文豐版《嘉興藏》(34)，頁 165 下。

⑥ 《古尊宿語錄·鎮州臨濟慧照禪師語錄》記臨濟云：“一句語須具三玄門，一玄門須具三要，有權有用。”《卍新纂續藏經》(68)，頁 23 下；《三峰藏和尚語錄》則記漢月上堂舉臨濟祖師云：“大凡演唱宗乘須一句中具三玄門，一玄中具三要，有權有實，有照有用。”新文豐版《嘉興藏》(34)，頁 126 下。

⑦ 臨濟四喝句子可見於《古尊宿語錄·臨濟禪師語錄之餘》，《卍新纂續藏經》(68)，頁 504 上；漢月亦曾引此段四喝句子於其《三峰藏和尚語錄·住梁溪龍山錦樹禪院語》上堂中：“昔日臨濟大師有四喝，有時一喝如金剛王寶劍，有時一喝如踞地師子，有時一喝如探竿影草，有時一喝不作一喝用。”新文豐版《嘉興藏》(34)，頁 142 上。

用、①料揀②一切句子，一時會盡。始知臨濟喫三頓痛棒，向大愚肋下著拳，③決非草草只向乾蘿蔔頭上胡棒亂喝，指東話西可同日語也。"又卓拄杖一下云："會麽？"

良久，復卓拄杖一下云："此是臨濟宗旨也，然非臨濟自己杜撰，乃逆從黃蘗吐舌處得來，蘗從百丈耳聾處得來，丈從馬祖一喝處得來，祖從讓公之'修證不無，染污不得'④處來，讓從六祖袈裟遮圍，擊碓三下，以鞋擦墻處得來。⑤要之總不出乎安心數語，拈花睹星，放光散花，入無量義定處發源也。若此處會得，不妨治世語言，資生業等，皆順正法。一動一靜，一闔一闢，無非此法。此處不會，便學時人於門頭户腦，説個塗毒皷子，⑥礙在悟處，法我立根，四相亂起而不自知也。悲夫！臨濟之

---

① 臨濟四照用可見於《古尊宿語録·臨濟禪師語録之餘》，《卍新纂續藏經》(68)，頁 32 下—頁 33 上；漢月亦曾引此段四照用於其《三峰藏和尚語録·頌古》中，舉臨濟示衆云："我有時先照後用，有時先用後照，有時照用同時，有時照用不同時。先照後用有人在，先用後照有法在，照用同時驅耕夫之牛奪飢人之食，敲骨取髓痛下鍼錐，照用不同時有問有答，立賓立主，合水和泥應機接物，若是過量人向未舉已前，撩起便行猶較些子。"新文豐版《嘉興藏》(34)，頁 166 上。

② 臨濟四料揀可見於《古尊宿語録·鎮州臨濟慧照禪師語録》，《卍新纂續藏經》(68)，頁 23 下—頁 24 上；漢月亦曾引此段四料揀於其《三峰藏和尚語録·頌古》臨濟至晚小參曰："有時奪人不奪境，有時奪境不奪人，有時人境俱奪，有時人境俱不奪。"克符問："如何是奪人不奪境？"師曰："煦日發生鋪地錦，嬰兒垂髮白如絲。"符曰："如何是奪境不奪人？"師曰："王令已行天下遍，將軍塞外絶煙塵。"符曰："如何是人境俱奪？"師曰："并汾絶信，獨處一方。"符曰："如何是人境俱不奪？"師曰："王登寶殿，野老謳歌。"新文豐版《嘉興藏》(34)，頁 165 中。

③ 典故來源可見於《鎮州臨濟慧照禪師語録·行録》，《大正新修大藏經》(47)，頁 504 中。

④ 典故來源可見於《景德傳燈録》，南嶽懷讓(677—744)參六祖，祖問："什麽處來？"懷讓曰："嵩山來。"六祖曰："什麽物恁麽來？"懷讓曰："説似一物即不中。"六祖曰："還可修證否？"懷讓曰："修證即不無，污染即不得。"《大正新修大藏經》(51)，頁 240 下。

⑤ 典故來源可見於《六祖大師法寶壇經》，五祖以杖擊碓三下而去，惠能即會五祖意，三皷入室；五祖以袈裟遮圍，不令人見，爲説《金剛經》。至"應無所住而生其心"，惠能言下大悟，一切萬法，不離自性。"《大正新修大藏經》(48)，頁 349 上。

⑥ 語出《大般涅槃經》："譬如有人以雜毒藥用塗大皷，於衆人中擊令發聲。雖無心欲聞，聞之皆死。"《大正新修大藏經》(12)，頁 661 上。之後，唐代巖頭全豁(828—887)禪師上堂援引此説云："吾教意猶如塗毒皷，擊一聲遠近聞者皆喪，亦云俱死。"《景德傳燈録》，《大正新修大藏經》(51)，頁 326 中。

法自在,而臨濟兒孫局之覺範婆心太切,而覺範後人泥之,源流雖存,而大法紊矣,烏在其源流之是慕也。"喝一喝! 問大衆:"如何是臨濟源流?"衆無語。乃哭云:"蒼天! 蒼天!"喝一喝! 舉:

《涅槃經》曰:"譬如有人,以雜毒藥用塗大鼓,於衆人中擊之發聲,雖無心欲聞,聞之皆死,唯除一人不橫死者。是大乘典《大涅槃經》亦復如是,在在處處,諸行衆中,有聞聲者,所有貪欲、瞋恚、愚癡悉皆滅盡。其中雖有無心思念,是《大涅槃》因緣力故,能滅煩惱,諸結自滅。犯四重禁及五無間,聞是經已,亦作無上菩提因緣,漸斷煩惱,除不橫死一闡提也。"①

又曰:"何等名爲秘密之藏? 猶如∴字,三點若并則不成伊,從亦不成。如摩醯首羅面上三目,乃得成伊,三點若別,亦不得成。我亦如是,解脱之法亦非涅槃,如來之身亦非涅槃,摩訶般若亦非涅槃,三法各異,亦非涅槃。我今安住如是三法,爲衆生故,名入涅槃,如世伊字。"②

　　傳曰:巖頭奯禪師嘗曰:"《涅槃經》此三段義,〔略〕③似宗門。"④夫言似則非宗門旨要明矣! 然宗門旨要,雖即文字語言不可見,離文字語言,亦安能見哉! 臨濟曰:"大凡舉唱,須一句中具三玄,一玄中具三要,有玄有要。"⑤此塗毒鼓聲也。臨濟歿二百年,尚有聞而死者。夫分賓主,如并存照用,如別立君臣,如從慈明曰:"一句分賓主,照用一時行。若會箇中意,日午打三更。"⑥同安曰:"賓主穆

　　①　摘引自《大般涅槃經》,《大正新修大藏經》(12),頁 661 上。

　　②　《大般涅槃經》,《大正新修大藏經》(12),頁 616 中。

　　③　原文作"門"字,應爲訛誤,依林伯謙《標點注釋智證傳》改爲"略"字,頁 86。

　　④　摘引自《景德傳燈録·鄂州巖頭全奯禪師》,原文作:"師一日上堂謂諸徒曰:'吾嘗究《涅槃經》七八年,睹三兩段文似衲僧説話。'"《大正新修大藏經》(51),頁 326 中。

　　⑤　《古尊宿語録·鎮州臨濟慧照禪師語録》,《卍新纂續藏經》(68),頁 23 下。

　　⑥　慈明即石霜楚圓(986—1039),此段摘引自《人天眼目·慈明頌》,《大正新修大藏經》(48),頁 304 下。

時全是妄,君臣合處正中邪。還鄉曲調如何唱? 明月堂前枯樹華。"①如前語句,皆非一代時教之所管攝。摩醯首羅面上竪亞一目,非常目也。

〔二、破色心論〕

△拈起拂子云:"見麼?"又云:"腦後作麼生?"放下拂子云:"見麼?"又云:"目前作麼生?"又云:"拂子目前,拂子腦後。自拈自放,兩端相叩。透色惟心,惟心亦透。滿目青山,波澄月逗。若道愛心滅而顛倒亡,依舊!依舊! 人與綠楊俱瘦。"良久,云:"此覺範默示法眼宗旨所由立也。傳中多舉教語,皆此宗收也,華嚴六相義所以符也,一大藏教之綱領也,萬古拈題之法式也,義虎所未知也,道理所不到也。百丈野狐,趙州狗子,蓋出於此也。於此會得,則五家宗旨同一鼻孔也。"復拈拂子云:"見麼?不見麼?"擲拂子。舉:

《破色心論》曰:"於有色處,眼則見色;餘無色處,不見色者。此義不然,何以故? 以彼夢中,於無色處,則見有色;於有色處,不見色故。"②

傳曰:於有色處者,寤時也,而夢時不見。夢中無色處也,而反見色,顛倒也。齊劉瑱之妹,鄱陽王妃也。王爲明帝誅,妃追傷成疾,醫所不能治。瑱善畫婦人,陳郡殷蒨善寫人面。瑱畫王寵姬,而使蒨畫王,共臨鏡,以示妃。妃見之唾罵曰:"是固宜蚤死!"於是恩情即歇而疾除。蓋因愛心歇,即顛倒想滅也。

---

① 語出同安常察(? —961)《十玄談》,見於《景德傳燈録》,《大正新修大藏經》(51),頁 455 下;同安常察生平和《十玄談》可參拙作《宋代禪宗辭書〈祖庭事苑〉之研究》,高雄佛光出版社,2011 年,頁 189—212。

② 天親菩薩造,後魏瞿曇般若流支譯《唯識論》(一名《破色心論》),《大正新修大藏經》(31),頁 65 上。

〔三、圭峰密禪師〕

△"有義無義,橫三竪四。散心悟心,頂天立地。轉業牽情,劈頭一擊。酪出乳中,未盡取譬。愕然無對死何妨,江北江南千古意。咦!"復云:"此舉祖家傍出道理,禪負墮之宗旨也。旁出者透徹如來禪,①不墮有無四句之法,而能曲盡法奧,未得大用現前,故但見理性而不能出格。如僧那牛頭(594—657)、永嘉(665—712)、鳥窠(735—833)、忠國師(695—775)之類,雖竭玄妙,然義事未絕。故神會之下,圭峰悟《圓覺》妙義,而其言語偏枯如此,參禪人不可以了義之義爲究竟也。"問大衆:"如何是究竟?"久之,復自朗吟云:"如何惺悟不由情,百想千思没可憑。昨夜涼風動梧葉,推窗一片月華明。"舉:

圭峰密禪師偈曰:"作有義事是惺悟心,作無義事是散亂心。散亂隨情轉,臨終被業牽。惺悟不由情,臨終能轉業。"②

傳曰:朝奉大夫孫于之嫂,年十九而寡,自誓一飯,終身誦《法華經》,不復嫁。于守高安,嫂年已七十餘,面目光澤,舉止輕利。政和六年夏六月,忽收經帙,料理服玩與侍妾。于問其故,笑曰:"我更三日死矣!"果如期而逝。韓子蒼問予曰:"人之將終,有前知者,何術致之?"予曰:"譬如牛乳,以酵發之,雖緣緣之中,無有作者,久而成酪。非自外來,生乳中故;非自能生,以酵發之故。緣緣成熟,忽然成就。乃有偈,其畧曰:"酪出乳中無別法,死而何苦欲先知。"如某夫人華年休息,白首見效,凡五十餘年,心心無間,自然前知化日,酪出乳中也。

---

① 圭峰宗密(784—841)於其《禪源諸詮集都序》云:"頓悟自心本來清净,元無煩惱,無漏智性本自具足,此心即佛,畢竟無異。依此而修者,是最上乘禪,亦名如來清净禪。"《大正新修大藏經》(48),頁399中。

② 語出《景德傳燈録・終南山圭峰宗密禪師》,《大正新修大藏經》(51),頁308中。

然觀圭峰偈語，恐於死時，未得自在，以其皆理障故。如本朝太祖皇帝將問罪江南，江南後主遣其臣徐鉉入對誦習，以備顧問，且欲以舌辯存國。既見，曰：“江南國主，如子事父，以事陛下，奈何欲伐之？”太祖曰：“父子異居可乎？”鉉愕然無以對。今平生知誦圭峰之偈語，至於臨終爲徐鉉愕然者，皆是也。

〔四、風穴沼禪師〕

△“山花能笑鳥能歌，繞屋松杉挂薜蘿。處處箭鋒相對拄，不勞拈出舊藤窠。大衆！你看竹搖拄杖，松揮拂子，臨濟德山，不過如此。若於此處，直下干休一點狂心，亘古亘今從來是死。”良久，聞鶉鳩聲。又云：“鶉鳩樹上叫，花在瓶中笑。且與德山臨濟拂子上拄杖頭，是同？是別？還思量得麽？若思量得，你道是甚麽道理？若思量不得，爲甚麽道臨濟德山不過如此？”搖拂子，又擊拂子，云：“薦，則見非是見，聞而不聞，也是看花聽鳥；不薦，則目眩耳鳴，逐色隨聲，也是看花聽鳥。”復良久，云：“只今看花聽鳥且置，試道昔日瞿曇金色，①風穴法華，②箭鋒相拄一則，作麽生舉？”舉：

風穴沼禪師升座曰：“世尊以青蓮目顧迦葉，正當是時，且道説個甚麽？若言不説，又成埋没先聖。”語未卒，念法華便下去。侍者進曰：“念法華無所言而去，何也？”風穴曰：“渠會也。”明日念與真上座俱詣方丈，風穴問真曰：“如何是世尊不説説？”真曰：“鶉姑樹頭鳴。”風穴曰：“汝作許多癡福何用？”乃顧念曰：“如何？”對曰：“動容揚古路，不墮悄然機。”風穴謂真曰：“何不看渠下語？”③

---

　　①　《佛本行集經·大迦葉因緣品》記摩訶迦葉於迦葉佛舍利塔上，造七寶蓋，供養尊重因緣力故，得金色身，《大正新修大藏經》(3)，頁868下。

　　②　《古尊宿語録·汝州首山念和尚語録》中記：首山省念（926—993）於風穴延沼（896—973）座下時，常私下勤誦《法華經》，因此衆人稱之爲“念法華”，《卍新纂續藏經》(68)，頁50下。

　　③　此段風穴延沼、首山省念和真上座（即汝州廣慧真禪師）對答之全文，可見於《古尊宿語録·汝州首山念和尚語録》，《卍新纂續藏經》(68)，頁50下。

傳曰：汾陽無德禪師作《一字歌》，其畧曰："諸佛不曾説法，汾陽畧宣一字。亦非紙墨文章，不學維摩默地。"又曰："飲光尊者同明證，瞬目欽恭行正令。"真漏泄家風也。昔黃蘗嘗遣臨濟馳書至潙山，既去，潙山問仰山曰："寂子！此道人他日如何？"對曰："黃蘗法道賴此人。他日大行吳、越之間，然遇大風則止。"潙山曰："莫有續之者否？"對曰："有，但年代深遠，不復舉似。"潙曰："子何惜爲我一舉似耶？"於是仰山默然，曰："將此身心奉塵刹，是則名爲報佛恩。"風穴暮年常憂仰山之讖，已躬當之，乃有念公，知爲仰山再來也。①

〔五、永嘉尊者〕

△"有爲功德被塵謾，無限田地不曾掃。及乎盡力學無爲，依舊耕田種荒草。有爲無爲俱撥置，枯木寒巖何太〔槁〕？② 若于三處不留情，逐色隨聲任潦倒。無功用行行如何？ 熱碗鳴聲何處討？ 寒穿衣，饑飯飽，日繼夜，夜繼曉，密密綿綿了處了。"良久，云："如何是了處了？"喝一喝！ 云："試問永嘉老。"舉：

永嘉尊者曰："日夜精勤，恐緣差故。"③

傳曰：北齊沙門慧曉，以厭鄉間，遯居靈巖數十年。有任山令者，自鄉間來。曉自念離鄉久，思問親舊存没，詣邑謁令。令適有客，未得通謁。久之，曉忽悟曰："非令慢客，乃我之愛憎耳，何遽懷土哉？"取

---

① 《古尊宿語録·臨濟禪師語録之餘》記："潙山問仰山：'黃蘗當時祇囑臨濟一人，更有人在？'……仰山云：'一人指南，吳越令行，遇大風即止。'"録中加注：仰山此句爲"讖風穴延沼和尚。"參《卍新纂續藏經》(68)，頁 32 上。接著，《古尊宿語録·風穴禪師語録》記風穴延沼爲浙江餘杭人，後唐長興二年(931)入汝州之風穴古寺，留止七年，徒衆聞風來集，信徒并重建此地，改爲叢林。於是南院慧顒(？—952)認爲風穴延沼可以爲臨濟支流，不辜負其先師興化存獎所付託之意。參《卍新纂續藏經》(68)，頁 44 下。

② 原文作"稿"，筆者依文意修改爲"槁"。

③ 語出永嘉玄覺(665—713)《禪宗永嘉集》，《大正新修大藏經》(48)，頁 388 上。

謁書曰："咄哉失念,欻爾還覺。"遂去。①

〔六、三祖大師〕

△"毫釐兩竭,天地何分?有差無差,絕待絕倫。直得三祖沒處下口,思大無地容身。輕安起障,病業身心。總在阿師拂子頭上轉大法輪,還會麼?"隨聲便喝! 舉:

三祖大師曰:"毫釐有差,天地懸隔!"②

　　傳曰:南嶽思大禪師,既獲宿智通,尋復障起,四肢緩弱,不能行步。自念曰:"病從業生,業從心起,心源無起,外境何狀?病業與身,都如雲影。"如是觀已,顛倒想滅,輕安如故。③

〔七、攝論〕

△"溪聲踏斷對青山,不識吾宗向上關。萬古剎那饒噤語,冬瓜儱侗瓠彎環。空逼逼,去閑閑,月白松青鶴夜還。囝!"舉:

《攝論》曰:"處夢謂經年,悟乃須臾頃。故時雖無量,攝在一剎那。"④

　　傳曰:賢首曰:"此中一剎那者,即謂無念。《楞伽》曰:'一切法不生,

---

　①　語出北齊慧曉所撰之《釋子賦》,見《續高僧傳·習禪篇》中善光寺釋慧命傳所附之慧曉傳,《大正新修大藏經》(50),頁 562 中。
　②　語出傳爲三祖僧璨所著之《信心銘》,《大正新修大藏經》(48),頁 376 中。
　③　引自《景德傳燈錄·禪門達者雖不出世有名於時者》中南嶽慧思禪師(515—577)傳,《大正新修大藏經》(51),頁 431 上。
　④　此段引文《智證傳》雖記爲出自《攝大乘論釋》,但《大正新修大藏經》中,無性菩薩造,三藏法師玄奘奉詔譯《攝大乘論釋》原文爲:"處夢謂經年,寤乃須臾頃。故時雖無量,攝在一剎那。"《大正新修大藏經》(31),頁 419 上。第二句原文作"寤",《智證傳》作"悟"。因此,《智證傳》應是轉引自賢首法藏(643—712)《大乘起信論義記》中《攝大乘論釋》之語,《大正新修大藏經》(44),頁 259 中。

我説刹那義。初生即有滅，不爲愚者説。'①以一刹那流轉，必無自性故，即是無生；若非無生，則不流轉，是故契無生者，方見刹那也。"②黃蘗慧禪師初謁疏山，問曰："刹那便去時如何？"曰："逼塞虛空，汝作麼生去？"慧曰："逼塞虛空，不如不去。"疏山乃默然。慧出，見第一座，問慧曰："汝適祇對之語甚奇。"曰："亦似偶然，願爲開示。"第一座曰："一刹那間還容擬議否？"慧於是悟旨於言下。③ 予作偈曰："逼塞虛空，不行而至。而刹那中，寧容擬議。直下便見，不落意地；眼孔定動，則已不是。"

〔八、還源觀〕

△"涅槃會處，真爲生死端倪。樹見亡來，正是幽閑窟宅。不若把鐵面皮一時翻轉，金剛劍直下揮開。好花當户，幽鳥臨風。獨眼但豁頂門，三時放遷脚底。人間天上，佛國魔宮，拍手橫身，悲歌樂舞。還會麼？"以拄杖卓一卓！云："所供是實。"舉：

《還源觀》曰："由於塵相念念遷變，即是生死。由觀塵相生滅相盡，空無有實，即是涅槃。"④

傳曰：於色、聲等法，念念分別，名爲遷變。觀此色、聲等法起滅無從，當處解脱。先觀己眼曰："是眼即不能自見其己體，自體尚不見，云何見餘物？"次觀前境曰："若見是樹，復云何樹？ 若見非樹，云何見

---

① 《楞伽阿跋多羅寶經・一切佛語心品》："一切法不生，我説刹那義。物生則有滅，不爲愚者説。"第三句原文作"物生"，《大正新修大藏經》(16)，頁 512 下。

② 此段引文出自賢首法藏《大乘起信論義記》，《大正新修大藏經》(44)，頁 259 中。

③ 摘引自《景德傳燈録》中筠州黃蘗山慧禪師傳，《大正新修大藏經》(51)，頁 367 下。

④ 此段引文出自法藏《修華嚴奧旨妄盡還源觀》，《大正新修大藏經》(45)，頁 638 上。

樹?"次觀三際曰:"若現在是有耶,則過去、未來亦應是有。若過去、未來是無耶,則現在亦應是無。"

〔九、金剛般若經〕

△"眼不見眼,寧知他目是自己瞳神?心不悟心,豈謂布毛爲諸方佛法?黑如漆,千日避其輝。明如鏡,萬象失其影。大智慧人前,不徒三尺是暗。普光明殿上,只這一點難尋。信佛者未必信法,學法者未必明心。天下昧昧,禪道紛紛,只解韓獹逐塊,那見獅子咬人?"拂子畫一畫,云:"萬壑千溪流不盡。五湖四海一般春。大衆信麼?"又畫一畫,乃云:"覺範爲痛此法難信而發也。外道,聰明人也,毀釋迦有爍金之烈;①流支,菩薩人也,毒達磨有烈石之慘;②辨和深通教理,而官殺可祖;③神秀大具慈悲,而徒刺能師?④ 圭峰老宿指南嶽爲泛徒,⑤天台後嗣數禪宗爲異法、⑥無事甲禪,呼真净爲未得道者,⑦上藍長老道寂音不過詩僧,⑧

---

① 佛陀曾受外道毁謗,如《佛説興起行經》中有關外道奢彌跋之宿緣,《大正新修大藏經》(4),頁 166 上。

② 禪宗流傳元魏時菩提流支毒害達磨的故事,如參《人天眼目》,《大正新修大藏經》(48),頁 327 下。

③ 此典故可見於《景德傳燈録》中第二十九祖慧可大師傳,有辯和法師於寺中講《涅槃經》,學徒聞慧可闡法稍稍引去,辯和不勝其憤,興謗于邑宰翟仲侃後,慧可被殺,《大正新修大藏經》(51),頁 221 上。

④ 《景德傳燈録》中江西志徹禪師傳記其出家前名爲行昌,受北宗門人之囑,懷刃入六祖之室欲加害之,《大正新修大藏經》(51),頁 238 下。

⑤ 圭峰宗密於其《禪源諸詮集都序》中指出:"南岳天台令依三諦之理,修三止三觀,教義雖最圓妙,然其趣入門户次第,亦只是前之諸禪行相。"《大正新修大藏經》(48),頁 399 中。

⑥ 《佛祖統紀》中記:"中國禪宗章句多涉異端。"《大正新修大藏經》(49),頁 223 下。

⑦ 大慧宗杲(1089—1163)於其《大慧普覺禪師宗門武庫》中記照覺禪師嘗言:"晦堂、真净同門諸老,祇參得先師禪,不得先師道。"《大正新修大藏經》(47),頁 948 上。

⑧ 此事緣由,參本書中《於密滲提寂音尊者智證傳》第九十一則惠洪之親述。

所以覺範篆面鞭背，竄逐雷陽，①皆因信此悟門者難得其人，謗我大法者群多野狂。《金剛》謂信心者，乃億劫種諸善根，良有以也。嗚呼！爲法罹難，其來舊矣。甚見今之自任法門者，首以蔑裂禪宗爲急務。而百計羅織，頓使山林志士不得安臥泉石，有如敵國者；復有陽説參禪，而陰爲阻絕者；又有外托參禪以鳴義學者；又有留心止觀，借禪正脉爲名而紆迴直指者，皆易於鳴世，而真傳將無地矣。

"《佛藏經》畧曰：爾時增上慢人，魔所迷惑，謂年少比丘言：'善身口意，善説净戒，讀誦經法，勤修多聞。汝當繫心緣中，專念涅槃，轉復深觀得阿羅漢，便是第一寔義。'爾時大衆欲聞第一寔義，聞是增上慢者所説，心生疑悔，如墮深坑，咸作是言：'咄哉！釋迦牟尼佛法，今將速滅。'中有成就善根比丘，謂是比丘言：'癡人、空老、增上慢者！'爾時諸天心大歡喜，四方唱言：'釋迦牟尼佛猶有好弟子在！是諸人等，善根不少，不喜聞是不净所説。'如是人等，人衆既少，勢力亦弱。爾時如來便爲輕微，我滅度後，我之諸子成就善寂無所得忍時亦輕賤。②嗟哉！此佛預讖像季衰微，禪宗寢弱。增上慢人，門墻高大，法爾真子屈辱如此也。"乃云："大衆！還有深種善根具信種者麼？有則出來與三峰相見！"良久，云："可悲！可痛！"舉：

《金剛般若經》曰："若人於此經生净信者，非於一佛二佛三四五佛種諸善根，已於無量百千萬億佛所種諸善根。"③

傳曰：《華嚴經》曰："堅翅鳥以龍爲食，先觀大海諸龍命將盡者，即以兩翅擘海取而食之。"④乃知信受此法，非根熟衆生，莫能然也。神鼎

---

① 參《石門文字禪·邵陽別胡强仲序》，新文豐版《嘉興藏》(23)，頁 690 中。

② 摘引自《佛藏經·净戒品》，《大正新修大藏經》(15)，頁 790 中—下。

③ 摘引自《金剛般若波羅蜜經》："如來滅後，後五百歲，有持戒修福者，於此章句能生信心，以此爲實，當知是人不於一佛二佛三四五佛而種善根，已於無量千萬佛所種諸善根。"《大正新修大藏經》(8)，頁 749 上。

④ 摘引自《大方廣佛華嚴經·寶王如來性起品》，《大正新修大藏經》(9)，頁 626 中。

諲禪師嘗曰："鳥窠侍者見以布毛吹之，便薦此事。自非久積净業，曠
劫行持，安能如此?"①汾陽昭禪師亦作偈曰："侍者初心慕勝緣，辭師
擬去學參禪。鳥窠知是根機熟，吹毛當下得心安。"②兩者年皆首山
高弟，必以積净業、根機熟爲言，蓋其淵源出於《金剛般若》而不可誣
也。近世之邪禪乃曰："此安有悟? 吹毛而傳悟者，權耳。"是所謂自
無目，而欲廢天下視也。

〔十、破色心論〕

△"一雨過林皋，山居件件饒。蒸芝雲入鼎，迸笋玉成餚。葉密藏新鳥，花
飛襯小橋。總非心外事，心内亦無交。且道既非心内，又非心外，畢竟
在甚麼處?"良久，云："侍者斟茶着!"復云："天下衲僧跳不出。"舉:

《破色心論》曰："如人夢中，本無女子，而見女人與身交會，漏失不净。衆
生如是，無始世來，虛妄受用。色、香、味、觸等外諸境，皆亦如是，實無
而成。"③

傳曰：所言實無而成者，如佛在時，有弟兄三人聞毗耶離國淫女菴羅
婆利，舍衛國淫女須曼那，王舍城淫女優鉢羅槃那，皆有美色，晝夜念
之不舍，便夢與之從事。覺已念曰："彼女不來，我亦不往，而淫事得
辦。"因是而悟：一切諸法皆如是耶，於是頓證惟心。魏將張遼、唐將
王彦章皆有威名，當時小兒啼不止，其母呼兩人者名，而兒啼止。小

---

① 《古尊宿語録·潭州神鼎山第一代諲禪師語録》記宋代神鼎諲禪師小參，舉唐代
鳥窠和尚因有小師會通辭去，鳥窠問："向什麼處去?"會通曰："學佛法去。"鳥窠云："若是
佛法，我這裏也有些子。"會通便問："如何是和尚佛法?"窠於身上拈起布毛示之，隨後便
吹，小師忽然大悟，《卍新纂續藏經》(68)，頁 159 上。此故事典故詳細內容可見於《景德傳
燈録》中前杭州鳥窠道林禪師法嗣，杭州招賢寺會通禪師傳，《大正新修大藏經》(51)，
頁 230 下。

② 語出《汾陽無德禪師語録》，《大正新修大藏經》(47)，頁 611 上。

③ 《唯識論》，《大正新修大藏經》(31)，頁 65 中。

兒未識張、王，而聞其名輒啼止，非唯心何哉？

〔十一、華嚴經〕

△纔攬衣就坐，便喝一喝！云：“橫十方，竪三世，一切諸佛，向這裏都無出頭分。”又喝一喝！云：“上佛祖，下眾生，向這裏出世利生，出生入死。”又喝一喝！云：“且道這裏是出世耶？入世耶？是無出頭分耶？於此會得，始知毘目、善才執手放手，入觀出定，總是癡人前說夢。① 其或未然，不免隨寂音脚跟，牽向葛藤窠裏，與善才見神、見鬼處卜度去在。〔仔〕細！〔仔〕細！② 偈曰：‘善才毘目煞誵訛，執放分明手不多。爭似黃龍伸出好，尖尖十指擺風荷。’”舉：

《華嚴經》曰：“毘目仙人執善財手，即時善財自見其身，往十佛刹微塵數世界中，到十佛刹微塵數諸佛所，見彼佛刹及其眾會，諸佛相好，種種莊嚴。乃至或經百千億不可說不可說佛刹微塵數劫，乃至時彼仙人放善財手，善財童子即自見身還在本處。”③

傳曰：方執其手，即入觀門，見自他不隔於毫端，始終不移於當念，及其放手，即是出定。永明曰：“是知不動本位之地，而身遍十方。未離一念之中，而還經塵劫。”本位不動，遠近之刹歷然；一念靡移，延促之時宛爾。世尊蓋以蓮爲譬，而世莫有知者。予特知之，夫蓮方開華，時中已有子，子中已有蔤。因中有果，果中有因，三世一時也。其子分布，又會屬焉。連續不斷，十方不隔也。

---

① 《大方廣佛華嚴經·入法界品》中善財參毘目瞿沙仙人，并且習得菩薩無勝幢解脫法門，《大正新修大藏經》(10)，頁 345 中。

② 原文作“子細”，筆者依文意修改爲“仔細”。

③ 摘引自《大方廣佛華嚴經·入法界品》，《大正新修大藏經》(10)，頁 345 下—346 上。

〔十二、維摩經〕

△“利己利他，總是利無可利。隨生隨死，原知隨無所隨。便恁麼去，莫非淋過死灰，大有施爲，却是心生住法，透得這兩路去，入得這一門來，方名安隱幢，總是涅槃行。其或未然，則文殊、金粟①相共一場敗缺。咄!”乃云：“此爲悟後無心爲法，墮落小心而發也。兄弟! 無心爲法是? 有心爲法是? 道! 道!”舉：

《維摩經》曰：“文殊師利又問：‘生死有畏，菩薩當何所依?’維摩詰言：‘菩薩於生死畏中，當依如來功德之力。’文殊師利又問：‘菩薩欲依如來功德之力，當於何住?’答曰：‘菩薩欲依如來功德之力，當住度脱一切衆生。’”②

傳曰：菩薩運心，非止利他，乃所以自利。故前聖以宏法度生爲急，栽培如來功德之力也。休舍優婆夷自説得菩薩安隱幢，以衆生未離生死，菩薩不自取安隱故。菩薩雖達生死性空，於生死有畏，未爲究竟安隱無憂。若能入生死教化衆生，達生死及衆生而能教化者，總涅槃行，無出無没，方名離憂安隱幢。

〔十三、二祖大師問達磨〕

△“你有拄杖子，與你拄杖子。你無拄杖子，還我拄杖子。”以拄杖擊一下! 云：“恰是! 夫東坡但知去翳自明，不知與明無藥。覺範也只道得一半，會麼?”以拄杖又擊一下! 乃云：“此是千佛出世以至達磨傳心法式也。若於此處會得，則臨濟三玄，曹洞五位，潙仰九十六圓相，法眼華嚴六相

---

① 智顗(538—597)於《維摩經玄疏》中説明維摩本是金粟如來，迹居妙喜爲無動補處，《大正新修大藏經》(38)，頁 546 下。

② 《維摩詰所説經》，《大正新修大藏經》(14)，頁 547 下。

義，雲門三句，該一切賓主父子，無量法門，百千妙義，却從這裏流出。其或不會，不妨再爲拈出。"舉：

二祖大師問達磨曰："我心未寧，乞師與安。"達磨曰："將心來與汝安。"對曰："覓心了不可得。"達磨曰："與汝安心竟。"①

傳曰：予聞東坡之語曰："如人病眼，以求醫與之光明。醫師曰：'我但有除瞖藥，且無與明藥。'明如可與，還應是瞖。"②東坡可謂性與道會者也。

吳郡奉佛弟子嚴樟捐

金刻智證傳提語一卷

願早悟宗旨世遇明師

---

① 《景德傳燈録·第二十八祖菩提達磨》，《大正新修大藏經》(51)，頁 21 中。
② 《東坡全集》卷一〇一《修養》。

於密滲提寂音尊者智證傳　卷之二

明海虞三峰沙門法藏提語

三峰門人廣敏錄語

〔十四、永嘉〕

△“大凡學道人，須具一段剛骨，於聲色頭邊，如木石相似。更須發大參情，務求徹底。未悟者當立地要悟，已悟者當細細力參。大透脱後，當曲盡師承，斷盡習漏，努力利生，如蓮華峰之不肯住高峰之死關。① 更賚志千生，無少休息，方不負參禪發心初念。

“今人爲禪師者，示人先要謙下，不可便説要悟道之滿語。看話頭亦勿太急，須自悠悠然待時節至。縱不悟，當多生做去，自有入頭。弄得一輩惡禪，十指不點水，喫檀信飯，坐常住床，半睡半不睡，呆椿椿地道我是禪者，習成一肚驕惰志氣，目中無人，轉轉相沿。見好漢子跨門求悟，便訶狂妄。悲夫！欲如永嘉之心志猛利，覺範之特地舉揚，必爲近世禪師訶罵，安於破生死有靈驗耶？縱得輕安，即便坐地，豈有大透脱耶？

---

① 《高峰原妙禪師語録·行狀》記載高峰原妙閉死關共十五年：“大元己卯上西峰，辛巳入張公洞，扁死關，不越户十五年，學徒參請無虛日，僧俗授戒幾數萬人。”《卍新纂續藏經》(70)，頁 698 下。

縱得大透，豈有後來一段光明幢，作大結局耶？此無他，皆邪師誤人之過也。既不自知其過，乃示人云：'須是古人始得，今人不可孟浪，宜從穩當門庭方好。'是則是，不知自己早成魔謗了也，可惜！"舉：

永嘉曰："大丈夫秉慧劍，般若鋒兮金剛焰。非但空摧外道心，早曾落却天魔膽。"①

傳曰：予初讀斯文，意其人神觀英特，威掩萬僧，凜然不可犯干。及見其遺像，頹然坐匡床，伽梨取次，如少年宣律師，乃知心智猛利，故吐詞等刀鋸，決不可以狀貌求也。《法華經》曰："如是二萬佛，皆同一字，號日月燈明，又同一姓，姓頗羅墮。"②頗羅墮，此云利根，亦名捷疾，亦名滿語。於一切法門，以利根、捷疾、滿語明之者，乃可出離生死。梁劉歆事佛精勤，忽有老人無因而至，曰："君心力堅猛，必破生死。"歆於化時果有靈驗。③ 今學者名爲走道而已，其實懶惰，迷醉於色、聲等法，如蠅爲唾所黏。味永嘉之平生，如香象擺壞鎖繮，自在而去，蓋真是比丘也。

〔十五、維摩經〕

△"蓋天蓋地，絕聖絕凡，全得他力，不受奉重。長在動用中，動用中收不得。不離起念處，起念處即乖違。且道是甚麼物？"拍一下！云："昨日二十二，今日二十三，滾滾流光夢裏駸，信手鋤成一片地，茄子葫蘆定滿籃。"朗吟云："生平不解歌帝力，耕鑿隨時自作息。奪目花紅又葉黃，問著春秋總不識。山蒼蒼，水湜湜，從來此事無奇特。野竹干雲逐百尺，虯松倒挂懸崖側。不是木，不是石，眼便橫，鼻便直。鬒奴白牯類不得，

---

①　《永嘉證道歌》，《大正新修大藏經》(48)，頁 396 中。
②　《妙法蓮華經》，《大正新修大藏經》(9)，頁 3 下。
③　此梁劉歆之記載，可見於宋晁迥《法藏碎金錄》卷八，CBETA 電子佛典，《大藏經補編》(27)，頁 814 上。

三世諸佛不可即，請看那一則。"舉：

《維摩經》曰："直心是道場，無虛假故。"①

傳曰：所謂擇法眼者，前聖授手。《首楞嚴》曰："諸修行人，不能得成無上菩提，乃至別成聲聞、緣覺，及成外道諸天魔王及魔眷屬，皆由不知二種根本，錯亂修習。猶如煮沙欲成佳饌，縱經塵劫，終不能得。云何二種？阿難！一者無始生死根本，則汝今者與諸衆生，用攀緣心爲自性者；二者無始菩提涅槃元清净體，則汝今者識精元明，能生諸緣，緣所遺者……"②即直心也；攀緣心，即虛假也。永明曰："心者，信也，謂有前識法隨相行，則煩惱名識，不名心也。意者，憶也，憶想前境起於妄，并是妄識，不干心事。心非有無，有無不染；心非垢净，垢净不污。乃至迷、悟、凡、聖、行、來、去、住，并是妄識非心。心本不生，今亦無滅，若知自心如此，佛亦然。"③而長沙偈曰："學道之人不識真，只爲從前認識神。無始時來生死本，癡人喚作本來人。"④今時邪禪乃相傳授，以揚眉瞬目，豎拂拈槌爲極則，佛法幾何不平沉哉？《圓覺經》曰："衆生……妄見流轉，厭流轉者，妄見涅槃，由此不能入清净覺。非覺違拒諸能入者，有諸能入，非覺入故。"⑤謂脱有能入覺道者，但成小乘，非能入覺，故曰："非覺入故。"

〔十六、金剛般若經〕

△"此法無實，如金如鐵；此法無虛，難解難知。會麼？"復云："當陽拈出向人看，一顆盤珠迸眼寒。四臂兩頭三隻眼，水搖秋月破仍圓。咦！"舉：

---

① 《維摩詰所説經》，《大正新修大藏經》(14)，頁542下。
② 《首楞嚴經》，《大正新修大藏經》(19)，頁108中—下。
③ 《宗鏡録》，《大正新修大藏經》(48)，頁549上。
④ 《景德傳燈録》中長沙景岑(788—868)原偈爲："學道之人不識真，只爲從來認識神。無始劫來生死本，癡人喚作本來身。"《大正新修大藏經》(51)，頁274中。
⑤ 摘引自《大方廣圓覺修多羅了義經》，《大正新修大藏經》(17)，頁919中。

《金剛般若經》曰："'如來於然燈佛所,有法得阿耨多羅三藐三菩提不?''不也,世尊。如我解佛所説義,佛於然燈佛所,無有法得阿耨多羅三藐三菩提。'佛言:'如是! 如是! 須菩提,實無有法,如來得阿耨多羅三藐三菩提。須菩提,若有法,如來得阿耨多羅三藐三菩提者,然燈佛則不與我授記:"汝於來世,當得作佛,號釋迦牟尼。"以實無有法得阿耨多羅三藐三菩提,是故然燈佛與我授記,作是言:"汝於來世,當得作佛,號釋迦牟尼。"何以故? 如來者,即諸法如義。若有人言如來得阿耨多羅三藐三菩提,須菩提,實無有法,佛得阿耨多羅三藐三菩提。須菩提,如來所得阿耨多羅三藐三菩提,於是中無實無虛。'"①

　　傳曰: 如曰"如來所得",於是中無實無虛者,達磨東來不言之意也,而世罕能知之,知之而罕能言之。東坡曰:"如來得阿耨多羅三藐三菩提,曰'以無所得故'而得。舍利弗得阿羅漢道,亦曰'以無所得故'而得。如來與舍利弗若是同乎? 曰: 何獨舍利弗? 至于百工賤技,承蜩、意鈎、履狶、畫墁,未有不同者也。論道之大小,雖至於大菩薩,其視如來,猶若天淵然。及其'以無所得故'而得,則承蜩、意鈎、履狶、畫墁,未有不與如來同者也。"②東坡之言吾法,如杜牧論兵,曰:"如珠在盤,至於圓、轉、橫、斜,不可得知。所可知者,珠不出盤耳。"③如來應迹,本以度生,有法可傳,則即時授與。但與授記者,明知無法可傳也。

〔十七、棗柏〕④

△"脚頭不到處,踏破大海須彌。手攬不及時,趺翻四大五蘊。説其思惟智慧,性海塵山。拈開生滅常光,香臺狗子,喚甚麼作陰界? 道得盡處,

<hr>

　　① 摘引自《金剛般若波羅蜜經》,《大正新修大藏經》(8),頁751上。
　　② 《虔州崇慶禪院新經藏記》,《東坡禪喜集》卷三十,CBETA 電子佛典,《大藏經補編》(26),頁725上。
　　③ 語出杜牧《樊川文集》卷十《注孫子序》,林伯謙《標點注釋智證傳》,頁119。
　　④ 李通玄(645—740),世稱"棗柏大士",唐代華嚴學者,著有《新華嚴經論》等書。

如何舉揚？現甚麽爲神力？包容得處，不妨指點。”乃彈指一下！云：“會麽？此引教言參禪，須情理兩絕，無所攀緣，向那邊行履者也。故《楞嚴》題標‘大佛頂’，又云‘密因’，又云‘一切事究竟堅固’。① 既曰‘大佛頂’，豈言語意會可到耶？曰‘密因’，豈顯説可通耶？曰‘事究竟堅固’，豈理可鑿破耶？經中文義，一一如此，而諸大乘皆然，不能盡舉。今學者欲以講説意度通，豈不謬哉？又欲以棄生滅、守真常處枯坐，大非知教者也。且道如何是知教者？”擊手一下！云：“三段不同，收歸上科。”舉：

棗柏曰：“《華嚴》第三會，於須彌山頂上説十住。表入理契智，非生滅心所得至故。如須彌山在大海中，高八萬四千由旬，非手足攀攬所及。明八萬四千塵勞山，住煩惱大海。於一切法，無思無爲，即煩惱海枯竭，塵勞山便成一切智山，煩惱海便成性海。若起心思慮，有所攀緣，則塵勞山愈高，煩惱海愈深，不可至其智頂。”②

傳曰：《首楞嚴》曰：“汝但棄其生滅，守於真常。常光現前，根、塵、識心應時消落。”③故維摩大士現神力，即時須彌燈王佛遣三萬二千師子座，高廣嚴净，來入維摩詰室。諸菩薩、大弟子、釋梵四天王等，昔所未見。其室廣博，悉包容三萬二千師子座，無所妨礙。寶覺禪師曰：“以師子座之高廣，毘耶室之狹小，亡思其間，即成妨礙。”④嘗問轉運判官夏倚：“汝言：‘情與無情共一體。’”時有狗卧香卓下，乃以壓

① 唐沙門慧琳於《一切經音義》説明：“首楞嚴三昧（此云：勇健定也。此經中自釋云：首楞嚴者於一切事究竟堅固也）。”《大正新修大藏經》（54），頁 480 上。宋長水沙門子璿集《首楞嚴義疏注經》中解釋：“首楞者名一切究竟，嚴者名堅，即一切事究竟堅固也。得此三昧，觀法如幻，於法自在，能破最後微細無明，能獲二種殊勝之力，現身説法，無礙自在。”《大正新修大藏經》（39），頁 826 中。

② 摘引自《新華嚴經論》，《大正新修大藏經》（36），頁 874 下。

③ 本段中最後二字於《首楞嚴經》作“銷落”，《大正新修大藏經》（19），頁 124 中。

④ 黄龍寶覺心禪師，惠洪撰《禪林僧寶傳》卷二十三有傳，《卍新纂續藏經》（79），頁 536 中—537 下；但寶覺禪師此説現今最早只存於明代文獻中，如《楞嚴經宗通》，《卍新纂續藏經》（16），頁 944 下。

尺擊香卓,又擊狗,曰:"狗有情即去,香卓無情即住。如何得成一體?"倚不能對。寶覺曰:"纔入思惟,便成剩法。"①前聖所知,轉相傳授,皆此旨也,而學者莫能明。如言彈指而五百毒龍屈伏,②女子之定亦出,③尤昭著明白者也。溈山嘗語仰山曰:"寂子速道,莫入陰界。"而仰山曰:"慧寂信位亦不立。"④予恨仰山極力道不盡。

〔十八、華嚴十地品〕

△"出没生死,一任生心。隨順無明,不斷諸有。步步踏殺影子,時時驅役小人。本智作麽現前?現行如何起滅?心與功,休與轉,只在這裏。"以拄杖畫一畫!云:"此與《華嚴》智證⑤是同?是別?若道同也,打作兩

---

① 《續傳燈録》記載:"轉運判官夏倚公立雅意禪學,見楊傑次公而嘆曰:'吾至江西,恨不識南公。'次公云:'有心上座在章江,公能自屈不待見南也。'公立見師劇談神思傾豁,至論《肇論》'會萬物爲自己者及情與無情共一體',時有狗卧香卓下,師以壓尺擊狗,又擊香卓曰:'狗有情即去,香卓無情自住,情與無情安得成一體?'公立不能對。師曰:'纔入思惟,便成剩法。'"《大正新修大藏經》(51),頁564中。

② 此典故見於《阿毘達磨大毘婆沙論》:"昔此迦濕彌羅國中有一毒龍,名無怯懼,稟性暴惡,多爲損害,去彼不遠,有毘訶羅數爲彼龍之所嬈惱。寺有五百大阿羅漢,共議入定,欲逐彼龍,盡其神力而不能遣。有阿羅漢從外而來,諸舊住僧爲説上事。時外來者至龍住處,彈指語言:'賢面遠去!'龍聞其聲即便遠去,諸阿羅漢怪而問言:'汝遣此龍是何定力?'彼答衆曰:'我不入定,亦不起通,但護尸羅故有此力,我護輕罪如防重禁,故使惡龍驚怖而去。'"《大正新修大藏經》(27),頁230上—中。

③ 《諸佛要集經》中記普光世界天王如來,其土有女名曰離意入定:"文殊師利聞佛教詔,即從坐起,到其女所,至心彈指,聲揚大音,欲令女起,其女寂静,三昧不興。文殊師利即如其像,變無限身,益高彈指,其彈指聲,聞於十方無數世界,女亦寂静,不從定起。"後由棄諸陰蓋菩薩令是女從三昧起,《大正新修大藏經》(17),頁765下—767下。

④ 《潭州溈山靈祐禪師語録》記載原文爲:師坐次,仰山入來。師云:"寂子速道,莫入陰異。"仰山云:"慧寂信亦不立。"師云:"子信了不立,不信不立。"仰山云:"祇是慧寂,更信阿誰?"師云:"若恁麽,即是定性聲聞。"仰山云:"慧寂佛亦不立。"《大正新修大藏經》(47),頁578中。

⑤ 《大方廣佛華嚴經》中提及"智證"之處有如:"受持正法修諸智,證菩提故而發心",《大正新修大藏經》(10),頁72中;"成就證智,證無量法",《大正新修大藏經》(10),頁120上;"具一切智,證佛解脱",《大正新修大藏經》(10),頁229下;"修行波羅蜜,究竟隨覺智,證知力自在,成無上菩提",《大正新修大藏經》(10),頁317上;"如諸菩薩摩訶薩,超諸世間,現諸趣身,不住攀緣,無有障礙,了達一切諸法自性,善能觀察一切諸法,得無我智,證無我法,教化調伏一切衆生恒無休息,心常安住無二法門,普入一切諸言辭海",《大正新修大藏經》(10),頁401中—下。

橛；若道別也，總一鼻孔。還會麼？秋山葉盡白雲多，依舊模糊千嶂裏。
朝來信手自開門，一點松頭初日起。咦！"舉：

《華嚴·十地品》曰："生死皆由心所作，心若滅者生死盡。"①又曰："隨順
無明起諸有，若不隨順諸有斷。"②

傳曰：譬如有人，畏影而逃日中，其行愈疾而影愈隨。休於樹陰，則
影自滅。三尺童子知之，而學者畏生死，乃不息滅妄心，是不類也。
又如日親君子，則小人自疏；日親小人，則君子自遠。市井庸人知之，
而學者畏流轉之苦，甘隨順無明，是首越而之燕者也。夫知心寂滅，
則不復故起現行；不與妄合，則自然本智現前。此二種，第約之心耳，
非加功也。

〔十九、三祖粲禪師〕

△"無授而授，受無授受。無人無法，機緣正叩。"拈起拂子云："此是法！
大眾試檢點看。若云是法，拂子且無言句，又授受箇甚麼？若云非法，
則三世諸佛、歷代祖師都向拂子頭邊，心傳心授，接物利生。若道法不
屬有又不得，法不屬無又不得，無授受又不得，有授受又不得，山僧如此
舉拂子，大眾如此見拂子，山僧如此談拂子，大眾如此聞拂子，若道舉處
有道理，諸人見箇甚麼道理？若道談處有道理，諸人聞個甚麼道理？若
道舉處、談處既無交涉，則何以名'師'？若于見處、聞處既無交涉，又何
以名'資'？'師''資'空名，是無人也。拂子非相，是無法也。人法不
立，無授受也。三世諸佛、歷代祖師，舉無所舉，舉此也；說無所說，說此
也；授無所授，授此也；受無所受，受此也；機緣之所以相叩，叩此也。諸
公還委悉麼？如其委悉，則根塵未消。如或未然，則師資道絕，畢竟作

① 《大方廣佛華嚴經》，《大正新修大藏經》(10)，頁195中。
② 《大方廣佛華嚴經》，《大正新修大藏經》(10)，頁195中。

麼生？大衆請細著眼看。"舉：

三祖粲禪師既以大法付四祖信禪師，乃祝曰："慎勿言自我處得法來。"①

　　傳曰：《易解》曰："衆人之志，不出於飲食男女之間與！凡養生之資，
　　其資厚者其氣强，其資約者其氣微，故氣勝志而爲魄。賢聖則不然，
　　以志一氣，清明在躬，志氣如神，雖禄之天下，窮至匹夫，無所損益也。
　　故志勝氣而爲魂，衆人之死爲鬼，而聖賢爲神，非有二知也，志之所在
　　者異也。"②予以其說觀三祖，知其爲志勝者也。嵩禪師曰："此蓋祖
　　師以名迹爲道之累，故雖師承，亦欲絶之。"③然則不言自粲公所得
　　法，便真非嗣祖者耶？是大不然，粲公于時念達磨、可祖宏法之艱難，
　　皆爲邪師憎害，痛自慎耳，便謂棄絶師承可乎？

〔二十、黄蘗運禪師〕

△"黄蘗指點得天花亂墜，動着便刺頭入膠盆。④覺範注解得地震六搖，
　　會得便墮身落坑塹。至若閱運公遺事，始見得寂音用心。果然具眼上
　　流，決不受人瞞過。會麼？"舉：

黄蘗運禪師曰："凡人臨欲終時，但觀五蘊皆空，四大無我，真心無相，不去
不來。生時性亦不來，死時性亦不去，湛然圓寂，心境一如。但能如是，直

---

　　①　宋契嵩《傳法正宗記》記大師嘗謂道信云："有人借問，勿道於我處得法。"《大正新
修大藏經》(51)，頁745下。
　　②　引自《東坡易傳》卷七，林伯謙《標點注釋智證傳》，頁124—125。
　　③　契嵩於《傳法正宗記》中解釋大師之所以告訴道信："有人借問，勿道於我處得
法。"理由爲"此明尊者自絶之甚也，至人以物迹爲大道之累，乃忘其心，今正法之宗猶欲遺
之。"《大正新修大藏經》(51)，頁745下。
　　④　《鎮州臨濟慧照禪師語録》："如禪宗見解死活循然，參學之人大須子細，如主客相
見便有言論往來，或應物現形、或全體作用、或把機權喜怒、或現半身、或乘師子、或乘象
王。如有真正學人便喝，先拈出一箇膠盆子。善知識不辨是境，便上他境上作模作樣。學
人便喝，前人不肯放。此是膏肓之病不堪醫，喚作客看主。"《大正新修大藏經》(47)，
頁501上。

下頓了，不爲三世所拘繫，便是出世人也。切不得有分毫趨向，若見善相，諸佛來迎，及種種現前，亦無心隨去；若見惡相，種種現前，亦無怖畏。但自忘心，同於法界，便得自在，此是要節。”①

傳曰：此黄檗一時爲裴相國之言也。教其忘心，當不必臨欲終時，乃作此觀，何以知之？《圓覺》曰：“居一切時不起妄念，於諸妄心亦不息滅。住妄想境，不加了知。於無了知，不辯真實。”②故其偈曰：“末世諸衆生，心不生虚妄。佛説如是人，現世即菩薩。”③圭峰科以爲忘心頓證，予以是觀前義，知其爲方便説也。予嘗閲運公遺事，始名“晞運”，④會昌之厄，以白帕蒙首，易名神運。宣宗登極復教，仍名“晞運”，此叢林未知者也。

〔二十一、入大乘論〕

△“念念生時念念空，踏殘明暗焰頭中。揭來空有齊生死，分出禪燈向上宗。”拈起拂子云：“如何是禪燈？”擲下！云：“天地黯黑！”舉：

《入大乘論》曰：“諸法體相，世間現見，云何言無耶？曰：‘凡愚妄見，此非可信。生滅之法，皆悉是空。生滅流轉，無暫停時。相似相續故，妄見有實。猶如燈焰，念念生滅。凡夫愚人，謂爲一焰。’”⑤

傳曰：《涅槃》曰：“如燈雖念念滅，而有光除破闇冥。念等諸法，亦復如是。如衆生食，雖念念滅，亦能令饑者而得飽滿。譬如上藥雖念念

---

①　《黄檗山斷際禪師傳心法要》，《大正新修大藏經》(48)，頁381下。
②　《大方廣圓覺修多羅了義經》，《大正新修大藏經》(17)，頁917中。
③　《大方廣圓覺修多羅了義經》，《大正新修大藏經》(17)，頁917中。
④　禪宗其他典籍多作“希運”，如《景德傳燈録》記“黄檗希運禪師傳心法要”，《大正新修大藏經》(51)，頁270中。
⑤　《入大乘論·義品》，《大正新修大藏經》(32)，頁41中。

滅,亦能愈病。日月光明雖念念滅,亦能增長草木。"①蓋一切諸法念念滅絕,而今現見者,相似相續故。《首楞嚴》曰:"諦觀法法何狀?"②則知但自燈明,法自無闇。明闇俱空,無作無取。明若有作,不應容闇。闇若可取,不應受明。今觀夜室之闇,何自而來?忽有燈焰,闇何所往?石頭曰:"當明中有闇者,以明無作故;當闇中有明者,以闇無取故。"③

〔二十二、法華經〕

△"入無量義定,坐斷三世十方,現白毫相光,漏泄三乘十地。若向定中光裏見得全部《法華》,猶是認蹄認尾。若從三周七喻覓將最上大事,未知爲腰爲牙。廣長舌,聾者得聞;六牙象,盲者得見。還有會得世尊大神力者麼?"竪拂子,云:"切忌隨語生解。"舉:

《法華經》曰:"世尊於……一切衆前,現大神力,出廣長舌,上至梵世。"④

　　傳曰:潙山嘗曰:"凡聖情盡,體露真常。理事不二,即如如佛。"⑤而學者不能深味此語,苟認意度而已。譬如衆盲捫象,隨所得之爲是。故象偏爲尾、爲蹄、爲腰、爲牙,而全象隱矣。《般若經》曰"無二、無二分,無別、無斷故"⑥者,真常也,非凝然一物,卓不變壞之常也!而解《法華》者曰:"佛音深妙,觸處皆聞。超越凡聖,則其舌廣長,高出梵世。"⑦此殆所謂隨語生解,謬矣乎!

---

①　《大般涅槃經》,《大正新修大藏經》(12),頁 537 中。

②　《首楞嚴經》,《大正新修大藏經》(19),頁 117 中。

③　《景德傳燈錄》中《南嶽石頭和尚參同契》有相似之文句:"當明中有暗,勿以暗相遇;當暗中有明,勿以明相睹。明暗各相對。"《大正新修大藏經》(51),頁 459 中。

④　《妙法蓮華經》,《大正新修大藏經》(9),頁 51 下。

⑤　《潭州潙山靈祐禪師語錄》,《大正新修大藏經》(47),頁 577 下。

⑥　《大般若波羅蜜多經》,《大正新修大藏經》(5),頁 985 上。

⑦　此解《法華經》之釋語可見於惠洪《臨濟宗旨》,《卍新纂續藏經》(63),頁 169 下。

〔二十三、五十計較經〕

△“諦觀一念始生初，直透威音空劫外。於此迴光頓休歇，水浸火燒終不壞。”良久，云：“諸佛之所以脫輪迴，超生死，蓋悟此也。衆生之所以墮生死，入輪迴，蓋迷此也。故《圓覺經序》云：‘迷之則生死始，悟之則輪迴息。’①故知一念未生，謂之覺；一念初生，謂之不覺。直須於未生起時勘破，則一念初生，了無形段。故《起信》云：‘覺，則不動。’②以起同無起故也。起同無起，則不妨於念念之間。隨時隨事，遇色遇聲，咸同無起。至於忘物忘我，無悟無迷，無生死，無輪迴，又何罪福之有哉？其或此處勘不破，則從於不覺，一念昏沉，三細六粗，轉展成就。立法立人，分彼分此。於逆順上頓起愛憎，於愛憎上頓起業用。或作善，或作惡，因爲福，因爲罪，隨業受報，互有昇沉。以善不能奪惡，以惡不能奪善。福不雜罪，罪不雜福，以皆在妄故也。故知一念起時，了得無始、無終、無中間、無三際，便爾蕩蕩地着衣喫飯過日，更有甚麼事？會麼？會即請退，看山看水去。如或未然，且看《五十計較經》。”舉：

《五十計較經》曰：“菩薩問佛言：‘罪生復滅，何以我了不見？’佛問諸菩薩：‘汝曹心寧轉生不？’諸菩薩報言：‘我心轉生。設我心不轉生，亦不能與佛共語。’佛問諸菩薩言：‘若心生時，寧還自覺心生不？’諸菩薩言：‘我但識見因緣時，不覺初起生時。’佛言：‘如汝所説，尚不能知心初生時，何能無罪？’”③

---

① 裴休（791—864）撰《大方廣圓覺修多羅了義經略疏·序》：“迷之則生死始，悟之則輪迴息。”《大正新修大藏經》（39），頁 523 中。

② 《大乘起信論》，《大正新修大藏經》（32），頁 577 上。

③ 此經今已不存，《出三藏記集》中記有“《五十校計經》（或云《明度五十校計經》）二卷”，《大正新修大藏經》（55），頁 6 上；慧琳《一切經音義》亦記“《明度五十校計經》二卷”，《大正新修大藏經》（54），頁 597 下。此段引文應是轉引自《宗鏡録》，《大正新修大藏經》（48），頁 638 中。

傳曰：諸菩薩疑既曰有罪，我獨不見，而世尊曰：“汝不能知心初生，則罪有而不見也。”永明曰：“故知不察最初一念因成之假，寧免後念相續成事之過乎？吾以是知一切生死煩惱，皆因不覺故。若智爲先導，則咎何由生？若了心外無法，則情想不生，不用加功，直入不思議地也。”①

〔二十四、首楞嚴阿難偈〕

△“諸菩薩從地涌出，泥深處得來。諸菩薩種種贊法，虛空中講得，五十小劫一時坐斷，口如區擔，眼似流星。半日之頃，彈指消亡。腳立懸崖，心如墙壁。忽然失腳翻身，頭破額裂。‘消我億劫顛倒想，不歷僧祇獲法身’，②更有那邊事？還向三峰門下喫三頓痛棒始得。”又云：“此默示今人做工夫法子也，思之自見，不復細陳。”舉：

《首楞嚴》阿難偈曰：“消我億劫顛倒想，不歷僧祇獲法身。”③

傳曰：予觀《法華經》：“諸菩薩摩訶薩從初涌出，以諸菩薩種種贊法而贊於佛，如是時間經五十小劫。是時釋迦牟尼佛，默然而坐，及諸四眾，亦皆默然五十小劫，佛神力故，令諸大眾謂如半日。”④夫半日之間歷五十小劫，顛倒想所持也。

〔二十五、唯識論〕

△“踏空不失腳，除是飛瓊。見境便緣心，誰爲枯木？若果不識字者，但見

① 《宗鏡録》，《大正新修大藏經》(48)，頁 638 中。
② 全文見《首楞嚴經》：“妙湛總持不動尊，首楞嚴王世希有。銷我億劫顛倒想，不歷僧祇獲法身。”《大正新修大藏經》(19)，頁 119 中。
③ 《首楞嚴經》，《大正新修大藏經》(19)，頁 119 中。
④ 《妙法蓮華經·從地踊出品》，《大正新修大藏經》(9)，頁 40 上。

紙墨。省得蒼頡時，神鬼號呼。識破能見者，已屬退殘。不若威音前粥飯自在，雖然……”拈起拄杖，云：“猶有這個在！猶有這個在！”打一下！舉：

《唯識論》問曰：“依信説有四種：一、現見；二、比知；三、譬喻；四、阿含。此諸信中，現信最勝，若無外境，云何世人言我現見此青、黃等物乎？答以偈曰：‘現見如夢中，見、所見不俱。見時不分別，云何言現見？’諸凡夫人，煩惱夢中，有所見事，皆如夢中。如初見色，不知色義，後時意識分別，然方了知。以意識分別時，眼等識已先滅故。以一切法念念不住故，以見色時，未有意識，意識起時，即無眼等識。”①

傳曰：譬如世人同看文字，不識字者但見紙墨，義理了不關思；而識字者但見義理，不礙紙墨也。不識字者，五識現量也；而識字者，意識之境也。天台宗以五識名退殘，②謂是故也，故曰：“見、所見不俱。”③夫紙墨文字，所以傳義理，義理得，則紙墨文字復安用哉！

吳郡奉佛弟子嚴樟捐金

刻智證傳提語二卷

願先親超昇亡幼解脱

---

①　摘引自《唯識論》，《大正新修大藏經》(31)，頁 68 中。

②　《摩訶止觀》記：“見惑浩浩如四十里水，思惑殘勢如一滴水。前諸方便共治見惑，惑盡名入流任運不退。”《大正新修大藏經》(46)，頁 139 下。

③　《唯識論》：“現見如夢中，見所見不俱。”《大正新修大藏經》(31)，頁 64 上。

於密滲提寂音尊者智證傳　卷之三

明海虞三峰沙門法藏提語

三峰門人廣敏録語

〔二十六、曹山正命食〕

△“披毛戴角是類墮。”拈起扇子云：“徹底看來是這個，不斷聲色是隨墮。”
揮扇云：“一葉不沾身，百花叢裏過，不受食是尊貴墮。”放下扇子云：
“咄！咄！啊！啊！糞箕匾籤，如何是正命食？上午纔肚饑，飯後又不
餓。團不圓，擘不破，是甚麼？”良久，云：“墮！會麼？若不會，不免更下
個注脚。昨日園頭向典座商量道，去年雨水調匀，到此時候，黄瓜尺許
長，茄子菜瓜大。今歲天乾，黄瓜架子也未曾搭，茄秧也未曾高在。諸
公還知麼？”舉：

曹山正命食。① 并三墮。②

傳曰：《瑜伽師地論》曰死有三種：“謂壽盡故、福盡故、不避不平等
故，當知亦是時非時死，或由善心，或不善心，或無記心。云何壽盡

---

① 《撫州曹山元證禪師語録》：“夫取正命食者，須具三種墮。”《大正新修大藏
經》(47)，頁533下。
② 此三墮即爲下一則“不斷聲色墮、隨墮、尊貴墮”。

死？猶如有一隨感壽量滿盡故死，此名時死。云何福盡故死？猶
如有一資具缺故死。云何不避不平等故死？如世尊說九因九緣，
未盡壽量而死。何等為九？謂食無度量、食時不宜、不消復食、生
而不吐、熟而持之、不近醫藥、不知於己若損若益、非時非量、行非
梵行，此名非時死。"①予以是觀之，乃知食而食，即不枉死，故名正
命食。黃蘗曰："今時纔出來者，只欲多知多解，廣求文義，喚作修
行。不知多知解，翻成壅塞；唯多與兒酥乳，消與不消，都總不知。三
乘學道人皆此樣，盡名食不消。食不消者，所謂知解不消，皆為毒藥，
盡向生滅邊收，真如之中，無此事故。"②以此知曹山貴正命食，立
三墮。

〔二十七、曹山三墮：不斷聲色墮、隨墮、尊貴墮〕

傳曰：《維摩經》曰："為壞和合相故，應取食。為不受故，應受彼食。
以空聚想，入於聚落。所見色，與盲等；所聞聲，與響等；所嗅香，與風
等；所食味，不分別；受諸觸，如智證；知諸法，如幻相，無自性，無他
性，本自不然，今則無滅。"③此不斷聲色墮所由立也。又曰："須菩
提，不見佛、不聞法，彼外道六師，富蘭那迦葉、末伽梨拘賒梨子、刪闍
夜毗羅胝子、阿耆多翅舍欽婆羅、迦羅鳩馱迦旃延、尼犍陀若提子等，
是汝之師，因其出家，彼師所墮，汝亦隨墮，乃可取食。"④此隨墮之所
由立也。又曰："謗諸佛，毀於法，不入眾數，終不得滅度，汝若如是，
乃可取食。"⑤此尊貴墮之所由立也。予嘗深觀曹山，其自比六祖無

---

① 《瑜伽師地論》,《大正新修大藏經》(30),頁 281 中。

② 《黃蘗山斷際禪師傳心法要》,《大正新修大藏經》(48),頁 382 下。

③ 《維摩詰所說經》,《大正新修大藏經》(14),頁 540 中。

④ 《維摩詰所說經》,《大正新修大藏經》(14),頁 540 中—下。

⑤ 《維摩詰所說經》,《大正新修大藏經》(14),頁 540 下。

所愧,以其蕩除聖、凡之情,有大方便。南泉曰:“三世諸佛不知有,貍
奴白牯却知有。”①乃不如曹山止言一“墮”字耳。

〔二十八、唐萬回和尚〕

△“明不奪暗,明本非明。暗不奪明,暗原非暗。明暗非無而不并立,明暗
非有而自相傾。相傾處,則明中有暗,暗裏有明。不并處,則暗本無明,
明中無暗。了明暗謂之慧眼,明暗了謂之法眼。以慧破法,以法空慧。
法慧兩立則雙舉,法慧雙泯則兩忘。雙舉而白,兩泯則黑。黑白俱喪,
佛眼始開。佛眼開則無染無繫,絕照絕遮,而全體大用現前矣。且道黑
白俱喪則且止,如何是佛眼開?”乃揮拂子云:“新穿石井天光小,短夾籬
笆竹孔疏。”舉:

唐萬回和尚偈曰:“明暗兩忘開佛眼(一本云:黑白兩忘),不繫一法出蓮
叢。真空不壞靈智性,妙用恒常無作功。聖智本來成佛道,寂光非照自
圓通。”②

傳曰:《首楞嚴》曰:“緣見因明,暗成無見,不明自發,則諸暗相永不
能昏。”③夫不因明塵而自發,不爲暗塵之所昏,則佛眼開矣。又曰:
“餘塵尚諸學,明極即如來。”④夫以纖塵未盡,則未至等妙,所以貴不
繫一法也。佛眼既開,則不受一法,然寂光非照,故首山臨終偈曰:
“白銀世界金色身,情與無情共一真。明暗盡時俱不照,日輪午後示
全身。”⑤果午後泊然而化,黑白兩忘之效也。

---

①　《景德傳燈録》,《大正新修大藏經》(51),頁275上。
②　《宗鏡録》,《大正新修大藏經》(48),頁523中。
③　《首楞嚴經》,《大正新修大藏經》(19),頁123下。
④　《首楞嚴經》,《大正新修大藏經》(19),頁131中。
⑤　《天聖廣燈録》,《卍新纂續藏經》(78),頁494下。

〔二十九、佛説浄業障經〕

△"分別墮惡道，無念坐木偶。二謗既紛然，如何得分剖？無生之妙妙如
　何？烈火怒波空裏走。若錯會，依然墮木偶。説清浄，還隨分別有。
　咦！狗走抖擻口。"舉：

《浄業障經》曰："佛告比丘：'一切諸法，本性清浄。然諸凡夫愚小無智，於
無有法不知如故，妄生分別，以分別故，墮三惡道。'"①

　　傳曰：如言"以分別故，墮三惡道"，②則不分別，遂成無上佛果乎？曰
　　不分別則機關木偶耳，非能得道也。《維摩經》曰"無我、無造、無受者，
　　善惡之業亦不忘"③者，這凡夫愚小墮增益損減謗，而密示無生之妙也。
　　永嘉曰："誰無念？誰無生？若實無生無不生，喚取機關木人問，求佛
　　施功早晚成。"④又曰："了即業障本來空，未了應須償夙債。"⑤今推其
　　效，以盡其執情，世間法，殺人者死，而怒波覆舟，舟人皆死，不聞水與
　　風有罪。出世間法先論因果，故曰："假使百千劫，所作業不忘。"⑥而野
　　火燒山林，禽蟲皆死，而火亦速滅，不聞火受三惡道苦，可深思之。

〔三十、雪峰禪師〕

△"函蓋乾坤句，錯！截斷衆流句，錯！隨波逐浪句，錯！錯！覺範傳引玄

---

　　①　《佛説浄業障經》，《大正新修大藏經》(24)，頁 1096 上。
　　②　《佛説浄業障經》，《大正新修大藏經》(24)，頁 1096 上。
　　③　原《維摩詰所説經》作"亡"字，《智證傳》作"忘"字，《大正新修大藏經》(14)，頁
537 下。
　　④　《永嘉證道歌》，《大正新修大藏經》(48)，頁 395 下。
　　⑤　《永嘉證道歌》，《大正新修大藏經》(48)，頁 396 下。
　　⑥　原《根本説一切有部毘奈耶》作"亡"字，《智證傳》作"忘"字，《大正新修大藏
經》(23)，頁 657 下。

沙,千錯萬錯,還有不錯者麼? 出來與雪峰出氣。"乃云:"乾屎橛!"又云:"此雲門宗旨所由出也,雲門於陳尊宿處悟得,而於雪峰處得法。二途合轍,故有'天中函蓋,目機銖兩,不涉世緣'等語。可見古人悟是自悟,得法是師承。有悟無師,恐不入細。有法無悟,終是野狐。故知悟須實悟,而參須實參,不可草草者也。問大眾還有實參實悟者麼?"良久,云:"確!"舉:

雪峰禪師:函蓋乾坤句,截斷眾流句,隨波逐浪句。①

　　傳曰:宗師約法,以定綱宗,以簡偏邪,如雪峰三句。玄沙嘗言之曰:"是汝諸人見有嶮惡,見有大蟲、刀、劍諸事來逼汝身命,便生無限怖畏。恰如世間畫師,自畫作地獄變相,畫大蟲、刀、劍了,好好地看著,却自生怕怖,亦不是別人與汝爲過,汝如今欲免此幻惑麼? 但識取金剛眼睛,若識得,不曾教有纖塵可得露現,何處更有虎狼刀劍解嗜嚇得汝? 直至釋迦,如是伎倆,亦覓出頭處不得。所以我向汝道:沙門眼,把定世界,函蓋乾坤,不漏絲髮,何處更有一物爲汝知見? 如是出脫,如是奇特,何不究取?"②此函蓋乾坤句也。又曰:"鐘中無鼓響,鼓中無鐘聲。鐘鼓不交參,句句無前後。如壯士展臂,不借他力;如師子遊行,豈求伴侶?"③此截斷眾流句也。又曰:"大唐國內宗乘,未有一人舉倡。設有一人舉倡,盡大地人失却性命,無孔鐵鎚相似,一時亡鋒結舌去。汝諸人賴我不惜身命,共汝顛倒知見,隨汝狂意,方有申問處。我若不共汝與麼知聞去,汝向甚麼處得見我?"④此隨波逐浪句也。

---

　　① 雪峰義存(822—908)爲雲門文偃(864—949)之師,此三句可見於《雲門匡真禪師廣録》,雲門弟子圓明緣密述《頌雲門三句語》,《大正新修大藏經》(47),頁576中。

　　② 《玄沙師備禪師語録》,《卍新纂續藏經》(73),頁32中。

　　③ 《玄沙師備禪師語録》,《卍新纂續藏經》(73),頁29下。

　　④ 《玄沙師備禪師語録》,《卍新纂續藏經》(73),頁32中。

〔三十一、嵩山安國師〕

△"善惡兩俱忘,真心亦不現。相應不相應,太虛捉閃電。蛇猫性命斬不留,蜆子螺螄吞不饜。請問如何是增長念? 咄!"舉:

嵩山安國師曰:"作善則善現,作惡則惡現,真心即隱没。"①

傳曰: 所言善現者,百丈曰:"本有之性,不可名目。本來不是凡、不是聖、不是垢净、亦非空有、亦非善惡,若與諸染法相應,名天人二乘界。"②所言惡現者,《搜神記》曰:"蛇千年則能斷已復續。"《淮南子》曰:"神蛇自斷其身,而自相續。"隋煬帝遣使於嶺南,瀕海窮山,求此蛇。長三尺許,色錦文而似金,熟視微黑,解食肉而不毒。人欲令自斷,則觸之令怒,若不勝憤,則輒斷而爲三四,若刀截焉。其皮骨之理亦有血,怒定久,乃又相就,而相連續如故。隋著作郎鄧隆曰:"此靈蛇也,能自斷,不必千歲。"夫天人二乘界,例能他身飛升,善念增長之力也;蛇能自斷且千歲,惡念增長之力也。

〔三十二、法華經〕

△"錯將緣理細安排,佛種翻令昧本荄。擊竹一聲機薦捷,見桃千樹念成灰。無功是法功非性,有學熏修學起埃。請看呈珠小龍女,拈花付鉢快人哉! 會麽?"復朗吟云:"睡起朦朧眼乍開,遠天山色碧於苔。不知何處輕風好,片片落花香自來。"以拄杖卓一卓! 舉:

---

① 此段相似文句可見於惠洪造,宋張商英撰《法華經合論》:"《金剛般若經》曰:'應無所住而生其心。'若心有住即爲非住。釋者曰:'若住善法即是善法成就,若住惡法即是惡法成就,善惡之法既各成就,則真心自應隱没。'"但張商英未説明釋者爲嵩山安國師,《卍新纂續藏經》(30),頁395下。

② 《百丈懷海禪師廣録》,《卍新纂續藏經》(69),頁8上。

《法華經》曰："無上兩足尊，知法常無性，佛種從緣起，是故說一乘。"①

傳曰：永明曰："緣起佛種者，報身佛，非法身佛也。"②不知永明何所據，依而爲此言？經以一乘爲言，則寧當分別法、報身乎？所謂是法住法位者，馬鳴所言"隨順世間種種知故"。③世間之相既曰種種，則非以本自無性，而皆從緣起何哉？知其緣起而無生，即是佛種。所謂世間相常住者，馬鳴所言"一切法常靜，無有起相"。④予童子時，聞三峰蒨禪師誦迦葉波偈曰："諸法從緣生，諸法從緣滅。我師大沙門，常作如是說。"⑤心曉然愛之。既落髮，遊方學道，讀棗柏《論》曰："有作之法，難成隨緣，無作易辦。作者勞而無功，不作隨緣自就。無功之功，功不虛棄；有功之功，功皆無常。多劫積修，終歸敗壞。一念緣起無生，超彼三乘權學等見。"⑥於是頓見迦葉波說偈之意。維摩謂文殊師利曰："不來相而來，不見相而見。"文殊師利曰："如是，居士！若來已更不來，若去已更不去。所以者何？來者無所從來，去者無所至去，可見者更不可見。"⑦與《法華》同旨也。

---

① 《妙法蓮華經》，《大正新修大藏經》(9)，頁 6 下。

② 摘引自《宗鏡録》："問：'佛種從緣起者，即是熏習義。約法、報、化三身中，是何佛種從緣起？'答：'是報身佛，由熏成故，以智爲種。法身是無爲斷惑所顯，不從種子生，以法報具足，能起化現，即化身是法報之用。唯報佛性，即是一切衆生聞熏種子。'"《大正新修大藏經》(48)，頁 701 下。

③ 摘引自《大乘起信論》："無明義者，名爲智礙，能障世間自然業智故。此義云何？以依染心能見、能現、妄取境界，違平等性故。以一切法常靜無有起相，無明不覺妄與法違故；不能得隨順世間一切境界種種智故。"《大正新修大藏經》(32)，頁 577 下。

④ 摘引自《大乘起信論》："以一切法常靜無有起相，無明不覺妄與法違故；不能得隨順世間一切境界種種智故。"《大正新修大藏經》(32)，頁 577 下。

⑤ 惠洪《石門文字禪》中《題香山蒨禪師語》記："禪師父事雲庵，於予爲法兄，然予少竊師事之。初聞其誦迦葉波偈曰：'諸法從緣生，諸法從緣滅。我師大沙門，常作如是說。'乃曰：'子悟此即是出家。'"新文豐版《嘉興藏》(23)，頁 701 下。

⑥ 《新華嚴經論》，《大正新修大藏經》(36)，頁 724 上。

⑦ 《維摩詰所説經》，《大正新修大藏經》(14)，頁 544 中。

〔三十三、清凉國師〕

△ "本净本不覺，了得却如此。不知能所迷，相似不相似。知有及承當，打
　　入無明裏。平生顛倒顛，喫飯與痴〔屎〕。① 秋風度虛林，落葉紛紛起。"
　　呵呵大笑！云："清凉親見復禮。"舉：

清凉國師答復禮法師所問《真妄偈》曰："本净本不覺，由茲妄念起。能迷
非所迷，安得長相似？"②

　　傳曰：圓覺會上，金剛藏菩薩所問世界始終生滅、前後有無之故，而世
　　尊先令息滅安心，净諸業障。菩薩所問："一切眾生，本性清净，云何染
　　污？"而世尊但曰："爲有我、人、眾生及與壽命。"終不明告其所以然。③
　　清凉言"本净本不覺"，則含其無性之旨，深得世尊法施之式。何以知
　　之？《大經疏》曰："一切法有二。一是所迷，謂緣起不實，故如幻也；緣
　　成，故無性也。二是能迷，謂遍計無物，故如空也；妄計，故無相也。"④
　　"又以不覺，故不知有，以不信，故不承當，但起無明，空成倒想耳。"⑤

〔三十四、棗柏〕

△ "一刹那時，三僧祇劫，無延無促，豈分始末？絕慮絕思，不落生滅。明
　　之，則頭角頓生，逐空眩以拈花，追陽焰而止渴。便爾，則身心俱寂，守

---

　　① 原文作"矢"，筆者依文意改爲"屎"，以下皆同。
　　② 唐清凉山大華嚴寺沙門澄觀撰述《大方廣佛華嚴經疏鈔會本》，CBETA 電子佛
典，新文豐版《乾隆大藏經》(132)，頁 35 上。
　　③ 摘引自《大方廣圓覺修多羅了義經》，《大正新修大藏經》(17)，頁 915 下—
919 中。
　　④ 《大方廣佛華嚴經疏》，《大正新修大藏經》(35)，頁 548 下。
　　⑤ 本段引轉引自《宗鏡錄》，《大正新修大藏經》(48)，頁 523 中—下。

枯木之寒巖,坐黑山之鬼窟。離却二邊,如何出脫?"喝一喝! 云:"五月
又將來,四月已欲沒。家家割斷黃雲,處處繰成白雲。"舉:

棗柏曰:"《十定品》法門,其定名'入刹那際',如三乘說,八十生滅爲一刹
那,八十刹那爲一念,此明三乘說如此。一乘,但以刹那是極短促,思慮不
及之故,終不別論有生滅。明如來出世,始終不離刹那際。"①"爲一乘道
理情解,有以情解者,疑網不除,且信佛語,自疑不斷。"②

　　傳曰:潙山問香嚴曰:"我不問汝經論義理、種種知見,汝但向父母未
　　生前道取一句。"香嚴曰:"和尚替我道。"潙山曰:"道得即是我三昧,
　　於汝何益?"於是香嚴泣辭潙山,曰:"畫餅不可充饑,今生不復學識,
　　且作個長行粥飯僧。"遂去,止南陽菴以休息焉。久之,一日糞除瓦礫
　　擊竹,笑曰:"潙山大慈,恩逾父母。當日若爲我說却,何處有今
　　日!"③如香嚴,乃可稱自疑已斷。

〔三十五、雲居宏覺禪師〕

△"江明山碧日悠悠,坐到髀酸曳杖遊。紅葉遮藏茅屋曉,黃花點染竹籬
　　秋。貧無錐地堪埋骨,病有方書好枕頭。自笑生平無所重,不勞宏覺語
　　相酬。咦!"舉:

_____

　　①　《新華嚴經論》,《大正新修大藏經》(36),頁772下。
　　②　《新華嚴經論》,《大正新修大藏經》(36),頁744中—下。
　　③　潙山靈祐與香嚴智閑(？—898)之問答全文見於《潭州潙山靈祐禪師語錄》:
師一日問香嚴:"我聞汝在百丈先師處,問一答十,問十答百,此是汝聰明靈利,意解識
想。'生死根本,父母未生時',試道一句看!"香嚴被問直得茫然,歸寮,將平日看過底文
字從頭要尋一句酬對,竟不能得,乃自嘆云:"畫餅不可充饑。"屢乞師說破,師云:"我若
說似汝,汝已後罵我去。我說底是我底,終不干汝事。"香嚴遂將平昔所看文字燒却,云:
"此生不學佛法也,且作箇長行粥飯僧,免役心神。"乃辭師,直過南陽,睹忠國師遺迹,遂
憩止焉。一日芟除草木,偶拋瓦礫,擊竹作聲,忽然省悟。遽歸,沐浴焚香,遙禮師云:
"和尚大慈,恩逾父母。當時若爲我說破,何有今日之事!"《大正新修大藏經》(47),
頁580中。

雲居宏覺禪師。僧問："如何是沙門所重？"宏覺曰："心識不到處。"①

傳曰：洞上宗旨，語忌十成。② 十欲犯，犯則謂之觸諱，如《五位》曰："但能不觸當今諱，也勝前朝斷舌才。"③宏覺蓋洞山之高弟也，而所答之語如此，豈非觸諱乎？曰："東坡最能爲譬，嘗曰：'以吾之所知，推至其所不知。嬰兒生而導之言，稍長而教之書。口必至於忘聲而後能言，手必至於忘筆而後能書，此吾之所知也。口不能忘聲，則語言難於屬文；手不能忘筆，則字畫難於刻雕。及其相忘之至，則形容心術，酬酢萬物之變，忽然而不自知也。'④夫不犯諱，忌十成者，法也。宏覺不忘法，何以能識宗？《金剛般若》曰：'一切賢聖皆以無爲法而有差別。'⑤覺以之。"

〔三十六、提婆〕

△"滿眼塵沙滿口霜，稟心何必費多方？ 寂音苦苦重拈出，也是提婆顛倒

---

① 雲居宏覺(？—902)與僧人之問答可見於《景德傳燈錄》洪州雲居道膺禪師傳中，《大正新修大藏經》(51)，頁 335 上。

② 《筠州洞山悟本禪師語錄》："云：'如何是共功？'師曰：'不得色。'"《大正新修大藏經》(47)，頁 510 中。大慧宗杲(1089—1163)於其《正法眼藏》詮釋此段之內容："洞山之意，謂用與無用皆功勳也，亦是無間斷之義。共功時作麼生，謂法與境敵。答曰不得色，乃法與境不得成一色。正用時是顯箇無用底，無用即用也。若作一色，即是十成死語。洞山宗旨，語忌十成，故曰不得色，乃活語也。功功時作麼生？謂法與境皆空，謂之無功用大解脫，故曰不共，乃無法可共。不共之義全歸功勳邊，如法界事事無礙是也。"《卍新纂續藏經》(67)，頁 632 中。

③ 《瑞州洞山良价禪師語錄》記《五位君臣頌》："正中偏：三更初夜月明前，莫怪相逢不相識，隱隱猶懷舊日嫌。偏中正：失曉老婆逢古鏡，分明覿面別無真，休更迷頭猶認影。正中來：無中有路隔塵埃，但能不觸當今諱，也勝前朝斷舌才。兼中至：兩刃交鋒不須避，好手猶如火裏蓮，宛然自有冲天志。兼中到：不落有無誰敢和？人人盡欲出常流，折合還歸炭裏坐。"《大正新修大藏經》(47)，頁 525 下。

④ 引自《東坡禪喜集》，CBETA 電子佛典，《大藏經補編》(26)，頁 725 上—726 上。

⑤ 《金剛般若波羅蜜經》，《大正新修大藏經》(8)，頁 749 中；《東坡禪喜集》亦引此《金剛經》之句，CBETA 電子佛典，《大藏經補編》(26)，頁 726 上。

狂。抹過也，賊無贓，草田春水月茫茫。咄！"舉：

提婆曰："稟明於心，不假外也。"①

傳曰：提婆菩薩，博識强記，才辯絶倫，名震五天，然猶以人不信用其言爲憂。天竺有大自在天人，身真金色，高二丈，人有所求，皆如所願。提婆造廟見之，萬衆隨入，像果瞬視若怒，提婆曰："神則神矣，何其小哉！正當以威靈感人，智德化物。而假金爲軀，玻璃爲目以妖世，非所望也。"即梯其肩，鑿出目睛，觀者疑之，曰："大自在天，乃爲一小婆羅門所折困耶？"提婆曉人曰："神明遠大，故以近事試我。我得其心，故敢爾也。"於是辦供。是夜大自在天降以受之曰："汝得我心，人得我形。汝以心供，人以質饋。知而敬我者汝，畏而誣我者人。然汝供甚美，但乏我所欲。"提婆曰："神須何物？"大自在天人曰："我缺左目，能施我乎？"提婆笑，即出自己目與之，愈出而愈不竭。自旦及暮，出目睛數萬，神贊曰："善哉摩衲！真上施也，欲何所求？"提婆曰："我稟明於心，不假外也。"②予嘗笑提婆顛倒，既曰"稟明於心，不假外也"，則亦安用求神？欲人信用其言乎？方曰"不假於外"而求神，如醉夫謂人曰"吾平生不解飲也"。

〔三十七、曹山本寂禪師〕

△"踏翻舟子葬洪濤，薦得何須顧伫勞？狼籍家私分付盡，野橋流出手中橈。"舉：

曹山本寂禪師偈曰："從緣薦得相應疾，就體消停得力遲。瞥起本來無處所，吾師暫説不思議。"③

---

① 提婆爲龍樹弟子，《提婆菩薩傳》，《大正新修大藏經》(50)，頁187上。

② 此故事見於《提婆菩薩傳》，《大正新修大藏經》(50)，頁186下—187上。

③ 《撫州曹山元證禪師語録·示學人偈》，《大正新修大藏經》(47)，頁530上。

傳曰：予以是觀之，千聖皆稱此一念之心，起時了不可得，是真不思議也。離則決定無別殊勝，故如是了知，豈不疾乎？《華嚴經》曰："以少方便，疾成菩提。"①曰：然則學者何爲而不信耶？曰：如竹林善會禪師爲道吾發之，以見船子，言下省悟，既去而回顧，船子笑曰："這漢疑我別有也。"於是覆其舟。② 蓋信力尚微，未大通透故耳。

吳郡奉佛弟子嚴樟捐金

刻智證傳提語三卷

願門盛無衰身強不弱

---

① 《大方廣佛華嚴經·離世間品》："此經出生一切菩薩諸行功德，深妙義華，深入智慧，攝一切法門，遠離世間聲聞、緣覺、一切衆生所不共法，悉能普照一切法門，長養善根，度脱衆生；是故菩薩摩訶薩應一心聽受，護持此經。若菩薩摩訶薩受持此經，則能出生一切諸願，以少方便，疾得阿耨多羅三藐三菩提。"《大正新修大藏經》(9)，頁 669 中。

② 此故事典故見於《景德傳燈録》，華亭船子(生卒年不詳)和尚名德誠，嗣藥山惟儼(751—834)，嘗於華亭吳江汎一小舟，時謂之船子和尚。船子嘗謂同參道吾(769—835)曰："他後有靈利坐主指一箇來。"道吾後激勉善會(805—881)參禮船子，船子問曰："坐主住甚寺?"會曰："寺即不住，住即不似。"船子曰："不似似箇什麼?"會曰："目前無相似。"船子曰："何處學得來?"曰："非耳目之所到。"船子笑曰："一句合頭語，萬劫繫驢橛。垂絲千尺，意在深潭，離鈎三寸。速道！速道！"會擬開口，船子便以篙撞在水中，因而大悟，船子當下棄舟而逝，莫知其終。《大正新修大藏經》(51)，頁 315 中。

於密滲提寂音尊者智證傳　卷之四

明海虞三峰沙門法藏提語
三峰門人廣敏録語

〔三十八、法華經〕

△"情盡則心珠獨朗，心亡則佛果本圓。本圓則不假證修，無證則豈分生佛？現成公案，只在拄杖頭邊。觸目菩提，何在亡僧頂後？龍女轉身入無垢，話墮阿師；世尊開口説《法華》，多知老漢。各與三十棒，齊貶二鐵圍，怎麽告報。倘有不顧危亡漢，出來掀倒禪床，喝散大衆，當陽一掌，山僧只得忍氣吞聲，然亦怪他不得。"良久，云："教壞人家兒女，自應受這些敗缺。"喝！舉：

《法華經》曰："爾時龍女有一寶珠，價值三千大千世界，持以上佛，佛即受之。龍女謂智積菩薩、尊者舍利弗言：'我獻寶珠，世尊納受，是事疾不？'答言：'甚疾。'女言：'以汝神力，觀我成佛，復速於此。'當時衆會，皆見龍女，忽然之間，變成男子，具菩薩行，即往南方無垢世界，坐寶蓮華，成等正覺。"①

　　傳曰：棗柏曰："此義如《華嚴經》所説即不然，但使自無情見，大智逾

---

　　① 《妙法蓮華經》，《大正新修大藏經》(9)，頁35下。

明，萬法體真，無轉變相。如《維摩經》：舍利弗謂天女曰：'何故不轉女身？'天女謂舍利弗：'我十二年來求女身相了不可得，當何所轉？'菴提遮女謂舍利弗：'自男生我女，當知萬法，本自體如，有何可轉？'如《入法界品》。善財童子善知識，文殊、普賢、比丘、比丘尼、長者、童子、優婆夷、童女、仙人、外道，五十三人，各各自具菩薩行，自具佛法，隨諸衆生，見身不同，不云有轉。若以法眼觀，無俗不真；若以世間肉眼觀，無真不俗。以《法華經》對權教三根，見未盡者令成信種，且將女相速轉成佛，令生奇特，方始發心，趣真知見，不堪本法，而起善根。此明且引三權令歸一實，又破彼時劫定執三僧祇，令於刹那，證三世性。本來一際，無始無終，稱法平等。裂三乘之見網，撤菩薩之草菴，令歸法界之門，入佛真實之宅。故令龍女成佛，明非過去久修。年始八歲，又表今非舊學。轉女時分，不逾刹那，具行佛果，無虧毫念。法本如是，自體無時，權學三根，自將見隔。迷自實法，反稱爲他；不知躬己，本事如斯。全處宅中，猶懷滯見，云何界外，懸指僧祇。此見不離，定乖永劫。回心見謝，方始舊居。何如今時，滅諸見業，徒煩多劫，苦困方回。如《華嚴經》法界緣起門，明凡聖一真，猶存見隔。見存即凡，情忘①即佛。稱性緣起，俯仰進退，屈伸謙敬，皆菩薩行，無有一法可轉變相，有生住滅，故不同龍女轉身成佛。"②予以謂龍旁生，女有五障，八歲非久積功力，忽然之頃，非歷塵劫，乃化而成佛者，超越諸趣，脫離業果，凌跨十世，猛利成就之象也。不欲正言，故以象示意，使學者自悟耳。便以爲實法，較兩經而優劣之，其可哉？然則方等深經，有正言之者乎？曰：《首楞嚴》曰"金剛王寶覺，彈指超無學"，③

① 《智證傳》原作"亡"，《卍新纂續藏經》(63)，頁 178 上。
② 《新華嚴經論》，《大正新修大藏經》(36)，頁 726 上—中。
③ 摘引自《首楞嚴經》，全文爲："陀那微細識，習氣成暴流；真非真恐迷，我常不開演。自心取自心，非幻成幻法；不取無非幻，非幻尚不生，幻法云何立？是名妙蓮華，金剛王寶覺。如幻三摩提，彈指超無學。此阿毘達磨，十方薄伽梵，一路涅槃門。"《大正新修大藏經》(19)，頁 124 下。

《華嚴》曰"超諸方便成十力"是也。①

〔三十九、永明禪師〕

△"無饜用瞋，婆須用淫。面然用貪於苦趣，調達用毒於世尊。石霜訶罵
　諸方老宿，巖頭不肯德山老人。這一隊無面目漢，豈單單爲驗術調心？
　咦！覺範老遭受一生屈辱，報恩者固當粉骨碎身。"乃嘆息！良久，舉：

永明禪師曰："匿迹韜光，潛行密用。"②

　傳曰：明山賓困乏，貨所乘牛，既售受錢，乃謂買者曰："此牛經患漏
　蹄，然療差已久，恐後脫發，無容不相語。"買者遽追受錢。③ 孔嵩家
　貧，變姓名，傭於阿里。范式爲牧伯，行部到新野縣，選嵩導騎迎式。
　式見而識之，呼嵩把臂，謂曰："非孔仲山耶？"對之嘆息，欲與之俱載
　而去，嵩以爲先傭未竟，不肯去。④《大智度論》曰："譬如醫師，治風
　狂人，望見詬罵，而醫師但欲驗其所施之術，不恤其狂。"⑤行人調心，
　亦復如是。故二祖大師既老，出入市里，混於淫坊酒肆之間。有嘲之
　者，答曰："我自調心，非干汝事。"⑥此韜光密用者也。

────────────

　　① 引自文殊師利菩薩於《華嚴經》所說之頌文："一念普觀無量劫，無去無來亦無住。
如是了知三世事，超諸方便成十力。"《大正新修大藏經》(10)，頁 66 上。
　　② 《宗鏡錄》此段全文爲："一向於言語上取辦，意根下依通，都爲能所未亡，名相不
破。若實見性，心境自虛。匿迹韜光，潛行密用。"《大正新修大藏經》(48)，頁 560 中。
　　③ 摘引自《梁書》卷二十七，《列傳》第二十一明山賓傳。
　　④ 摘引自《後漢書》卷八十一《獨行列傳》。
　　⑤ 《大智度論》解釋菩薩應當思惟修忍辱之因："'我初發心，誓爲衆生治其心病。今
此衆生爲瞋恚結使所病，我當治之，云何而復以之自病？ 應當忍辱！'譬如藥師療治衆病，
若鬼狂病，拔刀罵詈，不識好醜，醫知鬼病，但爲治之而不瞋恚；菩薩若爲衆生瞋惱罵詈，知
其爲瞋恚者煩惱所病，狂心所使，方便治之，無所嫌責，亦復如是。"《大正新修大藏經》
(25)，頁 16 七下—168 上。
　　⑥ 《景德傳燈錄》記二祖："於鄴都隨宜說法，一音演暢，四衆歸依，如是積三十四載。
遂韜光混迹變易儀相，或入諸酒肆，或過於屠門，或習街談，或隨厮役。人問之曰：'師是道
人何故如是？'師曰：'我自調心，何關汝事？'"《大正新修大藏經》(51)，頁 221 上。

〔四十、金剛般若三性〕

△拈起拂子云："咄！"放下拂子云："嗚！"復拈拂指揮，乃大笑！舉：

金剛般若三性：依他、遍計、圓成實智。

傳曰：法華會上，"一切衆生喜見菩薩，供養日月净明德佛，身服諸華香油，滿千二百歲已，香油塗身。又以天寶衣而自纏身，灌諸香油，以神通力願，而自然身，光明遍照八十億恒河沙世界，其中諸佛同時贊言：'善哉！善哉！善男子，是真精進，是名真法供養如來。'乃至作是語已，而各默然，其身火然千二百歲，過是已後，其身乃盡"①者，離遍計執，證人空智之象也。

"作如是法供養已，命終之後，復生日月净明德佛國中，乃至日月净明德佛告一切衆生喜見菩薩曰：'善男子，我涅槃時到，滅盡時至，汝可安施床坐，我於今夜，當般涅槃。'即以海此岸栴檀爲藉，供養佛身，而以燒之。火滅已後，收取舍利，作八萬四千寶瓶，以起八萬四千塔。於是塔前，然百福莊嚴臂七萬二千歲而以供養"②者，離依他執，得法空智之象也。故天台曰："身相既盡，法執亦亡。"

"于時天、人、阿修羅等，見其無臂，憂惱悲哀，而作是言：'此一切衆生喜見菩薩，是我等師，教化我者，而今燒臂，身不具足。'於是菩薩于大衆中立此誓曰：'捨我兩臂，必當得佛金色之身，若實不虛，令我兩臂還復如故。'作是誓已，自然還復"③者，二執既盡，證圓成實智，然非

---

① 此段惠洪認爲可表徵"離遍計執，證人空智之象"之文，摘引自《妙法蓮華經·藥王菩薩本事品》，《大正新修大藏經》(9)，頁53上。

② 此段惠洪認爲可表徵"離依他執，得法空智之象"之文，摘引自《妙法蓮華經·藥王菩薩本事品》，《大正新修大藏經》(9)，頁53中—下。

③ 此段惠洪認爲可表徵"二執既盡，證圓成實智"之文，摘引自《妙法蓮華經·藥王菩薩本事品》，《大正新修大藏經》(9)，頁54上。

滅絶身臂而證，故曰“還復如故”。

蓋嘗深觀之，盡身相，則曰千二百歲，十二緣生所成之業趣也。盡法執則曰七萬二千歲，七識染污，意所執持也，身相以生言之，法執以死言之，身相法執，不出於死生之域耳。

〔四十一、法華經〕

△纔攬衣就坐，遂怒罵不徹。久之，舉：

《法華經》曰：“如來明見三界之相，無有生死，若退若出，亦無在世及滅度者。非實非虛，非如非異，不如三界，見於三界。如斯之事，如來明見，無有錯謬。”①

傳曰：僧問天台雲居智禪師曰：“性即清净，不屬有無，因何有見？”答曰：“見無所見。”僧曰：“無所見，因何更有見？”答曰：“見處亦無。”僧曰：“如是見時，是誰之見？”答曰：“無有能見者。”僧曰：“究竟其理如何？”答曰：“汝知不？妄計爲有，即有能、所，乃得名迷，隨見生解，便墮生死。明見之人即不然，終日見，未嘗見，求見處體相，了不可得，能、所俱絶，名爲見性。”②予以是觀能、所既絶，則無生死；生死既無，則何有三界之相？是謂明見也。

_____

① 《妙法蓮華經》作：“如來如實知見三界之相。”《大正新修大藏經》(9)，頁 42 下。

② 此段摘引自《景德傳燈録・天台山雲居智禪師》，全文爲：嘗有華嚴院僧繼宗問：“見性成佛其義云何？”雲居：“清净之性，本來湛然，無有動搖，不屬有無净穢，長短取捨，體自翛然。如是明見乃名見性，性即佛，佛即性，故云見性成佛。”曰：“性既清净不屬有無，因何有見？”雲居曰：“見無所見。”曰：“無所見，因何更有見？”雲居曰：“見處亦無。”曰：“如是見時，是誰之見？”雲居曰：“無有能見者。”曰：“究竟其理如何？”雲居曰：“汝知否？妄計爲有即有，能所乃得名迷，隨見生解便墮生死。明見之人即不然，終日見未嘗見，求見處，體相不可得，能所俱絶，名爲見性。”《大正新修大藏經》(51)，頁 231 上。

〔四十二、華嚴十定品〕

△"妙用本寂,非量非義。奢摩三摩,同刹那際。無言而吼,獅子踞地。①
　魯祖面壁,②雲巖這是。"③良久,云:"䚞!"舉:

《華嚴・十定品》曰:"爾時世尊在摩竭提國,阿蘭若法菩提場中,始成正
覺。於普光明殿,入刹那際諸佛三昧。以一切智自在神通力,現如來身,
清净無礙,無所依止,無有攀緣,住奢摩他,最極寂静,具大威德,無所染
著。能令見者,悉得開悟,隨宜出興,不失於時,恒住一相,所謂無相。"④

　傳曰:《法華經》曰:世尊結加趺坐,"入於無量義處三昧,身心不
動。"⑤而彌勒菩薩曰:

"今佛入於三昧,是不可思議。"⑥以是觀之,則所言無量者,非多多無
數量之謂也。苟爲數量之量,則不應言處,蓋無念礙之量耳。何以知
之? 以前文曰:"説大乘經,名無量義,教菩薩法,佛所護念。"⑦不言

---

　　①　《大般涅槃經・師子吼菩薩品》記:"如師子王,自知身力,牙爪鋒芒,四足踞地,安
住巖穴,振尾出聲。若有能具如是諸相,當知是則能師子吼。"《大正新修大藏經》(12),
頁 522 中。
　　②　魯祖爲唐代池州魯祖山之寶雲禪師,《大慧普覺禪師語録》記:"魯祖凡見僧入門,
便轉身面壁而坐。"《大正新修大藏經》(47),頁 942 下。
　　③　大慧《正法眼藏》記:洞山良价(807—869)辭别雲巖曇晟(782—841)時問:"和尚
百年後,或有人問:'還邈得師真?'如何祇對?"雲巖良久云:"但道只這是。"《卍新纂續藏
經》(67),頁 594 上。《筠州洞山悟本禪師語録》記雲巖答曰:"但向伊道:'只這是。'"《大正
新修大藏經》(47),頁 508 上。
　　④　《大方廣佛華嚴經》,《大正新修大藏經》(10),頁 211 上。
　　⑤　《妙法蓮華經・序品》原文爲"爾時世尊,四衆圍繞,供養、恭敬、尊重、贊歎。爲諸
菩薩説大乘經,名無量義,教菩薩法,佛所護念。佛説此經已,結加趺坐,入於無量義處三
昧,身心不動。"《大正新修大藏經》(9),頁 2 中。
　　⑥　《妙法蓮華經・序品》記:"復見諸佛般涅槃者,復見諸佛般涅槃後,以佛舍利起七
寶塔。爾時彌勒菩薩作是念:'今者世尊現神變相,以何因緣而有此瑞? 今佛世尊入于三
昧,是不可思議、現希有事。當以問誰? 誰能答者?'"《大正新修大藏經》(9),頁 2 中。
　　⑦　《妙法蓮華經・序品》,《大正新修大藏經》(9),頁 2 中。

處也，推《十定品》所示"入剎那際諸佛三昧"同旨，至於"隨宜出興，不失於時"，則善用其心者也。

〔四十三、起信論〕

△"三如來藏，縛作一束。打做微塵，二相傾路。走出東洋，撞入死水。百丈老盡情說得，教人下脚處最難。馬鳴師透底撲翻，於自入頭分未必。離念之智，直須親證始得。"喝一喝！舉：

《起信論》曰："真實空者，從本已來，一切染法不相應故，離一切法差別相故，無有虛妄分別心故。應知真如非有相、非無相、非有無相、非非有無相、非一相、非異相，畧說以一切衆生妄分別心所不能觸，故立爲空。據實道理，妄念非有，空性亦空。以所遮是無，能遮亦無故。言真實不空者，由妄念空無故，即顯真心，常恒不變，清净圓滿，故名不空，亦無不空相。以非妄念心所行故，唯離念智之所證故。"①

傳曰：予觀江西馬祖而下諸奇衲，如汾州南泉、歸宗百丈，皆冠絶一時。然說法與諸祖議論冥契者，百丈又冠諸衲，嘗曰："但了諸法不自生，皆從自己一念妄想，顛倒取相而有。知心與境不相到，當處解脱。一一諸法，當處寂滅，當處道場。本有之性，不可名目。本來不是凡、不是聖、不是垢净、亦非空有、亦非善惡。若與諸染法相應，名天、人二乘界。若垢净心盡，不住繫縛，不住解脱，無一切有爲無爲，縛脱平等心量，處於生死，其心自在，畢竟不與諸虛妄、塵勞、蘊界、生死，諸入和合。迥然無計，一切不拘。去留無礙，往來生死，如門開相似。"②此論與馬鳴所示無所優劣，然深信而親證者，首山念法

---

① 《大乘起信論》，《大正新修大藏經》(32)，頁 584 下—585 上。

② 此段爲《宗鏡錄》記百丈回應學人所問和尚："對一切境，如何得心如木石？"之答。《大正新修大藏經》(48)，頁 848 上。

華、舜峰欽①禪師尤昭著者也。

〔四十四、金剛般若經〕

△"三脚驢兒臺上走,斷頭船子水中行。一雙没底靴承足,踏着盤珠步未停。硬如鐵砲,險似水凌。玉連環子,九曲夜明。如來法式無多子,信手拈來覿面呈生。"舉:

《金剛般若經》曰:"須菩提,諸菩薩摩訶薩應如是生清净心:不應住色生心,不應住聲、香、味、觸、法生心,應無所住而生其心。"②

　傳曰:《楞伽經》曰:"一切法不生,我説刹那義。"③夫言法本不生足矣,安用復名刹那義乎?《法華經》曰:"諸法空爲座。"④夫言諸法空足矣,安用復稱座乎?曰:但言"諸法本不生",與言"諸法空"者,即是斷滅見,故以不生而言刹那,諸法空而言座也。所言"應無所住而生其心",蓋三世如來法施之式也。

〔四十五、永嘉尊者〕

△以眼拭一拭,哭兩聲,云:"蒼天! 蒼天!"良久,又云:"可悲! 可痛!"舉:

永嘉尊者曰:"取不得,捨不得,不可得中只麽得?"⑤

　傳曰:可以取,則法身有剩;可以捨,則虛空可逃。離是取捨之心,則

---

①　林伯謙認爲"舜峰欽"當爲雙峰竟欽(? —977),參《標點注釋智證傳》,頁 178;又名慧真廣悟,《景德傳燈録》中有傳,《大正新修大藏經》(51),頁 385 中。

②　《金剛般若波羅蜜經》,《大正新修大藏經》(8),頁 749 下。

③　《楞伽阿跋多羅寶經》,《大正新修大藏經》(16),頁 512 下。

④　《妙法蓮華經》,《大正新修大藏經》(9),頁 32 上。

⑤　《永嘉證道歌》,《大正新修大藏經》(48),頁 396 中。

如絮球百衲,置之閒處,天寒歲晚,有時而得用也。莊周非能知此者也,而其言有可觀,曰:"黃帝遊於赤水之北,登崑崙之丘南望,遺其玄珠。使智索之而不得,使离婁索之而不得,乃因罔象而得之。黃帝曰:'異哉!罔象乃可得之。'"①問曰:"莊周既曰非能知之,則其語何其似之親耶?"曰:"牛乳驢乳,其色俱白。牛乳則能出生酥酪,至於驢乳,裂之則成滓穢。然不識牛乳者,指驢乳似之。故予不廢莊周之論也。"

〔四十六、毘舍浮佛偈〕

△"四大既言假借,又曰爲身,添一頭,減一脚。心本原是無生,更言境有?賣一塊,贖一方,有無而有也。居然四大身心,眼窾裏嗅香,無有而無也。何妨起滅罪福,耳孔中嘗味?打開拈起,如來禪一脉竪傳。捏聚擲來,祖師禪五家橫出。更有玄微奧妙,道赤談黄,心性妄真,合禪分教,其名曰'座主禪',亦稱爲'異學路'。覺範引交蘆而未盡,舍浮傳法式以難明。千溪印月,萬炬分燈。咦!"復説偈曰:"獻得連環用火攻,荆州依舊屬英雄。周郎死後千秋恨,日日江聲泣向東。"舉:

毘舍浮佛偈曰:"假借四大以爲身,心本無生因境有。前境若無心亦無,罪福如幻起亦滅。"②

------

① 此段落摘引自《莊子·天地》,但"智"字《莊子》原文中作"知","離婁"作"離朱","罔象"作"象罔",《智證傳》中缺"喫詬",全文爲:"黃帝遊乎赤水之北,登乎崑崙之丘而南望,還歸,遺其玄珠。使知索之而不得,使離朱索之而不得,使喫詬索之而不得也。乃使象罔,象罔得之。黃帝曰:'異哉!象罔乃可以得之乎?'"林伯謙《標點注釋智證傳》,頁180。

② 此毘舍浮佛偈可見於《宗鏡録》,《大正新修大藏經》(48),頁937下;《景德傳燈録》,《大正新修大藏經》(51),頁205上。

傳曰:《首楞嚴》曰:"由塵發知,因根有相。相見無性,猶如交蘆。"①
夫知由前塵而發者,所謂見分也;相因眼根而有者,所謂相分也。相、
見俱無有性者,心境互生,各無自體。心不自立故,由塵發知;境不自
生故,因根有相。二虛相倚故,猶若交蘆。《維摩經》曰:"無我無造無
受者,善惡之業亦不亡。"②予政和元年十月謫海外,明年三月館于瓊
州之開元寺儼師院,海上無經籍,壁間有此偈,日夕研味,頓入無生,
身心超然自得也。

〔四十七、復禮法師〕

△"心不見本,火豈燒空? 信之者,用本歇心;會之者,將空燒火。火受空
燒,不得不滅。心因本歇,不得不閒。以閒心而用空,隨空境而任業。
將使風高海涌,揭地掀天。電閃雷轟,搖山振岳。靈潤向腳頭邊結果,
復禮從舌尖上生花。草鞋似虎,誰敢犯其威獰? 銛舌如龍,詎能批其鱗
逆? 至若捨塵捨識,理性未忘。窮業窮心,言思猶在。用空用本者,又
當別出一隻手眼始得。"遂喝! 舉:

復禮法師曰:"觀業者,業因心起,心為業用。業引心而受形,心隨業而作
境。然則因業受身,身還造業;從心作境,境復生心。若影隨形而曲直,猶
響隨聲而大小矣。"③

　傳曰:《廣百論》偈曰:"眼中無色識,識中無色眼。色內二俱無,何能
令見色?"④僧靈潤嘗修此觀曰:"捨外塵邪執,得意言分別;捨唯識

---

① 《首楞嚴經》,《大正新修大藏經》(19),頁124下。
② 《維摩詰所說經·佛國品》此偈全文為:"說法不有亦不無,以因緣故諸法生。無
我無造無受者,善惡之業亦不亡。"《大正新修大藏經》(14),頁537下。
③ 《宗鏡錄》,《大正新修大藏經》(48),頁952中。
④ 聖天菩薩造,玄奘奉詔譯,《廣百論本·破根境品》,《大正新修大藏經》(30),
頁185上。

想,得真法界。前觀無相,捨外塵相;後觀無生,捨唯識想。"①嘗與法侶登山遊覽,野火四合,衆皆奔散。潤獨安步顧陟,謂法侶曰:"心外無火,火實自心。謂火可逃,寧能免火?"及火至潤,而潛然息滅。②

〔四十八、楞伽經偈〕

△"玄微説竟復何之,百尺風幡颭颭垂。爲問盧公真切意,廣州精舍夜論時。咄!"復云:"切意風幡一則,更當別參始得。"舉:

《楞伽經》偈曰:"由自心執著,心似外境轉。彼所見非有,是故説唯心。"③

傳曰:曹谿六祖隱晦時號盧居士,嘗客廣州精舍。夜經行,聞兩僧論風幡之義,一曰"風動",一曰"幡動"。六祖前曰:"肯使流俗輒預高論否? 正以風幡非動,仁者心動耳。"④法空禪師深居五臺山,每夜必聞有聲,名曰"空禪",法空患之,久而自悟曰:"皆我自心之境,安有外聲哉?"以法遣之,自後遂絶。⑤ 夫言彼所見非有者,以風幡相待,無有

---

① 《續高僧傳·義解篇》中靈潤法師(活躍於 605—634 年間)傳記,衆師皆謂有三重觀:無相、無生及無性性也。靈潤揣文尋旨,認爲無第三重也,惟有兩重。原因爲,第一前七處捨外塵邪執,得意言分別;第八處内捨唯識想得真法界。前觀無相,捨外塵想;後觀無生,捨唯識想。第二,刹那即入初地,故無第三。權約三性,説三無性,但是觀據遣執則惟有兩重。《大正新修大藏經》(50),頁 546 下—547 上。

② 此段記載亦引自《續高僧傳·義解篇》中靈潤法師傳,《大正新修大藏經》(50),頁 546 中。

③ 《大乘入楞伽經》原文作:"執著自心現,令心而得起。所見實非外,是故説唯心。"《大正新修大藏經》(16),頁 626 下。惠洪應是轉引自《宗鏡録》:"《楞伽經》偈云:'由自心執著,心似外境轉。彼所見非有,是故説唯心。'"《大正新修大藏經》(48),頁 438 上。

④ 此典故可見《六祖大師法寶壇經》,六祖惠能至廣州法性寺,值印宗法師講《涅槃經》,時有風吹幡動之緣,《大正新修大藏經》(48),頁 349 下。

⑤ 法空禪師隋末至唐時人,《續高僧傳》中有傳《大正新修大藏經》(50),頁 665 中。有關此段記載,惠洪應是轉引自《宗鏡録》:"高僧釋法空入臺山幽居,每有清聲召曰:'空禪!'如是非一。自後法空,知是自心境界,以法遣之,遂乃安静。初以禪修,終爲對礙。遂學大乘離相,從所學者,并以此誨之,以法爲親,以法爲侶。"《大正新修大藏經》(48),頁 942 上。

定屬。以無定屬，緣生則名無生。六祖所示見境既爾，則空禪所悟聞塵亦然。《首楞嚴》曰"見聞如幻翳，三界若空華。聞復翳根除，塵消覺圓净。净極光通達，寂照含虛空。却來觀世間，猶如夢中事"①者，詎不信夫。

---

① 　《首楞嚴經》，《大正新修大藏經》(19)，頁 131 上。

於密滲提寂音尊者智證傳　卷之五

明海虞三峰沙門法藏提語

三峰門人廣敏録語

〔四十九、華嚴經〕

△“蓋論此事也大奇特，諸佛舌頭短，盡力説不得。歷祖口門窄，到底道不得。常在耳目前，見聞他不得。通身遍身是，指擬他不得。只在萬象中，比喻他不得。全體是自心，思惟他不得。若道説不得、道不得底即是，已成剩法了也。若道見聞不得底是，早成聲色了也。若道通身遍身底是，早有相狀了也。若道比喻不得底是，却是對待了也。若道思惟不得底是，正是思惟了也。這裏還容得你這邊、那邊、如此、如彼麽？寂音如此著述，山僧如此告報，大衆如此看、如此聽，且道是不是？這裏還道得麽？你道《華嚴》説底是？杜順、傳老説底是？更須自悟始得。會麽？若不會，山僧自道去也。”鳴尺！云：“今朝五月初一，二時粥飯須潔。三峰法有明條，各宜珍重持鉢。”喝！舉：

《華嚴經》曰：“佛子！如來以一切譬喻説種種事，無有譬喻能喻此法。何以故？心智路絶，不思議故。”①

―――――――

① 《大方廣佛華嚴經》，《大正新修大藏經》(10)，頁277中。

傳曰：杜順和尚，文殊師利菩薩之化身也，作《法身偈》曰："懷州牛喫禾，益州馬腹脹。天下覓醫人，炙豬左膊上。"①傅大士，彌勒菩薩之化身也，亦作《法身偈》曰："空手把鋤頭，步行騎水牛。人從橋上過，橋流水不流。"②過去古佛開示之語如此，而學者望之，如壁立萬仞，非手足攀攬之境。幽州盤山積禪師曰："若言即心即佛，今時未入玄微；若言非心非佛，猶是指踪之極則。向上一路，千聖不傳。學者勞形，如猿捉月。"③積公逮庶幾知此乎！

〔五十、楞伽經〕

△"無性何須着意論？轉相傳授話常新。從來一脉無遮顯，只恐凡夫錯認真。夫妄想無性之旨，顯說亦密，况密演哉？非久參上士不能盡其詣也。請試更反覆細究看！"舉：

《楞伽經》曰："前聖所知，轉相傳授，妄想無性。"④

傳曰：無性之妙，佛祖所秘，蓋嘗密演，未嘗顯說，何以知之？《圓覺》曰："圓覺自性，非性性有，循諸性起，無取無證。"⑤《維摩》曰："不生

---

① 《佛果圜悟禪師碧巖録》，《大正新修大藏經》(48)，頁 219 中。

② 《佛果圜悟禪師碧巖録》，《大正新修大藏經》(48)，頁 219 中。

③ 語見《景德傳燈録》幽州盤山寶積禪師上堂示衆曰："心若無事，萬象不生。意絶玄機，纖塵何立？道本無體，因道而立名。道本無名，因名而得號。若言即心即佛，今時未入玄微。若言非心非佛，猶是指踪之極則。向上一路，千聖不傳。學者勞形，如猿捉影。"《大正新修大藏經》(51)，頁 253 中。

④ 《楞伽阿跋多羅寶經·一切佛語心品》佛告大慧："前聖所知，轉相傳授，妄想無性，菩薩摩訶薩，獨一靜處，自覺觀察，不由於他，離見妄想，上上昇進，入如來地，是名自覺聖智相。"《大正新修大藏經》(16)，頁 497 中。

⑤ 《大方廣圓覺修多羅了義經》："圓覺自性，非性性有，循諸性起，無取無證，於實相中，實無菩薩及諸衆生。"《大正新修大藏經》(17)，頁 917 上。

不滅，是無常義。"①《十地品》曰："以不了第一義故，號爲無明。"②
《起信》曰："以不如實知真如法一故，不覺而有妄念。"③夫言"非性性
有"，不生滅而無常，及不了知，皆以"無性"故也。而其言皆遮之者，
欲學者自悟，此予所謂"密演"者也。今則明告"無性"，是謂"顯説"。

〔五十一、法華經〕

△"未解者令解，此開悟之旨也；未安者令安，此相應之旨也。既悟既
安，當以不懈怠心，廣爲衆説，此自行化他之旨也。故菩薩處慈悲，被
忍辱，休息法空，安住是中，出生入死，隨順隨逆，利己利人，潛行密
用，無所不至。豈若時人得一知半解，竟封我相？以直截爲名，破淫
破殺，貪名好貨，不事艱難闡化，惟圖自養自安，甚至障人化導也，曰
無悟無禪，利人所歸也。云有秘有訣，觀勃賀之間，關於生死門頭，曲
盡《法華經》意。良可嘆哉！悲夫！此千佛相傳之心也歟！其覺範之
心也歟！"舉：

《法華經》曰："入如來室，著如來衣，坐如來座，爾乃應爲四衆廣説斯經。
如來室者，一切衆生中大慈悲心是；如來衣者，柔和忍辱心是；如來座
者，一切法空是。安住是中，然後以不懈怠心，爲諸菩薩及四衆廣説是
《法華經》。"④

---

① 《維摩詰所説經·弟子品》中維摩詰居士言："諸法畢竟不生不滅，是無常義；五受
陰，洞達空無所起，是苦義；諸法究竟無所有，是空義；於我、無我而不二，是無我義；法本不
然，今則無滅，是寂滅義。"《大正新修大藏經》(14)，頁 541 上。

② 《大方廣佛華嚴經·十地品》原文爲："於第一義諦不了，故名無明。"《大正新修大
藏經》(10)，頁 194 上。

③ 《大乘起信論》全文爲："不覺義者，謂不如實知真如法一故，不覺心起而有其念。
念無自相，不離本覺。猶如迷人，依方故迷；若離於方，則無有迷。衆生亦爾，依覺故迷；若
離覺性，則無不覺。以有不覺妄想心故，能知名義，爲説真覺。若離不覺之心，則無真覺自
相可説。"《大正新修大藏經》(32)，頁 577 上。

④ 《妙法蓮華經·法師品》，《大正新修大藏經》(9)，頁 31 下。

傳曰：室者，常寢處；衣者，常被服；座者，常休息。故知傳佛心宗者，常寢處於慈悲，被服於忍辱，休息於法空，故曰“安住是中”也。永明曰：“食肉者斷大慈悲種。”①不可不慎。太平興國中，建陽僧辯聰遊五臺山寺。寺之上座僧老，爲衆輕易，聰獨敬事之。將還京師，老僧付聰書，使於城北尋“勃賀”投之。聰辭去，竊發而觀，無他詞，但曰：“度衆生畢，蚤來蚤來。若更强住，却恐造業。”聰大驚，復緘封之。既至於廣濟河側，聞小兒呼：“勃賀！”聰問：“勃賀何在？”小兒指大豬，豬項串金環，卧街西墻下。聰扣墻問屠誰氏？曰：“趙生家也。”問：“此豬何名‘勃賀’？”曰：“唯食勃荷，故里中小兒以名之。吾日烹千百豬，豬犇佚難驅。以此豬引導之，則纍纍就死，畜之十五年矣。”聰以書投之，勃賀急食，忽然人立而化。②

〔五十二、維摩經〕

△“無尾無頭初重見，有頭有尾後稱全。石霜枯木非空過，天目死關寧偶然？凍柳寒風休著眼，老梅深雪不知妍。寂音若不親遭遇，誰得殷勤取次言？”舉：

《維摩經》曰：“居士即以神力空其室内，除去所有及諸侍者，唯置一床，以疾而卧。”③

傳曰：百丈大智禪師曰：“夫學道人，若遇種種苦樂，稱意、不稱意事，心無退屈，不念一切名聞利養，不貪一切功德利益，不爲世間諸法所滯礙。唯無親無愛，苦樂平懷，粗衣遮寒，糲食活命，兀兀如愚，如聾

---

① 此説實出於《大般涅槃經·如來性品》：“食肉者斷大慈種。”《大正新修大藏經》(12)，頁 386 上。

② 林伯謙注此有關僧辯聰找尋名爲“勃賀”之豬的故事可見於多種典籍，但以《智證傳》所述最詳，“勃賀”亦即薄荷，《標點注釋智證傳》，頁 192。

③ 《維摩詰所説經·文殊師利問疾品》，《大正新修大藏經》(14)，頁 544 中。

如痓，稍有相應分。”①黃檗運禪師曰：“唯置一床，寢疾而臥者，心不起也。如人臥疾，攀緣俱息，妄想歇滅，即是菩提。”②耆域以晉惠帝時至洛陽，萬僧爲作禮，斂眉曰：“汝等衣服華飾，皆違法制，非佛意也。”③漢范曄有言曰：“事苦，則矜全之情薄；生厚，故安存之慮深。登高不懼者，胥靡之人也；坐不垂堂者，千金之子也。”④

〔五十三、大涅槃經〕

△拈起如意云：“只這如意，不屬有無，不屬見知，不屬名相，不屬是非，不屬數量，本非是一，何況說二？不轉亦不得，何況說轉？妙且不可得，何況說粗？真心且不可得，何況說有妄心？不覺起念而有境界，如是了得，不妨隨世流布，拈持亦得，揩磨亦得，指揮亦得，說有說無亦得。直下種種受用，種種現成。究竟看來，只是這如意。”拍一拍！屈指云：“十九八七六，五四三二一。數到沒數處，教我如何說？歇！歇！只聞螻蟻聲，不見蜻蜓翼。”舉：

《大涅槃經》曰：“所言二諦，其實是一，方便說二。如人醉未吐，見日月轉，謂有轉日及不轉日。醒人但見不轉，不見於轉。轉二爲粗，不轉爲妙。”⑤

---

① 《百丈懷海禪師廣録》，《卍新纂續藏經》(69)，頁8上。

② 《黃檗斷際禪師宛陵録》，《大正新修大藏經》(48)，頁386中。

③ 耆域天竺僧人，《高僧傳‧神異》有傳：“於晉惠帝之末，至于洛陽。諸道人悉爲作禮，唯獨耆域胡跪晏然，不動容色……又譏諸衆僧，謂衣服華麗，不應素法。”《大正新修大藏經》(50)，頁388上。

④ 《後漢書‧馬融傳》，林伯謙案，范曄(398—445)應爲南朝劉宋人，《標點注釋智證傳》，頁193。

⑤ 轉引自《宗鏡録》，《大正新修大藏經》(48)，頁797上。《大般涅槃經‧壽命品》之全文爲：佛告諸比丘：“諦聽！諦聽！汝向所引醉人喻者，但知文字，未達其義。何等爲義？如彼醉人，見上日月，實非迴轉，生迴轉想。衆生亦爾，爲諸煩惱無明所覆，生顛倒心，我計無我、常計無常、净計不净、樂計爲苦，以爲煩惱之所覆故。雖生此想，不達其義，如彼醉人於非轉處，而生轉想。”《大正新修大藏經》(12)，頁377中。

傳曰：三藏全是轉之二，如彼醉者，大乘經帶一轉二，而説不轉之一也。《起信》曰：“以一切法本來唯心，實無於念，而有妄心。不覺起念，見諸境界，故説無明。”①以此義例，轉二爲粗也。又曰：“心性不起，即是大智慧光明義例。”②不轉爲妙也。洞山清禀禪師唯宴坐，一日呼侍者下法堂，謂曳木者無損階砌。侍者出視無有，還白：“寂無人迹。”禀又使求之，侍者臨簷俯視，乃群蟻曳蜻蜓翼緣階而上，蓋静極妙而靈知也。③

〔五十四、華嚴經〕

△“無量劫中事，一刹那際心。寬着肚皮子，生死莫沉吟。死生果何物？成佛亦未真。住定而出胎，涅槃與轉輪，一齊拈過着，切忌再評論，抛出紫羅帳裏珍。”以拄杖便打！云：“會麽？”舉：

《華嚴經》曰：“一念普觀無量劫，無去無來亦無住。如是了知三世事，超諸方便成十力。”④

傳曰：棗柏曰：“世尊在摩竭提國，阿蘭若法菩提場中始成正覺，於普光明殿入刹那際三昧。明以法界身爲定體，無三世性故。從兜率天下降神，及入涅槃，四十九年住世，轉一切法輪，總不出刹那際。以此三昧圓通始終，非三世古今故。如是敘致，以總言之，一切過去、現在、未來諸佛，皆盡一時成佛；⑤并衆生生死，亦不移刹那際。但衆生

---

①　《大乘起信論》，《大正新修大藏經》(32)，頁 579 上。
②　《大乘起信論》，《大正新修大藏經》(32)，頁 579 上。
③　洞山清禀禪師於《景德傳燈録》記爲“筠州洞山普利院第八世住清禀禪師”，但其史傳中無此記載，《大正新修大藏經》(51)，頁 390 上—中。
④　《大方廣佛華嚴經》，《大正新修大藏經》(10)，頁 66 上。
⑤　《新華嚴經論》和《於密滲提寂音尊者智證傳》皆作“一時成佛”，《大正新修大藏經》(36)，頁 769 中，但《卍新纂續藏經》版《智證傳》作“一智成佛”，(63)，頁 181 上。

妄計有年歲長短，如佛所說，即生即死，皆不移時。"①夫隨情言說，無有實義，以濟迷倒，謂之方便。若出情之法則不然，但入刹那際三昧，即成無上覺道。

〔五十五、解深密經〕

△"如何是遍計？"豎起指頭云："會麽？"

　"如何是依他？"諦視指頭云："是甚麽？"

　"如何是圓成？"乃彈指一下！ 舉：

《解深密經》曰："翳眼人如遍計，現青黃如依他，淨眼如圓成。"②

　傳曰：分別性如蛇，依他性如藤。若人緣四塵相分析此藤，但見四相，不見別藤，但見色、香、味、觸相故。藤非實有，以離四塵外，無別有藤。所以偈曰："於藤起蛇知，見藤則無境。若知藤分已，藤知如蛇知。"③若知藤之性分是空，則例如藤上妄生蛇想。故傳大士偈曰："妄計因成執，迷繩爲是蛇。心疑生暗鬼，眼病見空華。一境雖無異，三人乃見差。了茲名不實，長馭白牛車。"④

〔五十六、起信論〕

△"自他寂滅，敬平等之法身。任運掀騰，信難議之業用。生佛神交而不

---

①　《新華嚴經論》，《大正新修大藏經》(36)，頁 769 上—中。

②　此引言於《解深密經·一切法相品》之全文爲："善男子！如眩翳人眼中所有眩翳過患，遍計所執相當知亦爾。如眩翳人眩翳衆相：或髮毛、輪、蜂蠅、巨勝，或復青、黃、赤、白等相差別現前；依他起相當知亦爾。如淨眼人遠離眼中眩翳過患，即此淨眼本性所行無亂境界；圓成實相當知亦爾。"《大正新修大藏經》(16)，頁 693 上—中。

③　轉引自《宗鏡錄》，《大正新修大藏經》(48)，頁 756 上。

④　《梁朝傅大士頌金剛經》，《大正新修大藏經》(85)，頁 8 中—下。

自見，健明正應而與人同。辨物我於無物我之間，忘胞與於親胞與之際。恂恂君子，落落閒人，其或執目前之非法，見性分之無人，肆我縱橫，蔑他傲慢，此所謂豁達空，撥因果，茫茫蕩蕩招殃禍者也。而欲袖手好閒，輕衣挨衆，何以得班班玉笋，代代琳瑯之嗣哉？馬鳴論之，寂音傳之，正與盧能舂碓而不矜，百丈作食而爲衆，祖祖相傳，厥有旨也。至若龍興釘簾，雪峰授記，勿得從前一意會盡。"舉：

《起信論》曰："以取一切衆生如己身故，而亦不取衆生相，此以何義？謂如實知一切衆生及與己身，真如平等，無別異故。以有如是大方便智，除滅無明，見本法身，自然而有不思議業種種之用，即與真如等，遍一切處。"①

傳曰：若真能敬重自己佛性，即於一切衆生，以交神之道見之，何以故？以我與衆生無差別故。比丘辰巳之間齋者，以與衆生接，不得不齋。《易‧同人》卦曰："文明以健，中正而應，君子也。"文明，禮也，粲然與物接而健違之；中正，德也，介然與物辨而應從之。與物接而違，與物辯而從，此君子所以同人之際，不可得而親疏也。龍興宗靖禪師初參雪峰，宗承印可，乃自誓充飯頭。服勞餘十載，嘗於衆堂中，祖一膊釘簾，雪峰睹而記曰："汝向後住持有千僧，其中無一人衲子也。"靖悔過，辭歸台州，住六通院。錢王請居龍興寺，有衆千餘，唯三學講誦之徒，果如雪峰所志。②

〔五十七、楞伽經〕

△"境空故實，實則知所不知。心實而虛，虛則照其無照，照無照也。馬

---

①　《大乘起信論》，《大正新修大藏經》(32)，頁 579 中。
②　此事記載見《景德傳燈錄》龍興宗靖(871—954)傳記，《大正新修大藏經》(51)，頁 355 下。

呼馬，牛呼牛，何關牛馬？知不知也？男非男，女非女，豈不女男？以故着而非相，流布何妨？布而不着，思想何害？惡覺亦爲正觀，善觀無非惡覺，説甚乾城夢像？通身惑亂顛倒，凡與聖以何分？現與消而不管。還會麼？"以拄杖頓地！云："這一輩煩惱衆生，個個好與三十棒！"舉：

《楞伽經》曰："佛告大慧：'爲世間以彼惑亂，諸聖亦現，而非顛倒。大慧，如春時焰、火輪、垂髮、乾闥婆城、幻夢、鏡像，世間顛倒，非明智也，然非不現。'"①

傳曰：《涅槃經》曰："迦葉菩薩白佛言：'世尊！若以因此煩惱之想，生於倒想，一切聖人實有倒想而無煩惱，是義云何？'佛言：'善男子，云何聖人而有倒想？'迦葉菩薩言：'世尊！一切聖人，牛作牛想，亦説是牛；馬作馬想，亦説是馬。男女、大小、舍宅、車乘，去來亦爾，是名倒想。''善男子，一切凡夫有二種想：一者世流布想，二者著想。一切聖人唯有世流布想，無有著想。一切凡夫惡覺觀故，於世流布生於著想。一切聖人善覺觀故，於世流布不生著想。是故凡夫名爲倒想，聖人雖知，不名倒想。'"②蓋境本自空，何須壞相？而心虛自照，豈〔假〕③緣生乎？以是一切聖人，不同凡夫能所情執知見也。《廣博嚴經》曰："佛令阿難遍告諸比丘，使集聽法。阿難承佛慈旨，報已，復還佛所，而白佛言：'是諸比丘言："我等見祇陀林中，大水盈滿，大光普照，房舍園林，悉不復現。以是事故，悉來不得。"佛告阿難：'彼諸比

---

①　轉引自《宗鏡録》，《大正新修大藏經》(48)，頁 913 下。《楞伽阿跋多羅寶經・一切佛語心品》原文爲："爾時，大慧菩薩摩訶薩復白佛言：'世尊！常聲者，何事説？'"佛告大慧：'爲惑亂。以彼惑亂，諸聖亦現，而非顛倒。大慧，如春時炎、火輪、垂髮、乾闥婆城、幻夢、鏡像，世間顛倒，非明智也，然非不現。'"《大正新修大藏經》(16)，頁 493 中。

②　《大般涅槃經・迦葉菩薩品》，《大正新修大藏經》(12)，頁 84 下。

③　原文獻缺字，依《智證傳》"心虛自照，豈假緣生乎？"補"假"字，《卍新纂續藏經》(63)，頁 181 下。

丘於非水中而作水想，不唯於非水中而作水想，亦於非色中而作色想；非受、想、行、識中而作受、想、行、識想。'"①此所謂以②彼惑亂惡覺觀故，於世流布生於著想也。"

〔五十八、華嚴經〕

△"三世妄計，有念念也；三世現業，無念念也。無念而不枯，有念而不住，達無時之時，行無行之業。智所不能入，愚所不能昏，此坐斷往來之音也。諸仁者！還有智不能入，愚不能昏者麼?"乃云："三生六十劫。"③舉：

《華嚴經》曰："智入三世，而無來往。"④

　傳曰：棗柏曰：⑤"此華藏世界海。明此教法，一念三世故。一念者，爲無念也。無念，即無三世古今等法，以明法身無念。一切眾生妄念，三世多劫之法，不離無念之中。以是義故，此華藏世界所有莊嚴境界，能現諸佛業、眾生三世所行行業因果，總現其中。或過去業現

---

① 摘引自《佛說廣博嚴淨不退轉輪經》，前段故事爲，爾時世尊告阿難："汝往遍告祇陀林中諸比丘、比丘尼、優婆塞、優婆夷，使集聽法。"時尊者阿難詣諸比丘房而告之言："諸大德！世尊今勅汝等來集聽法。"諸比丘言："大德阿難！我等先見此瑞，不能得往。"阿難言："以何事故而不能往?"諸比丘言："我等見祇陀林中大水盈滿，其水澄清無諸擾濁，大光遍照，房舍園林悉不復現，以是事故不能得往。"《大正新修大藏經》(9)，頁 257 上。

② 上海圖書館藏第一部《於密滲提寂音尊者智證傳》卷之五以下缺文，本書以下依上海圖書館藏第二部《於密滲提寂音尊者智證傳》補缺文。

③ 諸論所說聲聞乘證果入道所須之時間，如《阿毘達磨大毘婆沙論》："狹小道者，謂若極速第一生中種善根，第二生中令成熟，第三生中得解脫。餘不決定，依廣大道而得解脫，名不時解脫。廣大道者，謂若極遲聲聞乘，經六十劫而得解脫。"《大正新修大藏經》(27)，頁 525 中。

④ 《大方廣佛華嚴經·世主妙嚴品》原文句爲："世尊處于此座，於一切法成最正覺，智入三世悉皆平等，其身充滿一切世間，其音普順十方國土。"《大正新修大藏經》(10)，頁 1 下。

⑤ 以下文句自"此華藏世界海"至"一念成正覺"，皆引自棗柏《新華嚴經論》，《大正新修大藏經》(36)，頁 805 上。

未來中,或未來業現過去中,或過去、未來業現現在中,或現在業現過去、未來中。如百千明鏡俱懸,四面前後影像,互相徹故。爲法界之體性無時故,妄計三世之業,頓現無時法中。故經曰:'佛子!汝應觀察,刹種威神力。未來諸國土,如夢悉令現。十方諸世界,過去國土海,咸於一刹中,現像猶如化。三世一切佛,及以其國土。於一刹種中,一切悉觀見。'①乃作偈曰:"三世無有時,妄計三世法。以真無妄想,一念現三世。三世無時者,亦無有一念。計著三世法,總現無時中。了達無時法,一念成正覺。"《西域記》曰:有隱士廬深山中,得神術,能黃金瓦礫,但未能馭風騎氣耳。久之,有授以飛昇法者,當埏壇使烈士抱長劍立壇隅,屏息達旦。隱士乃自誦秘咒,然後當仙去。隱士後得烈士傾意待之,烈士願效力爲報。隱士曰:'但欲汝爲我一夕不語耳。'烈士許諾曰:'死且不辭,矧不語乎!'於是依法行事。將曉矣,烈士忽大叫,空中火墮,烟焰蓬勃。隱士引之蒼黃入水以避,讓之曰:'誡子無聲,乃驚叫何也?'烈士曰:'受命之後,昏然如夢。見昔所事主人,責以不語,欲不利。我以受恩深厚,終不答,遂爲所殺。托生南印土大婆羅門家,追惟厚恩,自少及壯,終以默然。俄生一子,其妻曰:"汝若不語,即殺此兒。"自念事已隔生,不忍令殺,因止之,遂發言。'隱士曰:'魔所嬈也。'遂激恚而死。"②

吴郡奉佛弟子嚴樟捐金
刻智證傳提語四、五卷
願男嫌焌吉祥善慶

---

① 《大方廣佛華嚴經》,《大正新修大藏經》(10),頁 52 下。

② 摘引自《大唐西域記》,《大正新修大藏經》(51),頁 906 下—907 中。

於密滲提寂音尊者智證傳　卷之六

明海虞三峰沙門法藏提語

三峰門人廣敏録語

〔五十九、參同契〕

△"燈籠入露柱，露柱入燈籠。蒾疏身似漆，木寉眼通紅。萬物各無主，明
暗豈有功？水光原渺渺，山色自葱葱。日長睡起眼如醉，無限落花流水
中。"舉：

《參同契》曰："當明中有暗，勿以暗相遇。當暗中有明，勿以明相睹。明暗
各相對，比如前後步。萬物自有功，當言用及處。"①

傳曰：萬物若有功，則所言當至其處，如鉗取物，如日舒光，如呼火則
口吻爲所燒；明暗若有功，則如人行步，舉左足即右足隨之，以明暗無
體性，萬物無功勳，故爲是論也。《寶積經》曰："佛言：'譬如然燈，一
切黑暗，皆自無有，無所從來，去無所至。非東方來，去亦不至。南西
北方，四維上下，不從彼來，去亦不至。'"②而此燈明，無有是念，我能
滅暗；但因燈明，法自無暗。明暗俱空，無作無取。《首楞嚴》曰："譬

---

① 《景德傳燈録·南嶽石頭和尚參同契》，《大正新修大藏經》(51)，頁 459 中。

② 《大寶積經》，《大正新修大藏經》(11)，頁 634 中。

如虛空,體非諸相,而不礙彼諸相發揮。"①蓋於日用不隔絲毫。

〔六十、圓覺經〕

△"阿誰堪和郢中歌？寶覺當年意若何？我亦雲山看到老,半間茅屋在深
　蘿。咦!"舉:

《圓覺經》曰:"居一切時,不起妄念,於諸妄心,亦不息滅。住妄想境,不加
了知。於無了知,不辨真實。彼諸衆生,聞是法門,信解受持,不生驚畏,
是則名爲隨順覺性。"②

傳曰:此一段義,敍五性差別,然前文必結曰"此名凡夫隨順覺性"、
"此名菩薩未入地者隨順覺性"、"此名菩薩已入地者隨順覺性"、"此
名如來隨順覺性",至於此則曰"隨順覺性"而已,何也？曰:世尊之
意,欲學者出情離見。非特此經,如《法華經》曰:"如此種種羊車、鹿
車、牛車今在門外,及其安隱得出,則各賜諸子等一大車。"③夫未出
火宅,則三車有羊、鹿、牛之名。既出矣,即沒其牛名,但曰大車,亦此
意也歟。

瑯琊覺禪師④嘗問講僧曰:"如何居一切時,不起妄念?"對曰:"起即
是病。"又問:"如何是於諸妄心,亦不息滅?"對曰:"息即是病。"又問:
"如何是住妄想境,不加了知?"對曰:"知即是病。"又問:"如何是於無
了知,不辯真實?"對曰:"辯即是病。"覺公笑曰:"汝識藥矣,然未識藥
中之忌也。"寶覺禪師⑤則爲之偈曰:"黃花熳熳,翠竹珊珊。江南地

---

① 《首楞嚴經》,《大正新修大藏經》(19),頁 120 下。
② 《大方廣圓覺修多羅了義經》,《大正新修大藏經》(17),頁 917 中。
③ 摘引自《妙法蓮華經》,《大正新修大藏經》(9),頁 12 下。
④ 瑯琊覺禪師,北宋人,《釋氏稽古略》記:"瑯琊山廣照禪師,名慧覺,嗣汾陽昭禪
師。"《大正新修大藏經》(49),頁 864 下。
⑤ 寶覺禪師傳記,參本書《於密滲提寂音尊者智證傳》第十七則。

暖，塞北春寒。遊人去後無消息，留得雲山到老看。"①

〔六十一、洞山悟本禪師〕

△"七佛諸宗偈偈傳，安心東土語聯聯。一從悟本重拈出，月落千江任破
圓。"良久，乃云："此洞山於雲巖。"良久，言："祇這是處未了，至渡水睹
影大悟，故有渠我妙挾之語，遂有君臣五位，而其源蓋出于七佛偈，燈燈
至此，但拈出以定宗旨耳。凡諸經論，語多挾帶，講家順文銷過，故失佛
意，不可不知也。"良久，問大衆云："還不知也知？"復云："情知你不
會。"舉：

洞山悟本禪師所立："正中妙挾，挾路通宗，通塗挾帶。"②

傳曰：百丈曰："依文解義，三世佛冤。離經一字，即同魔説。"③故教
外宗旨，其所開示，必曰"藉教"；如言妙挾，則曰"正中"；如言挾路，則
曰"通宗"；如言挾帶，則曰"通塗"。蓋本一挾帶，而加妙字耳。然挾
帶之語，必有根本，大乘所緣緣義曰："言是帶己相者，帶與己相各有
二義。言帶有二義者：一者挾帶，即能緣心，親挾境體而緣；二者變
帶，即能緣心變，起相分而緣也。"④曹山見杜順《法身頌》曰："我意不
欲與麼道。"乃自作之曰："渠本不是我，我本不是渠。渠無我即死，我
無渠即餘。渠如我是佛，我如渠即驢。不食空王俸，何假雁傳書。我
説橫身倡，君看背上毛。乍如謠白雪，猶恐是巴歌。"⑤予觀曹山之語
皆妙挾也，語不挾帶，則如能緣之心不挾境體，則是渠無我，我無渠，

---

① 《禪林類聚》另記有《黃龍心頌》："黃花漠漠，翠竹珊珊。嶺南地暖，塞北地寒。"
《卍新纂續藏經》(67)，頁 48 上。
② 《筠州洞山悟本禪師語録》，《大正新修大藏經》(47)，頁 515 上。
③ 《筠州洞山悟本禪師語録》，《大正新修大藏經》(47)，頁 515 上。
④ 《宗鏡録》，《大正新修大藏經》(48)，頁 812 上。
⑤ 《撫州曹山本寂禪師語録》，《大正新修大藏經》(47)，頁 539 下。

血脉斷緣,世流布想耳,非宗旨也。

〔六十二、破色心論〕

△"聞見覺知無起處,山河大地一微空。試將空眼觀空界,萬象森羅入鏡
　　中。萬象森羅入鏡中,歷歷分明則不問,若使見聞無起,大地微空,到此
　　作麼生道?"乃拍一拍! 舉:

《破色心論》曰:"云何得知諸佛如來依此義故,説有色等一切諸入,而非實
有色等諸入。又以識等能取境界,以是義故,不得説言無色等入。"答曰:
"偈言:'彼一非可見,多亦不可見。和合不可見,是故無塵法。'"①

　　傳曰:無著菩薩曰:"此義不然。何以故? 有三義故無色等入。何等
　　爲三? 一者爲實有一微塵,如彼外道衛世師等,虚妄分別,離於頭目
　　身分等外,實有神我。微塵亦爾,言有神我而不可得見,離色、香等實
　　有不耶? 二者爲實有多微塵差別可見不耶? 三者爲多微塵和合可見
　　不耶? 此明何義? 若實有彼一微塵者,則不可見。如彼外道衛世師
　　等虚妄分別,離於頭目身分等外,有一神我不可得見。微塵亦爾,離
　　色、香等不可得見,是故無一實塵可見。是故偈言'彼一非可見'故。
　　若實有多微塵差別者,應一一微塵歷然可見,而不可見,以是義故,多
　　塵差別,亦不可見,是故偈言'多亦不可見'故。若多微塵和合可見
　　者,此亦不然,何以故? 以一微塵實無有物,云何和合? 是故不成,是
　　故偈言'和合不可見,是故無塵法'。"②《中觀論》偈曰:"諸法不自生,
　　亦不從他生。不共不無因,是故説無生。"③以此偈意,觀前無塵之
　　論,曉然如眂白黑矣。

----

①　《唯識論》,《大正新修大藏經》(31),頁 67 上—中。
②　《唯識論》,《大正新修大藏經》(31),頁 67 中。
③　《中論》,《大正新修大藏經》(30),頁 2 中。

〔六十三、百門義海〕

△"緣生不生，不生緣生。一雙合璧，三點圓星。當陽拋出，火裏寒冰。硬
　如特石不堪雕，軟似虛空難揣骨。咄！蒼松歲歲青如拂，會麽？切忌作
　緣生説。"舉：

《百門義海》曰："達無生者，爲塵是心緣，心爲塵因，因緣和合，幻相方生。
由從緣生，必無自性，何以故？今塵不自緣，起待於心；心不自心，必待於
緣。由相待故，則無定屬，以無定屬，緣生則名無生，非去緣生説無生也。
論曰：'因不自生，緣生故生。緣不自生，因生故色。'今因緣生，方得名生，
了生無性，方是無生。然生與無生，互成互奪，奪即無生，成即緣生。由即
成即奪，是故生時無生，如是了者，名達無生也。"①

　　傳曰：僧伽難提尊者至摩提國，見伽耶舍多尊者，時伽耶方爲童子，
　　既與薙落，聞風吹殿銅鈴聲，僧伽難提問曰："鈴鳴耶？風鳴耶？"伽耶
　　舍多曰："非風非鈴，我心鳴耳。"曰："心復誰乎？"伽耶舍多曰："俱寂
　　静故。"於是僧伽難提尊者曰："善哉！善哉！繼吾道者，非子而誰！"
　　即付法，偈曰："心地本無生，因地從緣起。緣種不相妨，華果亦復
　　爾。"其後伽耶舍多至大月氏國見鳩摩羅多，付法作偈曰："有種有心
　　地，因緣能發萌。於緣不相礙，當生生不生。"②

〔六十四、維摩經〕

△"《中庸》曰：'天命之謂性。'"問曰："如何是天？"人應之曰："此非蒼蒼之
　天，乃無聲無臭至極之天。"問曰："既有無聲無臭至極之名，則非天矣？"

---

①　《華嚴經義海百門》，《大正新修大藏經》(45)，頁627中—下。
②　《景德傳燈録》，《大正新修大藏經》(51)，頁212中。

人無語。又問之曰：“‘喜怒哀樂之未發謂之中。’如何是中？”人應之曰：“未起念爲中。”曰：“未起念謂何曰？”曰：“當體全空。”曰：“空則成邊矣，豈得名中？”人復無語。“此皆所謂攀緣有所得心也，豈子思之所謂天與中哉！會麼？”良久，乃云：“元來亦無語。”舉：

《維摩經》曰：“何謂病本？謂有攀緣。從有攀緣，則爲病本。何所攀緣？謂之三界。云何斷攀緣？以無所得。若無所得，則無攀緣。”①

傳曰：《瑜伽師地論》曰：“如經言：清净行苾蒭於時時間，正作意思惟五相，乃至廣説方便，勤修增上心者，乃得名爲清净行。諸惡不善欲等尋思，及親里等所有尋思，皆於此行爲障礙故。”②唐方士邢和璞嘗與房琯游，至夏口佛祠，和璞使人鑱於古松之下，得大甕。甕中有畫一軸，展眂之，乃婁思德永禪師像也。和璞謂琯曰：“能憶此乎？”琯罔然不知。和璞令静默少頃，琯忽自見其身爲永禪師也。③溈山祐禪師住山久，自乃知前身嘗爲越州村寺誦《法華經》僧也。

〔六十五、法華經〕

△“河圖洛書未下一點時，見得中心定盤星子，便不待十劫矣。纔下一點，便具足圓滿，無所不備。初未嘗有五方上下，生殺逆順，闔闢賓主，天地成變化，行鬼神也。點既立地，則中爲在下，有中則有四方，在下則爲天一之水，而萬事具焉。一點者，太極也。太極具二，即一而兩，故二居上而爲南。二則一在，故爲三而在左。三從一點而始也，故并爲四而在右。一有四方，故成五而在中。五兼一也，故六仍在下。六有一也，故七復在上。七而一，故八在東。八復一，故九居西。九合中之一，故十

---

①　《維摩詰所説經》，《大正新修大藏經》(14)，頁 545 上。
②　《瑜伽師地論》原作“心清净行苾蒭”，《大正新修大藏經》(30)，頁 343 下。
③　摘引自《東坡禪喜集》，CBETA 電子佛典，《大藏經補編》(26)，頁 768 上。

居中。止於十，故曰死水。此十劫坐道場，佛法不現前，不得成佛道者也。從天一而生一六之水，水生三八之木，木生二七之火，火生五十之土，土生四九之金，金復生水，此河圖順而生者也。

"洛書則西北一六而剋西南二七之火，火剋東南四九之金，金剋東北三八之木，木剋中央五土而奪其十，此逆而殺者也。

"河圖自一而至十，十則斷絕，此生而殺機藏焉。洛書自一以至九，九則無窮，此殺而生機藏焉，此迴互之旨也。一三五七九，天數也；二四六八十，地數也。故天地之數，五十有五，而變化不測矣。孔子所謂五十以學易，蓋大衍之數五十，五十又成數也。虛一而用四十有九，其用無窮，而餘可例推也。

"伏羲按圖成卦，一畫爲陽，畫具兩而爲天地，其一在中爲乾卦。一而兩畫爲陰，陰而三之爲坤卦。錯而滿之，遂成八卦；重之，遂成六十四卦。爻復動而用之，生生無盡者也。凡夫迷吉凶逆順而生情，聖人悟生殺機權而爲道，皆不出於一點之始耳，此東土聖人之製也。

"僧以圓顱，衣以方服，法天象地而設也。天地二之而成三，故衣始於五條，奇而漸增至二十五條，條復長短奇偶，攝盡河洛之數，故僧應物則祖而偏其衣，入定則正衣而端其位。夫正衣端位，坐十劫之謂歟，故佛祖以一衣一鉢爲傳法。至東林總和尚而以西來之旨授之周子，周子以焚坑之後，得此演之以續河洛之源，佛氏之於聖門，其功博矣哉！

"我佛睹星悟道，庖羲見圖之謂也，此未有文字而但數者也。三七思惟，不得已而談教。文王有憂患而作《易》之謂也，此文字吉凶之所生也。孔子贊之，其論主之謂乎！至於講誦修習，此後人失《易》之道，而止論吉凶趨避之意焉。邵子天根月窟之悟，佛祖自悟之旨也。破枕而覓老人身後之數學，參問師承之旨也。此先自悟而後師承，康節之所以於道學爲全也。師承有面授者，有書授者，其旨本同，皆所謂源流不斷也。

孟子曰：‘予私淑諸人也。’宋儒之所以繼孟也，夫又何疑焉！”乃喚大衆
云：“即今還有向未點已前悟得者麼？”乃作○。① 舉：

《法華經》曰：“大通智勝佛，十劫坐道場。佛法不現前，不得成佛道。”②

　　傳曰：《經》蓋嘗言：“若人散亂心，入於塔廟中。一稱南無佛，皆已成
　　佛道。”③豈一部之經，首尾自相違戾？曰：予論此經，蓋皆象也。聖
　　人非不欲正言，以有不可勝言者，唯象爲能盡其意。佛意以智身不可
　　以三昧處求故也，以智體無所住、無所依故。若生想念願樂見之，即
　　如所應現，無有處所依止故。猶如空谷響，但有應物之音。若呼之即
　　應，無有處所可得故。《華嚴經》曰：“有欲見普賢身及座者，但生想念
　　是也。”④夫於散亂心時，一念佛號，便得覺道；但生想念，即見普賢。
　　而十劫在定，謂佛法不現；遍會推求，謂普賢不見，非鈍根所知之
　　境也。

〔六十六、大法炬陀羅尼經〕

△“五月五，葵榴爛於火，處處競龍舟，家家懸艾虎。世相看來五綵攢絲，
老僧目前百毒布鼓。汨羅江上濤聲滾滾，不落今時，海虞峰頭山色蒼
蒼。詎云太古，良辰佳節。〔三〕⑤峰院裏日日平常，莧菜香瓜，不勞今
朝薦祖。大家過節一著，不必商量，但問拂子頭邊，畢竟如何是端午？”
遂拈拂子云：“咦？”放下云：“普！”舉：

《大法炬陀羅尼經》曰：“復次，應觀是色作無相想，云何觀色作無相想？當

---

　① “○”代表圓相之意。
　② 《妙法蓮華經》，《大正新修大藏經》(9)，頁26上。
　③ 《妙法蓮華經》，《大正新修大藏經》(9)，頁9上。
　④ 摘引自《大方廣佛華嚴經》，《大正新修大藏經》(10)，頁212上。
　⑤ 原文作“山”，筆者依文意改爲“三”。

知此色生滅輪轉，念念不停。毘舍佉，如是色相，不可眼見，當知彼是意識境界，唯意所知，是故不可以眼得見。"①

傳曰：護法菩薩曰："五識唯緣實五塵境，不緣假法，以任運而緣，不作行解，不帶名言，是現量故。如眼識緣青、黃、赤、白等實色之時，其長、短、方、圓之假色，雖不離青、黃、赤、白等實色之上，然眼識但緣實，不緣假也。既不緣假，則是意識作長、短、方、圓之心而緣也。蓋五識之初念，與明了意識緣五塵境之時，唯是現量，得五塵之實色。若後念分別意識起時，即是行解心中，作長、短、方、圓之色而緣，是比量心緣也。"②故《經》曰："當知彼是意識境界，唯意所知，是故不可以眼得見。"③奉先慧超禪師每曰："大眾！見聞覺知，只可一度。"④其有得於此乎！

〔六十七、般若波羅蜜多心經〕

△"照絕謂之返，親證始見空。返照之照也，絕然而不冥。親證之空也，泯然而具在。以具在故，真見不昧。以照絕故，行用無心。見無心之行用，謂之色陰。了用照之無主，謂之人空。《楞嚴》曰：'見見之時，見非是見。見猶離見，見不能及。'⑤此其所謂法空而返照者乎！豈尋常見空之謂哉？故言行般若之深者也，非文言可到，非意度可通，直須大死證來，方是投明須到。如雪巖、高峰壁立萬仞，拚命做鈍功夫，謂人曰：'我不喜禪床角頭參的禪，我要絕後再甦的禪。'其後果然從前後際斷處自肯，此正行深般若之人歟！今人做工夫不激切，欲借意度，所到極則

①　《大法炬陀羅尼經》，《大正新修大藏經》(21)，頁 686 下。
②　摘引自《宗鏡錄》，《大正新修大藏經》(48)，頁 725 中。
③　《大法炬陀羅尼經》，《大正新修大藏經》(21)，頁 686 下。
④　《景德傳燈錄·廬山歸宗寺法施禪師策真》，《大正新修大藏經》(51)，頁 417 上。
⑤　《首楞嚴經》，《大正新修大藏經》(19)，頁 113 上。

相似處領過，豈可以語此？雖然，若但向前後際斷處，悟得五蘊皆空，度一切苦厄，猶是明月蘆花，法身死水，未脫性理。開口便説心説性，古人謂之心性禪，一例把教合將去，有甚出格處？直須向百尺竿頭起脚，歷盡那邊事始得。"問："如何是那邊事？"乃云："揭諦揭諦莎訶！"舉：

《般若波羅蜜多心經》曰："照見五蘊皆空，度一切苦厄。"①

傳曰：《華嚴》十萬偈，而《十地品》第六地唯論十二緣生。十二緣生者，三苦已成之軀是也。《首楞嚴》十卷，披剝根境詳矣，而其終特言五蘊，亦三苦已成之軀是也。佛意若曰："吾之法妙，不出衆生日用，使學者於凡夫身實證耳。"如與阿難微細推檢陰入界處一一皆空，非因、非緣、非自然性。夫非因，即是不自生也；非緣，即是不他生也。既不自生，又不因他，則安有和合？即是不共生也；非自然性，即是非無因生也。四句無生，界從何有也？永嘉曰："明識一念之中五陰者，謂歷歷分明，即是識陰；領納在心，即是受陰；心緣此理，即是想陰；行用此理，即是行陰；穢污真性，即是色陰。此五陰者，舉體即是一念，一念者，舉體全是五陰。歷歷見在一念之中，無有主宰，即是人空慧；見如幻化，即是法空慧。"②予觀永嘉之談五蘊，如駁雞犀之枕四，面視之其形常正，蓋無師自然智所成就也。

〔六十八、起信論〕

△"人根無利鈍，刹那絶延促。説念無能所，入者萬事足。方便頓消殊，頓頓知幾幾。雲門頓而漸，再領雪峰旨。臨濟漸而頓，大愚肋下是。或者先久參，方便觀法處。或者後淘汰，服勤深砥礪。零星見證多，漸漸透微細。雖有許多般，不過如是義。都盧莫管他，隨順入爲至。云何不説

① 《般若波羅蜜多心經》，《大正新修大藏經》(8)，頁 848 下。
② 《禪宗永嘉集》，《大正新修大藏經》(48)，頁 390 下。

説？舌頭拖著地。咦！冷冷秋蟾入破窗，蕭蕭夜葉吟風砌。”舉：

《起信論》曰：“當知一切法不可説、不可念故，名爲真如。”問曰：“若如是義者，諸衆生等云何隨順而能得入？”答曰：“若知一切法，雖説，無有能説、可説；雖念，亦無能念、可念，是名隨順。若離於念，名爲得入。”①

傳曰：以方便觀，其説并念，皆無能所，謂之“隨順”；而觀行深久，妄念自離，則契彼無念真理，謂之“得入”。夫言若離於念，名爲得入。而論者曰：“方便觀法，久自離念者，爲鈍根説也。”據佛祖本意，即不如是。予聞雲門偃禪師初扣陳尊宿之門，尊宿開門，把住曰：“道！道！速道！速道！”偃擬議。尊宿托開曰：“秦時轢鑽。”雲門於是大悟於言下。② 如雲門可名得入也。

〔六十九、黃龍寶覺禪師〕

△“火裏魚，水中鳥，夜半正天曉。石虎生下特牛兒，流水白雲良浩浩。種麻得粟物理齊，直中藏曲非折拗。執窮子，太無端，庫藏何須交與盤？若非悶絶更回首，爭見梅花徹骨寒？薄言訴，逢彼怒，杖木瓦石何暇顧？寄言末世弘法人，萬樹桃花風雨妒。”舉：

黃龍寶覺禪師作《老黃龍生日偈》曰：

“昔人去時是今日，今日依前人不來。今既不來昔不往，白雲流水空悠哉。誰云秤尺平？直中還有曲。誰云物理齊？種麻還得粟。可憐馳逐天下人，六六元來三十六。”③

傳曰：《法華經》曰：“時富長者於師子座，見子便識，心大歡喜，即作是念：‘我財物庫藏，今有所付。我常思念此子，無由見之，而忽自來，

---

① 《大乘起信論》，《大正新修大藏經》(32)，頁 576 上。

② 《雲門匡真禪師廣録》，《大正新修大藏經》(47)，頁 573 中。

③ 《禪林僧寶傳》，《卍新纂續藏經》(79)，頁 537 下。

甚適我願。我雖年朽，猶故貪惜。'即遣傍人，急追將還。爾時使者，疾走往捉。窮子驚愕，稱怨大喚：'我不相犯，何爲見捉？'使者執之愈急，強牽將還。於時窮子，自念無罪，而被囚執，此必定死，轉更惶怖，悶絕躄地。"又常不輕菩薩："不專讀誦經典，但行禮拜，乃至遠見四眾，亦復故往禮拜贊歎而作是言：'我不敢輕於汝等，汝等皆當作佛。'四眾之中，有生瞋恚、心不净者，惡口罵詈言：'是無智比丘從何所來？自言："我不輕汝。"而與我等授記，當得作佛。我等不用如是虛妄授記。'如此經歷多年，常被罵詈，不生瞋恚，常作是言：'汝當作佛。'"①夫窮子追之即躄地，常不輕直告之，即被捶罵，是二者，不知直中有曲，種麻得粟者也。

① 《妙法蓮華經》，《大正新修大藏經》(9)，頁 16 下。

於密滲提寂音尊者智證傳　卷之七

明海虞三峰沙門法藏提語
三峰門人廣敏錄語

〔七十、金剛三昧經〕

△"困來一覺睡，睡足又爬起。爬起如睡時，睡時非小死。老僧若不睡，何以到如此？ 老僧若不起，阿誰相舉似？ 起中睡，睡中起，你是我，我是你，黃梅晴處家家雨。"良久，又云："向曉惬孤坐，高凭綉石苔。空隨雲共起，暗與日俱迴。果熟驕黃墮，香分小白開。目前看不足，携杖復歸來。且道如何是生滅法？ 試分別看！"舉：

《金剛三昧經》偈曰："法從分別生，還從分別滅。滅是諸分別，是法非生滅。"①

傳曰：《中觀論》曰："無物從緣起，無物從緣滅。起唯諸緣起，滅唯諸緣滅。"②以是知色生時，但是空生；色滅時，但是空滅。譬如畫水成文，未嘗生滅。玄沙曰："鐘中無鼓響，鼓中無鐘聲。鐘鼓不交參，句

---

① 《金剛三昧經》，《大正新修大藏經》(9)，頁372上。
② 《般若燈論釋》，《大正新修大藏經》(30)，頁69上。

句無前後。"①此真緣起無生之旨也。

〔七十一、肇論〕

△"大海無星山，舟行一覺睡。及至睡起來，帆舵依然在。已去？未去？
有去？無去？"良久，云："去！"舉：

《肇論》曰："觀方知彼去，去者不至方。"②

傳曰：此明三時無去來，以辯不遷也。如人初在東方立，即名未去，
故未去不得名爲去。若動一步離本處，反望東方名已去，故已去不得
名爲去。或人便轉計云："動處則有去，此中有去時。非已去未去，是
故去時去。"龍勝所論，正破此執，曰："若有已去未去，則有去時；若無
已去未去，則無去時。"故偈曰："離已去未去，去時亦無去。"③如因兩
邊短，有中間長；若無邊短，即無中間長也。於是以偈斷之曰："已去
無有去，未去無有去。離已去未去，去時亦無去。"④

〔七十二、法華經〕

△"癡兀怒獅子，嗔狼不可當。只貪飽克腹，不辨狐與狼。處處用全力，搏
噬如顛狂。紛亂固不攝，不知常無常。渾身被金毛，百獸皆潛藏。
喝！"舉：

《法華經》偈曰："狐狼野犴，咀嚼踐蹋。嚌齧死屍，骨肉狼藉。"⑤

---

① 《玄沙師備禪師語録》，《卍新纂續藏經》(73)，頁 29 下。
② 《肇論》，《大正新修大藏經》(45)，頁 151 上。
③ 《中論》，《大正新修大藏經》(30)，頁 3 下。
④ 《中論》，《大正新修大藏經》(30)，頁 3 下。
⑤ 《妙法蓮華經》，《大正新修大藏經》(9)，頁 13 下。

傳曰：狐貪而疑，狼貪而狠，野犴貪而癡。疑則癡之別，狠則瞋之別，即三毒雜相也。咀嚼踐蹋，言於不净之境，味著不厭，蹈籍不離也；嚌嚙死屍，骨肉狼籍，言於無常之身，計較不捨，紛亂不攝也。予論此經皆象，象以盡意，欲衆生深觀自悟耳。

〔七十三、入楞伽經〕

△"不見於心見自心，了知諸法體全真。一般分別非分別，滿眼山花樹樹春。"舉：

《入楞伽經》曰："諸法無法體，我説唯是心。不見於無心，而起於分別。"①

　　傳曰：以此偈觀之，則凡見自心者，皆無分別矣，而可乎？曰：如世幻師，幻作男女牛馬，而觀者皆生著想。獨幻師無著想，了是自心所生故。又如良馬見物輒驚，獨見自影而無所驚，知從身所出故。以是義故，知雖分別，不礙明見自心也。

〔七十四、瑜伽師地論〕

△"憤把虛空擊一槌，四天雲合怒奔雷。滂沱一雨都霑足，起處何從問所來？大衆！識得祈雨一念起處，便知雨來的起處；識得雨來的起處，便知祈雨一念起處。且道正興一念祈雨之時，是有念？是無念？若有念，則此念如雲如霧，長橫胸臆，豈有雨降雲收，洗心滌慮，灌沃心田，長養萬法的時節？若無念，則此心空洞無物，假如片雲不生，纖塵不立，何有興霖注雨，普潤三根的時節？雨若有起處，則水性流濕，只堪就下，何有挽水爲雲、散雲作雨的時節？雨若無起處，則安有油然而興，沛然而降

的時節？兼有兼無，則混不得；有無俱遣，則絕不得。且道如何是念起處？雨來處？若道心外無法，則雨在念中，何得普天率土咸令霑足？若道法外無心，則念在雨中，何得寂寂閒閒，胸中無雨？且道雨是念耶？念是雨耶？速道！速道！"良久，自代云："雨降也！"又拍一拍，云："雨！雨！"舉：

《瑜伽師地論》："勝義伽陀者，如經言：

'都無有主宰，及作者受者。諸法亦無用，而用轉非無。

唯十二有支，蘊處界流轉。審思此一切，衆生不可得。

於內及於外，是一切皆空。其能修空者，亦常無所有。

我我定非有，由顛倒妄計。有情我皆無，唯有因法有。

諸行皆剎那，住尚無況用。即說彼生起，爲用爲作者。

眼不能見色，耳不能聞聲，鼻不能嗅香，舌不能嘗味。

身不能覺觸，意不能知法。於此亦無能，住持驅役者。

法不能生他，亦不能自生。衆緣有故生，非故新新有。

法不能滅他，亦不能自滅。衆緣有故生，生已自然滅。

由二品爲依，是生便可得。恒於境放逸，又復邪升進。

愚癡之所漂，彼逐邪升進。諸貪愛所引，於境常放逸。

由有因諸法，衆苦亦復然。根本二惑故，十二支分二。

自無能作用，亦不由他作。非餘能有作，而作用非無。

非內亦非外，非二種中間。由行未生故，有時而可得。

設諸行已生，由此故無得。未來無有相，過去可分別。

分別曾所更，非曾亦分別。行雖無有始，然有始可得。

諸色如聚沫，諸受類浮泡。諸想同陽焰，諸行喻芭蕉。

諸識猶幻事，日親之所說。'"①

---

① 《瑜伽師地論》，《大正新修大藏經》(30)，頁363上—中。

傳曰：彌勒菩薩曰："此中依補特伽羅無我勝義，宣說如是勝義伽陀，爲欲對治增益、損減二邊執故。於所攝受，説爲主宰；於諸業用，説爲作者；於諸果報，説爲受者。如是半頌，遮遣別義所分別我，諸法亦無用者，遮遣即法所分別我，由此遠離增益邊執，而用轉非無者，顯法有性，由此遠離損減邊執。用有三種：一主宰用、二作者用、三受者用。因此用故，假立主宰、作者、受者。"①所言二品者，無明乃至受，愛乃至老死也。無明至受者，有因諸法者也；愛至老死者，有因衆苦者也。然予觀所言，即説彼生起爲用、爲作者，乃是提無生法之綱領也。

〔七十五、玄沙〕

△"全體顯發，不涉程途，謂之'用'；空流圓轉，不出環中，謂之'機'。所謂用處不換機者，如摩尼走盤，面面在盤而不著；如蓮花出泥，根根在泥而不污。會麽？若不會，自拈自弄去也！如何是用處不換機？蓮花出水時，蓮花作何色？一花兼一葉，意旨問如何？盈盈映淺波，更有向上事麽？蓮花！蓮花！"舉：

玄沙有"用處不換機"句。②

傳曰：夫以言逐言，以理遣理，皆世流布想，非能見道。《楞伽經》曰："如楔出楔。"③如玄沙嘗曰："學者當用處不換機。"而雖老於叢林者，亦莫識此語，可嘆也！玄沙嘗食荔枝，問衆曰："這箇荔枝得與麽紅？這箇荔枝得與麽赤？你諸人且作麽生？若道一色，又是儱侗；若道是衆色，只成箇斷常。你諸人且作麽生？"彥瑫曰："也只和尚自分別。"

---

① 《瑜伽師地論》，《大正新修大藏經》(30)，頁 364 上。
② 《玄沙師備禪師廣録》，《卍新纂續藏經》(73)，頁 6 中。
③ 《瑜伽師地論》，《大正新修大藏經》(30)，頁 669 上。

玄沙曰：“這儸侗愚癡，有甚麼交涉？”冲機曰：“都來只是一色。”玄沙曰：“總與麼儸侗，有甚麼了時？”乃回顧問皎然：“汝作麼生道？”皎然曰：“不可不識荔枝。”玄沙曰：“只是荔枝。”又曰：“汝諸人如許多時在我這裏，總與麼説話，不辯緇素，不識吉凶，我比來向汝道：用處不換機，因甚麼只管對話，有甚麼交涉？”道巘禪師曰：“先聖愍汝顛倒馳逐，將一句子解落。汝知是這般事，掉放閒處，自著些筋力，却於機語上答出話頭，將作禪道，非唯自賺，亦乃賺他。”①

〔七十六、華嚴經〕

△“事竭不成理，理乾不成事。理事兩不成，紛然説事理。自性非自性，圓悟亦不真。真常與無常，玄辨皆勞神。病來倚南窗，抬頭見山雲。白雲時聚散，憑坐自朝昏。”舉：

《華嚴經》曰：“如是自性，如幻如夢，如影如像，悉不成就。”②

傳曰：以真如之性，法爾隨緣，雖即隨緣，法爾歸性。以隨緣時，似有顯現。如觀幻法，不有而有；如觀夢境，不見而見；如觀水中之影，非出非入；如觀鏡中之像，不内不外。以無性隨緣故，理不成就；以隨緣無性故，事不成就。理事不成，則一切法俱不成也。六祖爲志徹禪師説常、無常義曰：“無常者，即佛性也。有常者，善惡一切諸法分別心也。”徹曰：“如和尚所説，大違經文也。”六祖曰：“吾傳佛心宗，豈違佛經？”徹曰：“經説佛性是常，和尚却言無常。善惡諸法，乃至菩提心皆是無常，和尚却言是常。此豈不相違，令學人轉加疑惑？”六祖曰：“汝知不？佛性若常，更説甚麼善惡諸法，乃至窮劫無有一人發菩提心者？故吾説無常，正是佛説真常之道也。又一切諸法若無常者，即物

① 《福州去沙宗一大師廣録》，《卍新纂續藏經》(73)，頁 34 上。
② 《大方廣佛華嚴經》，《大正新修大藏經》(10)，頁 437 下。

物皆有自性容受死生，而真常性有不遍之處。故吾説常者，正是佛説真無常義也。佛比爲凡夫外道執於邪常，諸二乘人於常計無常，共成八倒。故於涅槃了義教中破偏見，而説真常、真樂、真我、真凈也。汝今依言背義，以斷滅無常，及確定死常，而錯解佛之圓妙最後微言。縱覽千遍，有何所益？"於是至徹大悟於言下。①

〔七十七、瑜伽師地論〕

△"無量義定，是真諸法光明。白毫相光，的示無明黑暗。若不從法光明門照破，畢竟落無明暗處騰疑。理上論來，有心作障，此中勘徹，何物遮攔？了知昏黑睡眠，莫不放光動地。"豎起拂子云："入定也！"搖拂子云："放光也！且道入定是拂子？放光是拂子？"乃放下拂子，舉：

《瑜伽師地論》曰："法光明能治三種黑暗，由不如實知諸法故，於去、來、今多生疑惑，於佛法等亦復如是。此中無明及疑，俱名黑暗。又證觀察能治昏沈睡眠黑暗，以能顯了諸法性故。"②

傳曰：《百門義海》曰："顯光明者，爲見塵法界真如理事之時，顯了分明，此是智慧光明照也。若無智光明，理事不顯。但見法時，即是光明。由積智功圓，是故放一光明，則法界無不顯示。常觀察一切法界，是爲放光明照一切也。"③藏公可謂能如實知諸法也。彌勒菩薩教令學者曰："睡當累足，作光明想。"④《寶積經》曰："法光明門，而能出生諸法理趣善巧方便，亦能出生一切法印，能入一切法印之門。於

① 此段描述可見於《六祖大師法寶壇經》，《大正新修大藏經》(48)，頁359上—中。
② 《瑜伽師地論》首句原文作"法明能治三種黑暗"，《大正新修大藏經》(30)，頁330中。
③ 《華嚴經義海百門》，《大正新修大藏經》(45)，頁631上。
④ 《大乘寶雲經》中爲佛所言："若消息時，右脇而卧，上下累脚，袈裟覆身，正念專心作光明想。"《大正新修大藏經》(16)，頁269上。

一切法所應作者，能了能入；於法光明，能得能説，以法光明隨順趣入諸法明門。"①

〔七十八、永嘉〕

△"一念未生時，本來成佛。一念緣生處，當體全空。念空則善惡兩無，兩無則罪福何有？無罪福則無逆順憎愛，無憎愛則無冤親仇讐，無冤親則無人、無我、無衆生、無壽命，有何縛脱苦樂生死之累哉？於此信得了得，直下閒落落地作自在人，著衣喫飯過日，更有甚麼事？

兹有某居士因業畜魚，以致盜魚之賊。賊爲守魚，校人所擊，因而致斃，坐主圄圄。近以稍白入山，作懺悔法，以薦亡者，令釋所怨。

夫一念緣生既空，名爲真懺；一念緣滅非有，是爲不死。以某君不死之死，受居士真懺之懺，則死者高超，生者解脱，宜其存没得所，冤對消忘矣。其或情結未解，迷執尚存，更爲申之以因果，導之以持犯，令各迴觀己過，報所自招，釋他非之怨，破自是之執。

《楞嚴經》所云：土梟、破獍及八萬四千食父母想，②解者謂之愛殺之因所感。所謂愛殺者，人間豢養雞豕之類，牧之無不愛，然愛之所由，蓋欲殺之以充庖耳。愛者，生之道；殺者，死之機。故有母生子之愛，而有食父母之殺，輪迴遞償不爽如此。

向居士於一念築池之際，已醸今日之因矣。何也？以初念有殺魚充庖之愛，遂興築池畜魚之機。魚有江海之歡、濠梁之樂，而圉之一區，不得自在，即圄圄也。居士以愛殺而畜魚，某者以愛殺而盜魚，盜以殺盜兼

---

① 《大寶積經》，《大正新修大藏經》(11)，頁 140 上—中。
② 《首楞嚴經》曰："由因世界怨害輪迴殺顛倒故，和合怪成八萬四千食父母想。如是，故有非無想相無想羯南流轉國土，如土梟等附塊爲兒，及破鏡鳥以毒樹果抱爲其子，子成，父母皆遭其食，其類充塞。是名衆生十二種類。"《大正新修大藏經》(19)，頁 139 上。

罪而斃於衆人之手，居士以殺愛圜魚而致困於囹圄，舉自招之報也。以是觀之，盜亦不合銜君，而君亦何須怨盜？蓋銜之、怨之皆昧也。

居士以一念迴光，憫盜之死而薦之，悔自之致而懺之，既爲明矣。然但懺致死，而不懺築池畜魚，則明於近而昧於遠也。必也兼之懺愛魚、畜魚之因，致盜、致殺之緣，囚魚、殺魚之果，不獨憫於盜，薦於盜。而盜不銜，必使憫於魚，薦於魚，而魚無怨。盜不銜，則君之事釋；魚不怨，則君之圄出。此正所謂水流雲散去，寂然天地空，豈不快哉！豈不〔暢〕①哉！

細而推之，則魚與盜皆君之善知識也，君亦魚、盜之善知識也。蓋君無殺害則無盜，盜不因魚則不死。魚不因盜，則無以明其因；君不因盜，則無以致其苦。君以致苦而知懺，盜以蒙懺而悔漁，魚以因悔而得薦，將使魚與盜乘法利而同生品蓮，君亦乘法利而脫圄聞道，寧非互相傾而互相成者耶？

昔以一念緣生而致苦，今以一念緣生而致道，緣生無生，君其信夫？君如信之，更當究一念未生以前，如何是本來成佛？試説看！"舉：

永嘉偈曰："惺惺寂寂是，無記寂寂非。寂寂惺惺是，亂想惺惺非。"②

　　傳曰：六祖嘗謂衆曰："吾有一物，無頭無尾，無名無字，無背無面。諸人還識不？"神會者出曰："是諸佛之本源，神會之佛性。"祖曰："向汝道'無名無字'，汝便喚作'本源佛性'，他日汝但作知解宗徒。"③又嘗令道明安坐曰："不思善、不思惡，正當與麼時，阿那個是明上座本來面目？"而道明乃悟旨。④ 自是觀之，祖師未嘗肯以是法印人，而永嘉顯告曰"惺惺寂寂是"，則過矣，而不可以不辯。幽州盤山寶積禪師

---

① 原文作"㲿"，依文意修改爲"暢"。
② 《禪宗永嘉集》，《大正新修大藏經》(48)，頁 389 中。
③ 《六祖大師法寶壇經》，《大正新修大藏經》(48)，頁 359 中。
④ 《六祖大師法寶壇經》，《大正新修大藏經》(48)，頁 349 中。

知此意，有所垂示，則曰："心月孤明，光吞萬境。光非照境，境亦非存。光境俱忘，復是何物？"①至於騰騰作《一鉢歌》曰："萬代金輪聖王子，只這真如靈覺是。菩提樹下度衆生，度盡衆生出生死。不死不生真丈夫，無形無相大毘盧。塵勞滅盡真如在，一顆圓明無價珠。"②騰騰殆可以嗣永嘉也。

〔七十九、潙山祐禪師〕

△"有生鼎鑊肆熬煎，一片寒冰火裏眠。不是無情現凡佛，了知情不住攀緣。噓！"舉：

潙山祐禪師曰："學道人！慎弗令心地掩染，但約莫衆苦盡，即是佛心。"

傳曰：所言衆苦者，冤憎會苦、愛別離苦、五陰重苦、乏受用苦、聲色流轉苦、求不得苦、衆生違害苦等，然皆情也。棗柏曰："凡聖體真，唯存見隔。見存則凡，情忘則佛。"③唯此至言，先聖不能加毫末於此矣！而深信之者，世罕見其人。如林陽瑞峰志端禪師，其殆庶幾乎！開寶元年八月作偈曰："明年二月二，與汝暫相棄。灰骨撒長江，勿占檀那地。"明年正月念八日，道俗入山，端笑迎甚歡。二月初吉，郡官俱集，連宵如市。至日，升座辭衆。④有圓應長老者出問曰："雲愁霧慘，大衆鳴乎！願賜一言，未須告別。"端垂一足，應曰："法鏡不臨於此土，寶月又照於何方？"端曰："非君境界。"應曰："恁麼，則漚生漚滅還歸水，師去師來事本常。"端作噓聲，乃問四衆曰："世尊滅度是何時

---

①　《宗鏡録》，《大正新修大藏經》(48)，頁 944 下。

②　《宗鏡録》，《大正新修大藏經》(48)，頁 488 中。

③　《新華嚴經論》："凡聖一真，猶存見隔。見在即凡，情亡即佛。"《大正新修大藏經》(36)，頁 726 中。

④　《景德傳燈録》，《大正新修大藏經》(51)，頁 381 下。

節?"衆曰:"二月十五日子時。"端曰:"吾今日午時。"言卒而化。①

〔八十、圓覺經〕

△"性心何物,本不自知。不自知心,緣生苦樂。於苦樂而知不知,於不知而何苦樂。末那一執,識種橫生。此誠衆禍之門,遂爲四相所轉。即今還有知不知者麼? 訝! 早知燈是火,飯熟幾多時?"舉:

《圓覺經》曰:"净諸業障菩薩問曰:'若此覺心,本性清净,因何染污,使衆生迷悶不入?'而世尊但答曰:'衆生從無始來,妄想執有我、人、衆生及與壽命。'"②

　傳曰:棗柏曰:"如《起信論》曰:'不思議業相者,以依智净,能作一切勝妙境界,所謂無量功德之相,常無斷絶,隨衆生根,自然相應,種種而現,得利益故。'③又曰:'依本覺上,而起覺故。'④又曰:'依於智故,生其苦樂。'⑤如《起信論》廣明一切衆生迷根本智,而有世間苦樂故。爲智無性故,隨緣不覺,苦樂業生;爲智無性故,爲苦所纏,方得自覺根本無性,衆緣無性,萬法自寂。若不覺苦時,以無性故,總不自知有性無性,如人因地而倒,因地而起。"……"問曰:'一切衆生本有不動智,何故不自應真常净? 何故隨染?'答曰:'一切衆生以此智故,而生三界者,爲智無性,不能自知是智非智、善、惡、苦、樂等法。爲智體無性,但隨緣現,如空谷響,應物成音。無性之智,但應緣分別,以分別故,癡愛隨起,因癡愛故,即我所病生,有我所故,自他執業便起,

---

　① 《景德傳燈録》,《大正新修大藏經》(51),頁 381 下。
　② 《大方廣圓覺修多羅了義經》,《大正新修大藏經》(17),頁 919 中。
　③ 《大乘起信論》,《大正新修大藏經》(32),頁 576 下。
　④ 《大乘起信論》曰:"本覺義者,對始覺義説,以始覺者即同本覺。始覺義者,依本覺故而有不覺,依不覺故説有始覺。"《大正新修大藏經》(32),頁 576 中。
　⑤ 《大乘起信論》,《大正新修大藏經》(32),頁 577 上。

因執取故，號曰末那。以末那執取，故名爲識。因識種子，生死相續。以生死故，衆苦無量。以苦無量，方求不苦之道。迷不知苦者，不能發心。知苦求真者，還是本智。會苦緣故，方能知苦。不會苦緣，不能知苦。知苦緣故，方能發心求無上道。'"①

> 吳郡奉佛弟子陳炤昭
> 刻智證傳提語六、七卷
> 願早悟宗旨世遇明師

---

① 摘引自《新華嚴經論》，《大正新修大藏經》(36)，頁 813 上。

於密滲提寂音尊者智證傳　卷之八

明海虞三峰沙門法藏提語

三峰門人廣敏録語

〔八十一、瑜伽師地論〕

△"生無包裹,死絶遮攔。露迴迥覓之則無,黑津津棄之則有。不是心,不是佛,不是物。若與麽,不與麽,却與麽。有時在拄杖頭邊揮兔角,有時在筆尖上拂龜毛。山河大地同一舌輪,三毒五蘊共一鼻孔。説空寂,話色身,是門外漢。道靈知,指妄想,豈屋裏人?高提一棒,絶汝命根。管取生死門頭,横出直入。横擔一杖,不顧脚底,任向萬峰叢裏自去自來。眼生腦後,鼻竪面前,數背上之毛,見頂後之相。且道是不還果?是現行無明?這裏還著得智慧麽?"良久,云:"蒼天!蒼天!"舉:

《瑜伽師地論》曰:"又諸衆生,將命終時,乃至不到昏昧想位,長時所習,我愛現前。由此力故,謂我當無,便愛自身,由此建立中有生報。若預流果及一來果,爾時我愛亦復現行。然此預流及一來果,於此我愛,由智慧力,數數推求,制而不著。猶如壯夫與羸劣者共相捔力,能制伏之,當知此中道理亦爾。若不還果,爾時我愛,不復現行。"①

---

① 《瑜伽師地論》,《大正新修大藏經》(30),頁23下。

傳曰：圭峰禪師曰：“當以空寂爲自己，勿認色身；以靈知爲自心，勿隨妄念。妄念若起，都莫隨之。自然臨命終時，捨短爲長，易麄爲妙。學者能令此觀常在現行，則是真智慧之力也。”①今皆不然，徒循其名，輕道甚矣。唐明皇至蜀，與裴士淹論數十人無不當，至李林甫，則曰：“是子妒賢嫉能，舉無比者。”②由是知明皇知林甫之不可用而用也。知不可用而用之者，明皇有輕天下之心故也。至德宗與陸贄論盧杞，則曰：“天下皆知杞奸，而朕獨不知，何也？”③夫德宗不知杞奸者，輕道也！苟知敬道，則必自反而求天下之理。天下之理得，則奸邪安能昧之哉？明皇之輕天下，德宗之輕道，皆致大盜以亂天下。例禪者不能以智慧之力破滅無明，至老死而不暇，悲夫！

〔八十二、法華經〕

△“六祖曰：‘見道人多，行道者少。’④此語説盡末法道人之弊，禪者不可自欺也。五祖演謂圓悟曰：‘汝在室中談時，即有禪。汝在三門頭，即無禪了。’⑤此語雖爲見未徹道，然見徹者未必不墮此也。何以故？以貪著之餘習未盡，猶是火宅中人，未可與駕大白牛車者比也，禪者須于不自欺處細看始得。”舉：

---

① 《景德傳燈録·終南山圭峰宗密禪師》，《大正新修大藏經》(51)，頁 308 上。

② 摘引自《新唐書》卷二二三，《列傳》第一百四十八上。

③ 摘引自《資治通鑒》卷二三〇。

④ 此説《景德傳燈録》中記爲達磨之語，《大正新修大藏經》(51)，頁 219 下；漢月另一著作《五宗原》中亦記爲達磨所言：“明道者多，行道者少。”《卍新纂續藏經》(65)，頁 107 中，此處應爲漢月錯記。

⑤ 此處五祖法演(1018—1104)對圓悟克勤(1063—1135)所説之語或爲漢月錯記，因《大慧普覺禪師年譜》記有湛堂文準(1061—1115)對大慧宗杲説過相似之語：“我在方丈裏與你説時，便有禪，纔出方丈便無了。”新文豐版《嘉興藏》(1)，頁 794 中。又，漢月亦記大慧最初參湛堂文準時，湛堂告訴他：“若你不得這一解，我方丈裏與你説時，便有禪，纔出方丈，便無了。”參本書《於密滲宋元三尊宿做工夫因緣邪正注》。

《法華經》曰："汝等莫得樂住三界火宅,勿貪麤、弊、色、聲、香、味、觸也。若貪著生愛,則爲所燒。"①

　　傳曰:鬱頭藍弗以世俗智,伏下地惑,獲非想定,具五神通。時君尊敬,迎入宮掖,女子接足而禮。鬱頭藍弗觸女子手,遂生貪欲,便失神通。飯食訖,徐步歸山。故偈曰:"纔生一念欲,便失五神通。"②

〔八十三、圓覺經〕

△"鏡裏山河鏡裏人,了然無事亦無真。有時拈起龜毛子,打破圓成法界塵。"拈拄杖,云:"是甚麽?"便打! 舉:

《圓覺經》曰:"譬如眼光,曉了前境。其光圓滿,得無憎愛。"③

　　傳曰:第六識動有分別,不動即等周法界。五現量識等,一一根皆遍法界。眼見色時,色不可得,元來等法界。耳、鼻、舌、身,一一亦復如是,五識現量,名曰圓成。永明曰:"初居圓成現量之中,浮塵未起……後落明了意根之地,外狀潛形。"④謂是故也。

〔八十四、楞伽經〕

△"杖逐第一座,已是大顛顛倒錯亂,致使叢林傳說,爭訟不少。當時韓退之若向未提數珠以前會得,免見首座飲氣吞聲,腰包出院。此三箇不唧溜漢,一時擯出始得。"良久,云:"即今還有斷不平事者麽? 出來與三人雪屈!"乃扣齒。舉:

---

①　《妙法蓮華經》,《大正新修大藏經》(9),頁 13 中。
②　此故事可見《大唐西域記》,《大正新修大藏經》(51),頁 906 下。
③　《大方廣圓覺修多羅了義經》,《大正新修大藏經》(17),頁 915 上。
④　摘引自《心賦注》,《卍新纂續藏經》(63),頁 129 上一中。

《楞伽經》偈曰："乃至有所立,一切皆錯亂。若見唯一心,是則無諍訟。"①

傳曰:韓退之問大顛師:"壽幾何?"大顛提數珠示之曰:"晝夜一百八。"退之罔然,退問第一座曰:"老和尚言晝夜一百八,意旨如何?"第一座叩齒而已。他日復見大顛,問曰:"晝夜一百八意旨如何?"大顛亦叩齒,於是退之喜曰:"乃今知佛法無二道也。嘗問首座,首座見答亦同耳。"於是大顛召第一座問之,信然,大顛杖而逐之。汾陽偈曰:"解展機鋒是大顛,明知不是小因緣。一般叩齒叢林異,出院韓公始得閒。"②

〔八十五、永明〕

△"迴翮而望衡陽者,雁也;燒尾而度禹門者,龍也。彼〔二〕③子者,其風雷相送者歟? 苟無師承,未必非望崖而退者也,曰就死,曰卒哭,豈可同日哉? 當機貴有出路耳。"〔舉:〕

永明曰:"龐居士問馬祖:'如水無筋骨,能勝萬斛舟時如何?'答曰:'我此間亦無水、亦無舟,討甚筋骨?'德山至龍潭曰:'久嚮龍潭,及至到來,潭又不見,龍又不現。'答曰:'子親到龍潭。'陳尚書問洞山:'五十二位菩薩中,爲甚麼不見妙覺?'答曰:'尚書親見妙覺。'"④

傳曰:東漢涿郡太守張豐舉兵反,自稱無上將軍。與彭寵連兵四年,祭遵與朱祐、耿弇、劉喜俱擊之。遵兵先至,急攻豐,豐功曹孟宏執豐降。初,豐好方術,有道士言豐當爲天子,以五彩囊裹石繫豐肘,云:"石中有玉璽。"豐信之,遂反。既執當斬,猶曰:"肘石有玉璽。"遵椎

---

① 《大乘入楞伽經》,《大正新修大藏經》(16),頁619中。
② 可見於《汾陽無德禪師語録》,《大正新修大藏經》(47),頁609下。
③ 原文作"三",今依文意改爲"二"。
④ 《宗鏡録》,《大正新修大藏經》(48),頁919中—下。

破之,豐愕然就死。① 晉郗愔忠於王室,而其子超有重名,黨桓溫。愔疾溫,而不知其子與之善。超將亡,以一箱書付門生曰:"本欲焚之,恐翁年尊,必以傷愍致疾。我死後,若損眠食,可呈此箱。"愔後果哀悼,門人呈之,皆與溫往反密計。愔於是大怒曰:"小子死恨晚矣!"更不復哭。② 予曰:"張豐之愕然,郗愔之不哭,與龐公至江西,德山見龍潭,陳公到洞山,時節等耳。"

〔八十六、臨濟宗〕

△"如何是賓主句? 月在空中住。賓主相見時如何? 天上月,地下水。如何是賓中賓? 黃河徹底渾。如何是賓中主? 月在黃河裏。如何是主中賓? 萬古碧潭空界月,再三撈摝始應知。如何是主中主? 潭空月落人歸去,孤鶴一聲霜滿天。更問意旨如何?"拍一拍! 舉:

臨濟宗有四賓主句,謂:賓中賓、賓中主、主中賓、主中主。③

傳曰:洞山价禪師初游方,與密師伯者偕行。經長沙龍山之下(今靈山也),見溪流菜葉,价回瞻峰巒深秀,謂密曰:"箇中必有隱者。"乃并谿而進十許里,有老僧瘦甚,以手加額呼曰:"此間無路,汝輩何自而至?"价曰:"無路且置,菴主自何而入?"曰:"我不曾雲水。"价曰:"菴主住山幾許時?"曰:"春秋不涉。"价曰:"菴主先住耶? 此山先住耶?"曰:"不知。"价曰:"爲甚麼不知?"曰:"我不曾人天來。"价曰:"得何道理,便住此山?"曰:"見兩箇泥牛鬥入海,直至而今無消息。"价即班密之下而拜之。問:"如何是主中賓?"曰:"青山覆白雲。"又問:"如何是

---

① 摘引自《後漢書》卷二十《祭遵傳》。

② 摘引自《晋書》卷六十七,《列傳》第三十七。

③ 臨濟四賓主句子可見於《古尊宿語錄·臨濟禪師語錄之餘》,《卍新纂續藏經》(68),頁 32 中—下。

主中主?"曰:"長年不出戶。"又問:"賓主相去幾何?"曰:"長江水上波。"又問:"賓主相見有何言説?"曰:"清風拂白月。"价又再拜。老僧笑視而説偈曰:"三間茅屋從來住,一道神光萬境閒。莫作是非來辯我,浮生穿鑿不相關。"於是自焚其菴,深入層峰。价曰:"此老見江西馬大師,而傳失其名。"价住新豐洞,從容問僧:"何者是汝主人公?"對曰:"現祇對者。"价仰而咨嗟,曰:"此所謂馬後驢前事,奈何認以爲自己乎? 佛法平沈,此其兆也。客中主尚未明,况主中主哉!"僧曰:"如何是主中主?"价曰:"汝自道看。"對曰:"道得只是客中主,未審如何是主中主?"价良久曰:"不辭爲汝道,相續也大難。"予觀龍山老僧之意,如蕭何之識韓信,豈有法哉! 又較洞山价公之語,如霍光之立朝,進止亦有律度。噫! 後生之不見古人之大全也,審矣! 价亦以主中主爲驚異,可疑也。①

〔八十七、雲門宗三句〕

△"閉門推折足,輥出轅轢鑽。八面看將來,風雷自變換。影現目前機,電光爍天漢。芥子納須彌,隨緣而不變。赤脚踏火輪,一字關難判。且道如何是一字關?"乃云:"也!"舉:

雲門宗有三句,謂:天中函蓋、目機銖兩、不涉世緣。②

傳曰:雲門偃禪師初聞睦州古寺有道踪禪師,號陳尊宿,見黄蘗運公。往謁之,方叩户,俄陳尊宿者出,搊住曰:"道! 道!"偃愕然不知所答,於是推而去曰:"秦時轢鑽。"即闔户,偃折一足而悟旨於言下。

---

① 引自《景德傳燈録·潭州龍山和尚》,《大正新修大藏經》(51),頁 263 上—中;惠洪《臨濟宗旨》亦有此段,《卍新纂續藏經》(63),頁 169 上—中。

② 《雲門匡真禪師語録》,新文豐版《嘉興藏》(24),頁 390 上。

既有衆，而以此三句爲示者，解釋秦時轢鑽之詞也。①《法華經》曰：
"得一切衆生語言三昧。"②而《大智論》曰：善"入音聲陀羅尼。"③以
此也。

〔八十八、抽顧頌〕

△"爪牙微動浪掀天，若個長年解放船。縱有奪珠頷下手，定爲虀粉没深
　淵。"召衆云："會？"又云："嗟！"舉：

《抽顧頌》曰："顧鑒咦。"④

　　〔傳曰：〕雲門經行，逢僧必特顧之曰："鑒！"僧欲酬之，則曰："咦！"率
　以爲常，故門弟子録曰："顧鑒咦。"圓明密禪師删去"顧"字，但以"鑒
　咦"二字爲頌，謂之《抽顧頌》。今其兒孫失其旨，接人以怒目直視，名
　爲"提撕"，名爲"不認聲色"，名爲"舉處便薦"，相傳以爲道眼。北塔
　祚禪師獨笑之，作偈曰："雲門抽顧笑嬉嬉，擬議遭渠顧鑒咦。任是張
　良多智巧，到頭於此也難施。"⑤

〔八十九、道吾石霜〕

△"舉頭見青山，低頭忽成句。山高上蔚藍，天低没雲樹。句淡不知忘，縱
　目若爲遇。又提短钁頭，沿溪種水芋。誰爲尊貴人？謾討閒家具。"住
　良久，問云："如何是誕生王子？"自答云："我不會。"又云："如何是朝生

---

①　《雲門匡真禪師廣録》，《大正新修大藏經》(47)，頁573中。
②　《妙法蓮華經》作："解一切衆生語言三昧。"《大正新修大藏經》(9)，頁55上。
③　《大智度論》，《大正新修大藏經》(25)，頁96上。
④　《雲門匡真禪師廣録》，《大正新修大藏經》(47)，頁553下。
⑤　《古尊宿語録》中雲門《抽顧頌》作："雲門抽顧笑咦咦，擬議遭他顧鑒咦。任是張
良多計，到頭於此亦難施。"《卍新纂續藏經》(68)，頁258上。

王子？”答云：“我若會，與汝説也。”又云：“如何是末生王子？”答云：“仔
細著。”又云：“如何是化生王子？”乃竪起拂子：“如何是内生王子？”擲下
拂子！乃云：“此五位王子也。”舉：

道吾、石霜子父，有王種臣種、内紹外紹。①

　　傳曰：唐郭中令、李西平皆稱王，然非有種也，以勳勞而至焉。高祖
　　之秦王，明皇之肅宗，則以生帝王之家皆有種，非以勳勞而至焉者也。
　　謂之内紹者，無功之功也，先聖貴之；謂之外紹者，借功業而然，故又
　　名曰借句。曹山章禪師曰：“妙明體盡知傷觸，力在逢緣不借中。”②
　　雲居弘覺禪師曰：“頭頭上了，物物上通，只喚作了事人，終不喚作尊
　　貴。”③將知尊貴一路自別。

〔九十、德山鑑禪師〕

△“喚著竹篦則觸，不喚著竹篦則背，喚作甚麼？汝若開口便打，若道：爲
　　甚麼却打某甲？即便休去。”舉：

德山鑑禪師曰：“有言時，騎虎頭，收虎尾，第一句下明宗旨；無言時，覷露
機鋒，如同電拂。”④

　　傳曰：巖頭奯禪師曰：“但明取綱宗，本無實法，不見道無實無虛。若
　　向上事覷即疾，若向意根下尋，卒摸索不著。”又曰：“此是向上人活
　　計，只露目前些子，如同電拂，如擊石火，截斷兩頭，靈然自在。若道
　　向上有法有事，賺汝真碗鳴聲，茶糊汝，繫罩汝，古人喚作繫驢橛。若

---

　　①　《嘉泰普燈録·西蜀仁王欽禪師》，《卍新纂續藏經》(79)，頁441上。
　　②　《撫州曹山本寂禪師語録》，《大正新修大藏經》(47)，頁537上。
　　③　《禪林僧寶傳·雲居宏覺膺禪師》，《卍新纂續藏經》(79)，頁504上。
　　④　《聯燈會要》記德山云：“虎頭作麼生據？虎尾作麼生收？把甚麼爲第一句？以何
爲宗旨？”《卍新纂續藏經》(79)，頁153上。

將實法與人,土亦消不得。"①夫言截斷兩頭者,飲光微笑,不是有言,亦非默然。故汾陽偈曰:"飲光尊者同明證,瞬目欽恭行正令。"②同電拂、擊石火之譬也。予嘗作偈曰:"與人實法土難消,道火何曾口被燒? 抛出秦時轆鑽,突鑾如斗兩頭搖。"

〔九十一、經首題字〕

△○作圓相,云:"會麼?"●③乃以手抹殺,云:"原來不會!"○●復作圓相,旋抹殺云:"此潙仰宗旨也。"

"忠國師雖旁出法嗣,而得此九十六相,不爲玄妙所粘,故爲旁出之白眉。後以此法授耽源,源授仰山,山既會得,復參潙山。山問:'汝是有主沙彌? 無主沙彌?'仰云:'有主沙彌。'曰:'主在甚處?'仰從東過西。仰問:'如何是真佛住處?'潙曰:'以思無思之妙,返思靈焰之無窮,思盡還源,性相常住,事理不二,真佛如如。'④仰乃頓悟,執侍十五載,曲盡奧旨。仰後云:'我在耽源處得體,潙山處得用。'⑤乃立宗旨偈曰:'一二二三子,平目復仰視。兩口一無舌,即是吾宗旨。'⑥而香嚴同師潙山,亦立宗旨偈云:'子啐母啄,子覺母殼。子母俱忘,應緣不錯。同道唱和,妙云獨脚。'⑦二人宗旨如函蓋然。吾嘗叩一老宿,宿爲我解曰:'"一二二三子",此仰山呼弟子之辭。'復拈德山托鉢至密啓處拶之,宿云:'此巖頭瞞雪峰不會而說,含糊至今,俟明眼者

①　《大慧普覺禪師普説》記:"巖頭云:若將實法與人,土亦消不得。"《卍正藏》(59),頁795中。

②　《汾陽無德禪師語録》,《大正新修大藏經》(47),頁622下。

③　"●"代表抹去圓相之意。

④　《袁州仰山慧寂禪師語録》,《大正新修大藏經》(47),頁582中。

⑤　《佛果圜悟禪師碧巖録》,《大正新修大藏經》(48),頁158下。

⑥　《袁州仰山慧寂禪師語録》,《大正新修大藏經》(47),頁588上。

⑦　《佛果圜悟禪師碧巖録》作"妙玄獨脚",《大正新修大藏經》(48),頁157上。

證。余見末世法道淆訛若此，遂絕迹不復行脚，惟質之古人而已。每見有志力禪之士，徐徐言及，則人便以辨是非目我。嗚呼！此而不辨，法道終爲長夜也。因閉關括囊，養病俟死，然終不能坐視以輕後人也。'悲夫！"舉：

經首所題"火"字。

傳曰：昔予至臨川，與朱顯謨世英游，相好也。俄南昌上藍長老至，上藍雅自標致，謂世英曰："覺範聞工詩耳，禪則其師猶錯，矧弟子耶？"世英笑曰："師能勘驗之乎？"上藍曰："諾。"居一日，同游疏山，飯於逆旅，上藍謂余曰："經軸之上。必題此'火'字，是底義？"予以指畫圓相橫貫一畫，曰："是此義也。"上藍愕然。余乃爲説偈曰："以字不成八不是，法身睡著無遮閉。衲僧對面不知名，百衆人前呼不起。"於是上藍不懌，歸舉似世英，世英爲拊手曰："孰謂詩僧亦識字義乎！"今兩人皆成千古矣！追繹之，可爲憮然。余聞汾陽嘗作《黃犢偈》曰："有頭無角實堪嗟，百劫難逃這作家。凡聖不能明得盡，現前相貌有些些。"予以謂此偈，又余字義之訓詁也。九原可作，世英當有一捧腹也。

〔九十二、臨濟〕

△"余嘗參問一老宿三玄三要之旨，宿曰：'六耳不同謀。'因中夜入室敦禮請其要，宿曰：'此不過是塗毒鼓耳。'曰：'塗毒鼓某已早聞，特請示其所以。'宿無語，余遂禮而出。蓋知此老三寸固密，而於塗毒鼓恐未盡也。

又聞一禪者已承名宿印可，乃往驗之，問及賓主句，禪者曰：'識得迅捷一路便是，今人第苦不會耳。'曰：'兩堂首座同時下喝，臨濟謂賓主歷然，更是何義？'曰：'識得一喝，分賓主便了。'余因舉守廓見鹿門語細告之，禪者不肯，因不復語而別。厥後禪者向人言：'他不會迅捷，故忉怛耳。'據此,亦即塗毒鼓之謂歟!

又有一僧曾在三峰,繼往一尊宿處,宿問:'三玄三要嘗參之否?'僧曰:
'政參。'①曰:'如何參?'曰:'余意同賓主句參。'其後老宿作論力詆爲
邪説,茲觀五百年間,覺範之語又當何如也。此數説者,佛法大事,不得
不辦,知我罪我,我無問焉。大都末法禪者各有悟入,而於師承,則不無
缺典哉!難怪夫覺範之諄諄也。有志之士於此更進一步始得。"舉:

臨濟曰:"大凡演唱宗乘,須一句中具三玄,一玄中具三要,有玄有要。"②

　傳曰:余昔菴於高安九峰之下,有僧問余曰:"臨濟會中,兩僧一日相
　見,同時下喝。臨濟聞之,陞座曰:'大衆!要會臨濟賓主句,問取堂
　中二禪客。'僧便問:'那個是賓?那個是主?'臨濟曰:'賓主歷
　然。'"③余方欲酬之,頓見三玄三要之旨,於是再拜曰:"大哉!無爲
　寂滅之幢也。雖百千世,有聞之者,偷心死盡,況余去大師餘二百年
　哉!"作偈曰:"一句中具三玄門,一玄中具三要路。細看即是陷虎機,
　忽轟一聲塗毒鼓。偷心死盡眼麻迷,石女夢中毛卓豎。"

---

① 原文作"政參",意即"正參"。
② 《古尊宿語録·鎮州臨濟慧照禪師語録》,《卍新纂續藏經》(68),頁23下。
③ 臨濟同喝句子可見於《古尊宿語録·鎮州臨濟慧照禪師語録》,《卍新纂續藏
經》(68),頁23中。

於密滲提寂音尊者智證傳　卷之九

明海虞三峰沙門法藏提語

三峰門人廣敏録語

〔九十三、明招謙禪師〕

△"教延識路,爲啓妄之端;迷發悟機,乃歸真之本。蓋迷之深,則疑之切。疑之切,則發之勇。發之勇,則憤不自知。於憤不自知處驀地翻身,直下便見全機大用。夫授絶技者,不以技授。得心法者,難以心傳。故有法可教者,非真師子也。有法可效者,非師子子也。然坐無教之鈍,非母也。限不效之愚,非子也。

善教者,不以教教而以迷發;善效者,不以效效而以迷憤。搏空之鵬因於海運,奮雨之龍因於雷起。所以點母借乳以教躑,獰兒趁乳以能翻,豈思議可及者哉?以故踞地吼者,非干狗所知;抛空翻翻者,豈駑駘所測?惟真師子、真師子兒,于無教之教、不效之效而教之、效之,當因其大迷而得斯大悟也,豈尋常所識哉?倘能于絶識處識得,則隨身翻躑一著,不必再問。且道如何是師子一滴乳?"遂喝!舉:

明招謙禪師偈曰:"師子教兒迷子法,進前跳躑忽翻身。羅文結角交加處,鶻眼龍睛失却真。”①

傳曰：德山四世而有謙，謙眇而機穎，叢林號獨眼龍。游方時齒尚少，耆年皆畏礨之。嘗與僧擁爐，僧問曰：“古人道：‘目前無法，意在目前。不是目前法，非耳目所到。’只如此四句中，那句是賓？那句是主？”謙指火曰：“與我向此中拈出一莖眉毛得麼？”僧曰：“非但學人，盡大地人喪身失命。”謙曰：“汝因甚麼自把髻投衙乎？”謙將化，陞座曰：“一百年中，祇看今日，今日事作麼生？吾住此山四十年，唯用一劍活人眼目。”乃拈巾曰：“如今有純陀麼？”提向諸方展看，作擲勢，僧問：“純陀獻供末後，殷勤時如何？”謙曰：“莫相辜負好。”又問：“和尚遷化，向甚麼處去？”舉足曰：“足下看！”又問：“百年後以何爲極則？”謙提巾便擲。僧再拜，退就列。於是謙説偈曰：“驀刀肚裏逞全威，汝等諸人善護持。火裏鐵牛生犢子，臨岐誰解湊吾機。”言卒而化。②

〔九十四、四十二章經〕

△“鳩摩羅什爲偽秦所得，秦王疑其他往也，欲殺之，乃賜宮人四以窺其意，什師受而舉子，秦王釋疑，得以畢譯。肇公赴秦宮請，媵人私逼之，肇不可，媵人讒爲沙門虐己也，王召將殺之，肇曰：‘姑緩七日當就死。’王許，肇公著（寶藏）論完，遂赴刃。有‘將頭臨白刃，一似斬春風’之語。③ 夫戒，慧命之本也，爲法而毀戒，爲法而乞延，非敢私一己之節也，爲廣度衆生也。彼難師難弟，可稱棄命之出格者歟！故張睢陽臨就

---

① 《聯燈會要・臨安府净慈師一禪師》：“師子教兒迷子訣，擬前跳擲早翻身。羅紋結角交鋒處，鶻眼臨時失却踪。”《卍新纂續藏經》(79)，頁 159 上。《聯燈會要・福州天王志清禪師》作“師子教兒迷子訣，擬前跳擲早翻身。羅紋結角交鋒處，鶻眼臨時失却踪”，《卍新纂續藏經》(79)，頁 160 中。

② 《景德傳燈録・婺州明招德謙禪師》，《大正新修大藏經》(51)，頁 392 中。

③ 《景德傳燈録・禪門達者雖不出世有名於時者》，《大正新修大藏經》(51)，頁 435 中。

死而南八欲降，陽呼曰：‘男兒死耳，無爲不義屈！’南曰：‘將以有爲也！’①《語》曰：‘廢中權。’②羅什、南八之心歟，此可以例寂音矣！”乃撫几一下，云：“知恩者少，負恩者多。”舉：

《四十二章經》曰：“棄命必死難。”③

傳曰：韓信爲淮陰侯，稱疾不朝。而陳豨爲代相，過辭信。信挈其手，與步於庭數匝，仰天而嘆曰：“子可與言乎？吾欲與子有言。”豨因曰：“唯將軍命。”信曰：“公之所居，天下精兵處也。而公，陛下之信幸臣也。人言公反，陛下不信，再至乃疑，三至必怒而自將。吾爲公從中起，天下可定也。”豨曰：“謹奉教。”漢十年，豨果反，高帝自將而往，信病不從，陰使人之豨所，而與其家臣謀。夜詐赦諸官徒奴，欲襲高后、太子。部署已定，待豨報，俄有人告呂后，后斬之鍾室。④信料事無遺策，方是時，信無兵，乃曰“爲公從中起”，可疑也。故信雖就誅，其心果死乎？馬謖街亭之敗，諸葛孔明誅之。臨終與孔明書曰：“明公視謖猶子，謖視明公猶父，願深惟殛鯀興禹之義，使平生之交，不虧於此。謖雖死，無恨於黃壤也。”于時十萬之衆爲之垂淚。⑤予以是觀之，信之死，非真死者也；謖可謂棄命非真死，可乎！

〔九十五、易〕

△“祖家所覓侍者，先求法器，蓋可淬礪精堅，堪任大法也。俗傳夷人生兒，親里競以賓鐵爲賀，父母鍛煉埋地中，使其生鏽。來年初度發而重鍛，淬盡仍埋之，歲歲若此。至兒出幼，則使精工鑄成佩劍，教兒神其

---

①　韓愈《張中丞傳後叙》，《全唐文》卷五五六。

②　語出《論語・微子》：“虞仲、夷逸隱居放言，身中清，廢中權。”

③　《四十二章經》作“制命不死難”，《大正新修大藏經》(17)，頁 722 下。

④　摘引自《史記》卷九十二《淮陰侯列傳》。

⑤　《三國志》卷三十九，《蜀書》九《馬良傳》，裴松之注。

術，使萬物嬰之即斷。

參禪人亦然，始從發心行脚，或參問，或看話頭，勞其筋骨，餓其體膚，苦其心志，至於心識路絕，得其本來。仍令服勤住山，消盡情塵識習，蕩盡微細法我，自然龍天推出，擔荷大法。《四十二章經》云：'如人鍛鐵，去滓成器，器即精好。'①此利用獄之謂也。《法華經》提婆達多善知識故，時王事之，采果、汲水、拾薪、設食，乃至以身爲床座，身心無倦，及乎世世出生以殺佛爲事，釋迦始得成佛。②豈若末世以驕心慢心，百事現成方趨禪寂，稍動聲色便爾謝去者哉？如此修行，縱有悟處，必不能自鍛欺詐之病也，深心爲法者可致力於此。"舉：

《易·噬嗑》卦曰："利用獄，亨。"

傳曰：黄龍南禪師昔住廬山歸宗寺，火一夕而燼，下獄不食六十日。既釋放，菴於石門之南塔。嘗謂門弟子曰："我在獄，證《法華經》菩薩游戲三昧，《經》曰：'菩薩游戲神通，净佛國土，心不好樂。'③呵小乘也，以其不能成就衆生耳。"弟子請聞其説，黄龍曰："凡獄吏之治有罪者，察見其情僞，必痛加捶楚，欺詐之實盡則自釋，雖有酷刑，不能申也。罪至於死，亦所甘心者，智迄情枯故也。今禪學者馳求之狂，欺詐之病，不以知見之慧鍛之，何由而釋？"故其平生止以三種語驗天下衲子。④予少

---

① 《四十二章經》曰："夫人爲道，猶所鍛鐵漸深，棄去垢，成器必好。"《大正新修大藏經》(17)，頁 723 下。

② 《妙法蓮華經》曰："時有仙人來白王言：'我有大乘，名妙法華經。若不違我，當爲宣説。'王聞仙言，歡喜踊躍，即隨仙人，供給所須采菓、汲水、拾薪、設食，乃至以身而爲床座，身心無倦，于時奉事。經於千歲，爲於法故，精勤給侍，令無所乏。"《大正新修大藏經》(9)，頁 34 下。

③ 《妙法蓮華經》曰："於菩薩法遊戲神通，净佛國土，成就衆生，心不喜樂。"《大正新修大藏經》(9)，頁 16 中。

④ 《黄龍慧南禪師語録》記黄龍慧南常問僧："人人盡有生緣處，那箇是上座生緣處？""我手何似佛手？""我脚何似驢脚？"叢林稱之爲黄龍三關。《大正新修大藏經》(47)，頁 636 下。

年聞老宿夜語及之，今念年①也，其説有補叢林，故録焉。

〔九十六、香嚴閑禪師〕

△"馬二頭而三角，牛一體而百鱗。物色之而難狀，稱謂之而未名。百衆
人前馳出，萬彙頭上俱春。諸佛摸索不著，歷祖摹擬不真。且道是甚麼
物件？"乃云："一夜山中梅熟雨，短橋流水閉柴門。"遂舉香嚴偈云：
"有一語（乃云鉗口結舌），②全規矩（不堪模範）。
擬思量（虛空釘橛），帶伴侶（阿誰是主）。
踏不著（硬糾糾地），省來處（正是其源）。
一生參學事無成（無家活處，定國安邦），
殷勤抱得旃檀樹（是甚麼乾〔屎〕橛）。"

乃舉傳云"烏洛迦"云云，至"非苟然發也"。乃云："覺老作傳，如人短視
不能見日，智者以盤中止水令照之，俾切近可視。視者謂人曰：'我知之
已。日在水中廣不過尺，圓可如鏡，日之狀我已親證無餘矣。'而智者笑
其愚。此正以心境俱空等語，證香嚴殷勤抱得旃檀樹者也。昔人謂此
書乃文字教禪以病覺範，然非覺範之罪，此覽者不知著書之意，以象示
人耳。倘短視者因水盆而見全日，斯不負覺範著書意也。且道如何是
一語？"乃擊桌一下！舉：

香嚴閑禪師偈曰："有一語，全規矩。擬思量，帶伴侶。踏不著，省來處。
一生參學事無成，殷勤抱得旃檀樹。"③

　　傳曰：《棗柏論》曰："烏洛迦旃檀香者，烏洛迦，蛇名；旃檀者，香樹也。
　　明此蛇最毒，常患熱毒，以身繞此香樹，其毒氣便息。表若有衆生聞説

---

① 《智證傳》原作"二十年"，《卍新纂續藏經》(63)，頁 189 下。
② 此段括號中之文字皆爲漢月之雙行夾注。
③ 《景德傳燈録・香嚴襲燈大師智閑頌一十九首》，《大正新修大藏經》(51)，頁 452 上。

心境俱空，本無體相，無有處所，無一法可得之香，信而悟入，一切煩惱毒氣自然清净。"①予以是知"殷勤抱得旃檀樹"之語，非苟然發也。

〔九十七、楞伽經〕

△豎起指掌云："作麼？作麼？"遂屈指云："一二三四五。"復謂大衆云："你會得，與你一掌！你若不會，亦與一掌！道！道！"作掌勢！舉：

《楞伽經》曰："不應攝受，隨説計著，真實者，離文字故。大慧！如爲愚夫以指指物，愚夫觀指，不得實義。如是愚夫，隨言説指，攝受計著，至竟不捨，終不能得離言説指第一實義。"②

傳曰：僧問九峰禪師曰："深山中還有佛法也無？"答曰："有。"僧曰："如何是深山中佛法？"答曰："石頭大者大、小者小。"③今學者聞舉，便欣然以爲解了，有詰之者，則曰："觸目全真，頭頭顯現。"嗟乎！此所謂"觀指不得實義者也"。予嘗與僧自逍遙山，經亂石澗入五峰，休於樹陰，舉此因緣，作偈曰："石頭若是佛法，法身應不靈聖。佛法若有大小，法身應分少剩。枯骨頭上没汁，衲僧眼見不信。八萬四千法門，一句爲汝説盡。"

〔九十八、參同契〕

△"孔子曰：'非禮勿視，非禮勿聽，非禮勿言，非禮勿動。'非禮者，觸犯之謂也。但涉兩頭皆爲觸犯，不觸犯，正所謂叩其兩端而竭者也。四處勿犯，正是歸仁捷徑。顔子參之，乃曰：'仰之彌高，鑽之彌堅，瞻之在前，

---

① 《新華嚴經論》，《大正新修大藏經》(36)，頁971中。
② 《楞伽阿跋多羅寶經》，《大正新修大藏經》(16)，頁507上。
③ 《禪林僧寶傳》，《卍新纂續藏經》(79)，頁552中。

忽焉在後。'此是做工夫之光境也。'夫子循循然善誘人,博我以文,約
我以禮。'此敘前夫子指示處也。'既竭吾才。'此情盡處也。'如有所
立,卓爾。'此不疑處也。'雖欲從之,末由也已。'大用現前,不存規則
也。孟子亦曰:'必有事焉。'言有如是事也。'而勿正。'言不可坐著也。
'心勿忘。'莫坐無事甲裏也。'勿助長也。'言非功勳也。子思曰:'喜怒
哀樂之未發,謂之中;發而皆中節,謂之和。'此皆所謂四大性自復,如子
得其母者也。惟曾子於'參乎'兩字見之,遂曰:'唯。'①一何捷哉! 雖
拈花微笑不啻過也。以身薛先生作詩謂我云:'知君問我《參同》處,請
看《中庸》第幾章?'可以知此矣。"乃云:"如何是《參同》處?"又云:"東西
南北。"舉:

石頭《參同契》曰:"四大性自復,如子得其母。"②

　　傳曰:此語之妙,學者罕能識之。蓋子之得其母,則不假取於人而自
　　信者也。圭峰密禪師初讀《圓覺經》至"恒作是念: 我今此身,四大和
　　合。所謂髮毛、爪齒、皮肉、筋骨、髓腦、垢色,皆歸於地。唾涕、膿血、
　　津液、涎沫、痰淚、精氣、大小便利,皆歸於水。暖氣歸火,動轉歸風,
　　四大各離,今者妄身,當在何處",③恍然而悟,如子得母也。

〔九十九、破色心論〕

△"一多和合從微盡,是有應須破法塵。拈起毛頭充法界,謾將聖量說惟
　心。"竪拳云:"是一微耶? 多微耶? 和合耶? 是見耶? 不可見耶? 是現
　量耶? 比量耶? 非量耶? 是惟識耶? 惟心耶? 你若開口,打你板齒落
　地;若無語,要你有語去在。道! 道!"舉:

---

　　①　《論語・里仁》曰:"子曰:'參乎! 吾道一以貫之。'曾子曰:'唯。'"
　　②　《景德傳燈錄》,《大正新修大藏經》(51),頁459中。
　　③　《圓覺經大疏》,《卍新纂續藏經》(9),頁358中。

《破色心論》曰：“‘彼一非可見，多亦不可見。和合不可見，是故無塵法。’此偈明何義？汝向説言色等諸入，皆是實有，何以故？以識能取外境界者。此義不然，何以故？有三義故無色等入，何等爲三？一者爲實有一微塵，如彼外道衛世師等，虛妄分别，離於頭目身分等外，實有神我，微塵亦爾，離色、香等實有否耶？二者爲實有多微塵差别可見否耶？三者爲多微塵和合可見否耶？此明何義？若實有彼一微塵者，則不可見。如彼外道衛世師等，虛妄分别，離於頭目身分等外，有一神我不可得見，微塵亦爾，離色、香等不可得見，是故無一實塵可見，是故偈言‘彼一非可見’故。若實有多微塵差别者，應一一微塵歷然可見，而不可見。以是義故，多塵差别，亦不可見，是故偈言‘多亦不可見’故。多微塵和合不可見者，此亦不然，何以故？以一微塵實無有物，云何和合？是故不成，是故偈言‘和合不可見，是故無塵法’故。問曰：‘云何不成？’答曰：偈言：‘六塵同時合，塵則有六相。若六唯一處，諸大是一塵。’此偈明何義？若諸微塵從六方來，六塵和合，若如是者，塵有六方；若有六方，則有六相。又若微塵有處所者，不容餘塵，是故偈曰‘六塵同時合，塵則有六相’故。若六微塵唯一處者，一微塵處有六微塵。若如是相者，六塵一處，若一處者，則六塵不可得見。何以故？彼此微塵無差别故，若如是者，一切麁物山河等事，亦不可見，是故言‘若六唯一處，諸大是一塵’故。一塵者無物，如向前答，一多和合不可得見故。”①

傳曰：衛世師等，起一種執，執離頭目身分之外，有一神我者，此神我有而不可見。故《論》稱一微塵，若離色、聲、香、味等外，而有此一微塵，應如神我有而不可見也耶。塵如果有六方之相，則曉然可識不可雜，故曰“不容餘塵”。又若六塵和合而不可見，則山河大地亦不可見，以皆是和合，於塵和合，則不可見，於山河大地亦以和合，獨可見乎？無是理也，但諸佛境綿密難見，非世喻可況，四量之中，有聖斷

① 《唯識論》，《大正新修大藏經》(31)，頁64上。

量，謂凡法不入現量、比、似之量者，則以聖斷量定之，如世尊言三界唯心。

〔一○○、大智度論〕

△"覰面如鐵桶，洞絶遮欄。對境若銀山，空無主宰。睡惺惺把手相見，木偶偶全體施爲。枯骨汁，秤鎚水，乾嚗嚗處承當；兔子父，石女兒，孤迥迥處挾帶。山是山，水是水，抬頭撞著；花原花，柳原柳，信采喝來。不是無聲色可得，誰道無尊卑可倫？一片地水草尋常，二六時溪山不異。說展手，正落第二；道尊貴，猶是借名。且道畢竟作麼生，是六根門頭生活計？"喝！云："雲影愁高岡，溪聲怒危石。"舉：

《大智度論》曰："問曰：'聞者，云何聞？用耳根聞耶？用耳識聞？用意識聞耶？若耳根聞，耳根無覺識知，故不應聞。若耳識聞，耳識一念故，不能分別，不應聞。若意識聞，意識亦不能聞。何以故？先五識識五塵，然後意識識；意識不能識現在五塵，唯識過去、未來五塵。若意識能識現在五塵者，盲聾人亦應識聲色。何以故？意識不破故。'答曰：'非耳根能聞聲，非耳識，亦非意識。是聞聲事，從多因緣和合故得聞聲，不得言一法能聞聲。何以故？耳根無覺故，不應聞聲；識無色、無對、無處故，亦不應聞聲；聲無覺亦無根故，不知聲。爾時耳根不破，聲至可聞處。意欲聞，情、塵、意和合故，耳識隨生；耳識即生意識，能分別種種因緣得聞聲。以是故，不應作難，雖聞聲，佛法中亦無有法能作、能見、能知，如偈說：'有業亦有果，無作業果者。此第一甚深，是佛法能見。雖空亦不斷，相續亦不常。罪福亦不失，如是佛法說。'"①

傳曰：有僧嘗問荷澤會禪師："見聞照聲色時，唯復抗行耶？唯有先

---

① 《大智度論》，《大正新修大藏經》(25)，頁 64 中—下。

後。"答曰："抗行先後即且止，汝畢竟將甚麼作聲色？"僧曰："如師所論，則無聲色可得也。"於是再拜，即日發去，後隱於蒙山。

〔一〇一、首山念禪師〕

△予嘗問僧曰："昔僧問首山言：'百歲翁翁豈有父耶？'首山曰：'汝會也。'意旨如何？"僧曰："'百歲翁翁豈有父耶？'此顯而易見也。"曰："據汝見處則墮空也。又何言獨坐無尊卑也？"僧無語，曰："恁麼會始得。"舉畢。乃云："會麼？"遂以拄杖打香桌一下，舉：

首山念禪師。有僧問："如何是佛？"答曰："新婦騎驢阿家牽。"僧曰："未審意旨如何？"答曰："百歲翁翁失却父。"僧曰："百歲翁翁豈有父耶？"首山曰："汝會也。"①又曰："此是獨坐無尊卑，從上無一法與人。"②

　　傳曰：首山高弟有神鼎諲禪師，嘗問僧舉似此語，作偈曰："新婦騎驢阿家牽，誰後復誰先？有問又須向渠道，新婦騎驢阿家牽。"③是老以無師智、自然智，吐稱性語，能形容不可傳之妙。耆年住山，學者從之，有問而默，則疑以爲不肯爲我説。有問有答，則是以言遣言，世諦有爲，此意所從來遠矣。阿難嘗問迦葉："世尊付金襴之外，更傳何法？"迦葉呼曰："阿難！"阿難應諾。迦葉曰："倒却門前刹竿著！"④

〔一〇二、寶公十二時偈〕

△"食時辰，不管無明與法身。坐臥阿誰云是道？一任忙忙共苦辛。隨聲

---

　　①　《古尊宿語録·汝州首山念和尚語録》，《卍新纂續藏經》(68)，頁 49 中。
　　②　惠洪《石門文字禪》，新文豐版《嘉興藏》(23)，頁 705 下。
　　③　《古尊宿語録·潭州神鼎山第一代諲禪師語録》，《卍新纂續藏經》(68)，頁162 上。
　　④　《古尊宿語録·大鑑下三世》，《卍新纂續藏經》(68)，頁 16 上。

色，逐疏親，說甚從前污染人？問著自心兼佛道，耳裹黃沙眼裹塵。且道寶公說的是？三峰說的是？具眼者請當陽判斷。"良久，云："好與一坑埋却！"以拄杖作打勢！舉：

寶公《十二時偈》曰："食時辰，無明本是釋迦身。坐臥不知元是道，只麼忙忙受苦辛。認聲色，覓疏親，只是從前染污人。若欲將心求佛道，問取虛空始出塵。"①

傳曰：僧問雲菴："如何是道？"雲菴曰："寶公云：'若欲將心求佛道，問取虛空始出塵。'汝今求佛道，虛空向汝道甚麼？"其僧於是大悟於言下。昔亮座主參馬祖，祖問："汝稱講經，將何物講？"對曰："將心講。"祖曰："心如工技兒，意如和技者，如何講得經？"亮厲語曰："心若講不得，莫是虛空講得麼？"祖曰："却是虛空講得。"亮亦契悟，歸謂其學徒曰："我自謂平生講業，天下無能過者。今日見開元老宿，一唾净盡，我從前見解，皆欺誑汝。"遂渡漳水，隱於西山。②

予嘗作《漁父詞》，歌其標韻曰："講處天花隨玉塵，波心月在那能取，旁舍老師偷指注。回頭覻，虛空特地能言語。歸對學徒重自訴，從前見解都欺汝。隔岸有山橫暮雨。翻然去，千巖萬壑無尋處。"③

　　　　　　　　　吳郡信女智卯智吉捐金
　　　　　　　　　合刻智證傳提語八、九卷
　　　　　　　　　所願吉祥如意者

---

① 《景德傳燈錄・寶志和尚十二時頌》，《大正新修大藏經》(51)，頁 450 上。
② 此描述可見於《景德傳燈錄》，《大正新修大藏經》(51)，頁 260 上。
③ 《石門文字禪》，新文豐版《嘉興藏》(23)，頁 659 上。

於密滲提寂音尊者智證傳　卷之十

明海虞三峰沙門法藏提語

三峰門人廣敏録語

〔一〇三、洞山尊貴旨訣〕

△"拽杖逢僧語話長，看花行盡竹邊廊。山童忽報茶初熟，依舊歸來仔細
嘗。咄！"舉：

洞山尊貴旨訣。

傳曰：雲居膺禪師曰："僧家發言吐氣，須有來由，莫將作等閑。這裏
是甚麽處所，爭受容易？凡問個事，也須識些子好惡，若不識尊卑良
賤，不知觸犯，信口亂道，也無利益。并馳行脚，到處覓相似語，所以
尋常向兄弟道，莫怪不相似，恐同學太多去，第一莫將來，將來不相
似。言語也須看首尾，八十翁翁出場屋，不是小兒戲，不是因循底事。
一言參差，即千里萬里，難爲收攝。"①蓋爲學處容易。又曰："汝等諸
人，直饒學得佛邊事，蚤是錯用心了也。不見古人講得天華落、石點
頭，尚不干自己事，自餘是甚麽閑。如今擬將有限身心，向無限中用，

---

① 《景德傳燈録·雲居宏覺膺禪師》，《大正新修大藏經》(51)，頁335下。

有甚麼交涉？如將方木逗於圓孔，多少譊譌？若無甚麼事，饒汝説得簇華簇錦，亦無用處，未離識情在，一切事須向這裏及盡，始得無過，方得出身。若一毫髮去不盡，即被塵累，豈況更多！差之毫釐，過犯山嶽，不見古人道：'學處不玄，盡是流俗。閨閣中物捨不得，俱爲滲漏。'直須向這裏及取及去及來，并盡一切事，始得無過。如人頭頭上了，物物上通，只喚作了事人，終不喚作尊貴。將知尊貴一路自別，便是世間極重極貴物，不得將來向尊貴邊。須知不可思議，不當好心，所以古人道：'猶如雙鏡，光光相對。光明相照，更無虧盈。'豈不是一般，猶喚作影像邊事，如日出照於世間，明朗是一半，那一半喚作甚麼？如今人未識得光影門頭，户底麤淺底事，將作屋裏事又爭得？"①又曰："升天底事，須對衆揚却；十成底事，對衆丢却。擲地作金聲，不得回頭顧著。自餘有甚麼用處？不見二祖當時詩書博覽，三藏聖教，如觀掌中，因甚麼更求達磨安心？將知此門中事，不是等閑。"②予味雲居之語，知尊貴之旨須自悟。噫！垂衣裳而天下治者，堯舜也。

〔一○四、圓覺經〕

△"無明本來成佛，成佛當體無明。無明成佛兩非，後起復生俱喪。輪迴圓覺，同一胡餅。分別無念，總一木蛇。文殊出女子定，白地生濤。邵武掐翠巖膝，一場敗缺。會得正是認名忘體，神解無非執指當月。劈頭拈過，向腦一鎚！"乃喝！云："且道是金剛王耶？是踞地獅子耶？是探竿影草耶？是一喝不作一喝用耶？正所謂紫羅帳裏撒珠，何處著眼？白雲堆裏掣電，那裏尋頭？"又喝一喝！云："且道那個是賓？那個是主？"二俱有過？二俱無過？若是臨濟的骨兒孫，畢竟不向這裏死坐。

① 《禪林僧寶傳·雲居宏覺膺禪師》，《卍新纂續藏經》(79)，頁 504 上。
② 《禪林僧寶傳·雲居宏覺膺禪師》，《卍新纂續藏經》(79)，頁 504 中。

又喝一喝！云："厨庫山門，早春水磨。"又喝！舉：

《圓覺經》曰：金剛藏菩薩問世尊曰："若諸眾生本來成佛，何故復有一切無明？若諸無明眾生本有，何因緣故，如來復說本來成佛？十方異生本成佛道，後起無明。一切如來何時復生一切煩惱？"①而世尊答曰："善男子！一切世界，始終生滅。前後有無，聚散起止。念念相續，循環往復。種種取捨，皆是輪迴。未出輪迴，而辯圓覺。彼圓覺性，即同流轉。若免輪迴，無有是處。"②

傳曰：圭峰曰："此段義窮盡甚深疑念，故菩薩難意云：'眾生本佛，今既無明，十方如來，後應煩惱。'佛答意云：'即此分別，便是無明。故見圓覺，亦同流轉。如雲駛月運等，但一念不生，則前後際斷，如翳差華亡。'眾生即佛，人罕能知，知而寡信，信而鮮解，解亦難臻此境。"③翠巖真點胸④好問僧："文殊是七佛之師，因甚出女子定不得？罔明從下方來，因甚却出得女子定？"莫有能對者。獨英邵武方其問時，以手掐其膝而去，真笑曰："賣匙箸客未在。"予以謂英邵武可謂一念不生，前後際斷者耶。（并舉四喝）

〔一〇五、臨濟四喝〕⑤

△臨濟四喝。⑥

傳曰："金剛王劍，覿露堂堂。纔涉唇吻，即犯鋒鋩。""踞地師子，本無

---

①　《大方廣圓覺修多羅了義經》，《大正新修大藏經》(17)，頁 915 中。

②　《大方廣圓覺修多羅了義經》，《大正新修大藏經》(17)，頁 915 下。

③　《大方廣圓覺修多羅了義經略疏》，《大正新修大藏經》(39)，頁 525 上。

④　"翠巖真點胸"爲翠巖可真(？—1064)，宋臨濟僧人，《續古尊宿語要》記載翠巖"以接大根器凡夫，而叢林號爲'真點胸'者"，《卍新纂續藏經》(68)，頁 355 中。

⑤　《於密滲提寂音尊者智證傳》此則順序與原《智證傳》第一〇六則順序對調。

⑥　臨濟四喝句子可見於《古尊宿語録·臨濟禪師語録之餘》，《卍新纂續藏經》(68)，頁 504 上。

窠曰。顧佇停機，即成滲漏。”“探竿影草，不入陰界。一點不來，賊身自敗。”“有時一喝，不作一喝用。佛法大有，只是牙痛。”此四偈，予年三十五時作，今五十二，偶閱舊書見之，於是喟然而嘆！昔李北海以能書名世，而世爭師其筆法，北海笑曰：“學我者拙，似我者死。”四偈有旨的，如學北海書而似者耳！首山上堂曰：“昔興化和尚示衆云：‘大衆！興化放你諸人不得，不得如何若何？須是單刀直入，興化爲你證據。’時有旻德長老，出衆禮拜，起便喝！興化亦喝！旻德又喝！興化又喝！旻德便休。興化乃曰：‘適來若是別人，三十棒，一棒也較不得。何故？他旻德會一喝不作一喝用。’首山曰：‘看他興化與麼用，爲甚麼放得他過？諸上座，且道甚麼處是一喝不作一喝用？前一喝，後一喝，且道那個是賓？那個是主？雖然如是，亦須仔細。’便下座。又曰：‘二俱有過，二俱無過。’”①予觀首山可謂臨濟、興化的骨孫也。

〔一○六、永明禪師〕

△“知而無知，無知而知。山僧總不在這裏，若有人問和尚在恁麼處？我只向他道：‘你喚永明來，我與他三十棒。若再進語，我當打出三門，一世不許他相見！’”舉：

永明禪師，有僧問：“以心爲宗，禪門正脉。且心是名，以何爲體？”答曰：“近代以來，今時學者，多執文背旨，昧體認名。認名忘體之人，豈窮實地？徇文迷旨之者，何契道源？則心是名，以知爲體，此是靈知，性自神解，不同妄識。仗緣托境，作意而知，又不同太虛空廓，斷滅無知。”②

---

① 《古尊宿語録・汝州首山念和尚語録》，《卍新纂續藏經》(68)，頁48下。
② 《宗鏡録》，《大正新修大藏經》(48)，頁448下。

傳曰：《肇論》曰"般若無知"①者，無有取相之知也。常人皆謂般若是智，智則有知也。若有知，則有取著；若有取著，則不契無生。今明般若真智，無相無緣，雖鑑真諦，而不取相，故云"無知也"。故經云："聖心無知，無所不知矣。"②又經云："真般若者，清净如虚空。"③無知無見，無作無緣，斯則知自無知矣，不待忘也。以此知真知不落有無之境，是以諸佛有秘密。秘密之教，祖師有默傳；密付之宗，唯親省而相應，非言詮之表示。若明宗者，了然不昧，寂爾常知也。魏府元禪師曰："佛法在日用處、行住坐卧處、喫茶喫飯處、語言相問處。所作所爲，舉心動念，又却不是也。"④

〔一○七、洞山五位〕

△"夜明簾外，全身影子，隱隱見佳人。明月堂前，脱體靚粧，翩翩携半影。見影不見人，豈是無從忽有，形影全呈出？恰來彼此相忘，滅銀缸，下羅幃，同眠同眠，無夢無惺。燈前月下，相對處絶想絶情。暗去明來，共住中自臣自主。至若笙歌全寂後，香袖未來前，畢竟是第幾位？"良久，云："梨花院落溶溶月，柳絮池塘淡淡風。"乃云："此洞山宗旨也。山於雲巖處，問無情説法有省。復於臨別問：'百年後還邈得師真否？'巖良久，云：'止這是！'洞作禮，巖曰：'价闍黎承當箇事大須審細！'洞沉吟，後渡水睹影處大悟，偈有'渠'、'我'等語，離合爲五位君臣。⑤ 曹山復以理事判爲今時空劫，大有密意，後人就此攀緣，賸於講説，致令訛爲實理實

---

① 《肇論》，《大正新修大藏經》（45），頁 153 上。

② 《思益梵天所問經》曰："如來坐道場時，惟得虚妄顛倒所起煩惱畢竟空性。以無所得故得，以無所知故知。"《大正新修大藏經》（15），頁 39 中。

③ 《大般若波羅蜜多經》曰："善現！又如虚空非善非非善、非有記非無記，大乘亦爾，非善非非善、非有記非無記，故説大乘與虚空等。"《大正新修大藏經》（7），頁 97 下。

④ 此則惠洪傳文整段轉引自《宗鏡録》，《大正新修大藏經》（48），頁 449 上。

⑤ 摘引自《筠州洞山悟本禪師語録》，《大正新修大藏經》（47），頁 507 下—508 上。

事,遂使後代室中傳授,大壞宗風,皆以不由證悟而然也。大衆！若肯真從睹影處徹去,便知邪正判然,超情于五位之外矣,審諸！"舉:

洞山五位。①

傳曰:天下後世學者,多疑達磨所傳之意,使可祖自求其心且不可得,矧所謂洞上五位者耶? 是不達先聖之遠略,所以防閑異道邪説之摩拂正法也,故特建法幢,意若曰有能通達其旨趣,受用其法門,臨機無疑,遇緣不退者,即吾法流。不然,非其眷屬,故有五偈,皆精妙秘奧,非上智大根莫能到其境。今叢林聞其偈,如人聞其父之名,可聞而不敢道,嗟乎異哉！其偈曰:"正中偏,三更初夜月明前。莫怪相逢不相識,隱隱猶懷昔日嫌。"既曰不相識而懷昔嫌,豈真然耶? "偏中正,失曉老婆逢古鏡。分明覯面更無真,休更迷頭猶認影。"方認影耳,何謂覯面無真乎? "正中來,無中有路出塵埃。但能莫觸當今諱,也勝前朝斷舌才。""偏中至,兩刃交鋒莫迴避。好手還同火裏蓮,宛然自有冲天氣。"正中來: 則獨倡而未和。偏中至: 則賓主協和也。"兼中到,不落有無誰敢和。人人盡欲出常流,折合終歸炭裏坐。"②獨此一位,没偏正之名,此其難和。蓋所謂:"出凡聖路學,離心意識參。"及盡無功虛玄妙道者也。然其要,擬心動念,即迷宗失旨,故汾陽偈曰:"五位參尋切要知,纖毫纔動即差違。金剛透匣誰能會,唯有那吒第一機。舉目便令三界净,振鈴還許九天歸。正中妙挾通回互,擬議鋒鋩失却威。"③

----

① 《瑞州洞山良价禪師語録》,《大正新修大藏經》(47),頁 525 下。

② 摘引自《瑞州洞山良价禪師語録》,洞山良价《五位君臣頌》原爲:"正中偏,三更初夜月明前。莫怪相逢不相識,隱隱猶懷舊日嫌。偏中正,失曉老婆逢古鏡。分明覯面別無真,休更迷頭猶認影。正中來,無中有路隔塵埃。但能不觸當今諱,也勝前朝斷舌才。兼中至,兩刃交鋒不須避。好手猶如火裏蓮,宛然自有冲天志。兼中到,不落有無誰敢和。人人盡欲出常流,折合還歸炭裏坐。"《大正新修大藏經》(47),頁 525 下。

③ 《汾陽無德禪師語録》,《大正新修大藏經》(47),頁 605 中。

〔一〇八、法華經安樂行品〕

△"本分一句,則六度萬行無所不備。予嘗説戒,舉如意,云:'唤著如意則觸,不唤著如意則背,此所謂真戒也。'以此示人,是爲大施。如是相應,寧非大忍? 依此而行,是真精進。常住其中,名爲大定。以此作用,豈非大智? 放下如意,不待思勉。步步中矩,再進一步。倒行逆施,無所不可。此住忍辱地而不驚者也,豈可識得句子作句子會? 動著便墮情漏者哉! 所以慶老平生踐履之明驗如此,而寂音安身立命處可見也。"舉:

《法華經・安樂行品》曰:"菩薩行處,住忍辱地。柔和善順,而不卒暴,心亦不驚。"①

傳曰:龍勝曰:"忍爲最妙,行者當作是念:我若以瞋報彼,則爲自害! 又我先自有是罪,不得如意,要必當償;若於此人不受,餘亦害我,俱不得免,云何起瞋?"②又:"忍爲磔磔,能瑩諸功德。若人加惡,如猪揩金山,益發其明,求佛道利衆生之利器也。"③永嘉作《證道歌》,敘六度而以忍爲首,曰:"從他謗,任他非,把火燒天徒自疲。我聞恰似飲甘露,消融頓入不思議。"④揚州建隆慶禪師有卓行,黄龍南公高弟也,爲東坡、少游、孫莘老、鄒志完諸公所禮敬。有門弟子懷奸,少叢林,爲慶呵辱,不勝其忿,走白莘老、少游,曰:"諸公以建隆爲有道者,然無奈其好欲,嘗私一尼童,知之否?"諸公大驚,知其謗,因造其廬問之,慶笑曰:"實如所傳。"竟不復辯,人以爲難。慶後歿,火化得五色

---

① 《妙法蓮華經》,《大正新修大藏經》(9),頁37上。
② 《大智度論》,《大正新修大藏經》(25),頁281上。
③ 《大智度論》,《大正新修大藏經》(25),頁281上。
④ 《永嘉證道歌》,《大正新修大藏經》(48),頁396上。

舍利不勝數，其平生踐履之明驗如此。

〔一〇九、華嚴經〕

△"《中庸》曰：'戒慎乎其所不睹，恐懼乎其所不聞。'只此不睹不聞，若得出格自在，便是不戒慎之戒慎，不恐懼之恐懼。所謂慎獨而非著力工夫也，此忍辱波羅密也，只這一'忍'字，正是超情離見，十度萬行莫不具足，故不與世心和合。諸佛諸祖入泥入水，忍苦度生，不過'精進'二字耳。若將精進、忍辱爲修行，即癡人前不可説夢。

夫覺範出雲菴真净嫡嗣，波瀾闊大，想無能嗣之者，故將室中蘊奧之語，漏逗筆底，使天下後世有覽其書而契其心者，未必非其法嗣也耶？余昔見高峰語録，于'一歸何處'有疑，訪諸四方無有爲決擇者，乃死心十餘年始得脱落。復事行脚求師，又了不可得，乃于德山托鉢處更進一步，仍于三玄旨得大通達，而會歸于兩堂首座一喝，則佛祖宗旨無不殆盡矣。及看尊者之傳，太似老婆心切，半思半恨，不覺技癢，因對十數禪子略爲提起，使不住於經教道理，恐牽人入於濁智流轉故也。

然藏生平目不知書，拙於文字，但隨胸臆所到，輒自流出。觀者當以心得可也，此語固不敢流布天下後世爲具眼者笑，只此峰一脉，聊爾拈示以見來源云。"舉：

《華嚴經》曰："具足優婆夷，以忍波羅蜜中，具十波羅蜜。以常能大捨，具檀波羅蜜。素服清潔，名爲持戒；被髮毀容，名之爲忍；心常不與世心和合，名爲精進；智悲利俗，不與識俱，名之禪定；已踐佛果，出世妙慧，名爲智慧；常處生死，接引眾生，又無女業，示受女身，明大悲行，是名方便；常隨大願，六道濟生，名之大願；不畏生死，常轉法輪，名之爲力；隨智幻生，一切刹海，常施佛事，名之爲智，具足如是十波羅蜜。"①

傳曰：予於是十波羅蜜中，自觀皆莫能行，獨於心常不與世心和合，敬奉教矣。以情觀之，則予爲沙門，乃不遵佛語，與王公貴人遊，竟坐極刑，遠竄海外。既幸生還，冠巾説法，若可憫笑，然予之志，蓋求出情法者。法既出情，則成敗贊毁，道俗像服，皆吾精進之光也。

吴郡奉佛弟子嚴樟陳自新合刻
智證傳提語第十卷願圓成佛果

① 此段惠洪引文出處應爲李通玄（645—740）《新華嚴經論》，《大正新修大藏經》(36)，頁 968 下。

〔跋〕

愚聞之先聖曰："歸元性無二,方便有多門。"囚自念禪宗、净土乃學道之二
大路也,愚質最鈍,偏喜禪宗,遇三峰漢大師雖晚,一嘗其本分草料,遂有
省處,從兹信入禪宗,更不改步矣。一日大師手授《智證傳提語》一册,謂
愚曰："此吾大病中所作,提成而病愈,道不在兹乎?"首座曰:"此書五家宗
旨具焉,參禪人不可不看。"愚未能領受,且念得兹寶,宜廣同志,乃合《寂
音尊者智證傳》,彙爲一册,與陳元鼎、信女智卯、智吉捐貲發願繕刻,板送
三峰禪院,庶流通無盡而光明遍照哉至!　　大師悟道機緣,作書意旨悉具
本條,愚不敢贅。

天啓四年秋吳郡教下弟子嚴樟頓首述

二、於密滲禪病偈

解　題

一、版本

　　上海圖書館藏有一漢月所著七種文獻之合訂本(索書號：線善 798214)，七種分別爲《於密滲宋元三尊宿做工夫因緣邪注》、《於密滲參禪諸偈》、《和隱真子勸修偈》、《於密滲禪病偈》、《海虞三峰於密藏和尚普説》、《次栴堂禪師山居詩四十首》、《三峰三十景詩》。明刻本，刊刻年代當在明天啓六年(1626)以後，開本尺寸爲 16.8×26.8 cm。本書所依底本即此合訂本之第四種，版心浄尺寸爲 14.9×19.4 cm。半頁 9 行，每行 18 字，白口，單魚尾，版心上方記書名"禪病偈"及頁碼。(參圖版五)

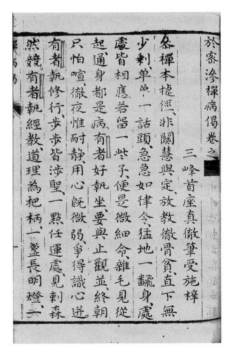

圖版五　上海圖書館本

二、内容説明

　　《於密滲禪病偈》文末附有漢月作於天啓丙寅(1626)六月北禪寺禁蛙

堂的跋,跋中解釋了漢月作《於密滲禪病偈》的緣起。漢月自述他於萬曆庚戌(1610)起,挂錫於三峰禪院,初期僅有十數人,大家一起不分晝夜,力參禪道,然而此時漢月却從未聽聞有何禪病。但是,戊午(1618)和己未(1619)年之間,突然禪路乍開,許多僧人從各地而來,漢月在扣問他們前來三峰禪院參禪的原因後,發現他們對參禪都各有偏執的理解,漢月於是記下書成《禪病偈》。因而,我們可於現存《於密滲禪病偈》中見到,漢月多以"有者好執坐……"等,描述各種禪病情況。可見,漢月作《於密滲禪病偈》於 1618 年至 1619 年之間,屬漢月早期説法内容,但漢月弟子繼起弘儲後期在編集《三峰藏和尚語録》時,未收入此著作。

至於《於密滲禪病偈》之付梓時間,則晚至 1626 年,漢月作跋之時,已駐錫於北禪寺,當時首座"徹公"①見到來訪參禪者"魔説轉熾",便先以漢月之前所作《禪病偈》格正前來挂搭的人之禪病,後來因求偈者甚多,便捐資將之刻印付梓爲《於密滲禪病偈》,漢月的跋便是爲此因緣而作。漢月跋中又例舉了古人善説禪病的禪師,有宋代大慧宗杲、元代之雪巖祖欽和高峰原妙,這些禪師都是因"救世之心"而向世人説明禪病的。

漢月於《於密滲禪病偈》中以"有者"或"有"起首,共列舉了約五十種禪病,有"好執坐"、"執經教"、"不忘情"等等,其中述及參"話頭"的禪病屬最多數,如有人看話頭太急或是不知參問不得激發,可見這些都是當時參禪者常犯的問題。但是,漢月强調,這些禪病并非諸方尊宿之教導所致,而是源於參禪人自己的執著,漢月之所以一一列出這些禪病,是懇請諸方尊宿都能"知其病而立救之",禪宗法門則因此有"撥亂返正"的希望。就現代參禪者而言,漢月的《於密滲禪病偈》亦不失爲可用來細細檢視自己修證困境的絶佳内容。

---

① 此首座"徹公"應即爲漢月《於密滲禪病偈》的筆受并施衣付梓者真徹,此外,筆者只於《海虞三峰於密藏和尚普説》見真徹爲"北禪首座"之記載,參本書《海虞三峰於密藏和尚普説》。

於密滲禪病偈[①]

三峰首座真徹筆受施梓

參禪本捷徑，非關慧與定。

放教徹骨貧，直下無少剩。

單單一話頭，急急如律令。

猛地一翻身，處處皆相應。

若留一些子，便是微細命。

雜毛見從起，通身都是病。

有者好執坐，要與止觀并。

終朝只怕喧，徹夜惟耐靜。

用心既微弱，争得識心迸？

有者執修行，步步皆涉聖。

一點任運處，見刺森然競。

有者執經教，道理爲把柄。

一盞長明燈，一顆大圓鏡。

忽然鏡燈壞，漆黑墮陷穽。

有者不忘情，世事論倒正。

其或小參差，紛紛而執諍。

---

① 原文作"於密滲禪病偈卷之□"，全書僅一卷。

有者如病瘧，起倒自隔日。

有時急如火，或時置冷窟。

用心既無恒，安得事歸一。

有者認識神，道是我本性。

見聞與覺知，以爲大究竟。

拈來無不是，只要口舌勁。

頭頭言獨露，處處有指認。

認識是玅用，會用識轉智。

識得不爲冤，邪説愈加熾。

棒頭知痛癢，不薦翻打地。

打地與打身，總爲一知字。

痛處自家知，如人飲冷水。

千古祖師關，道是這意思。

可痛真可悲，魔法遍人世。

是法住法位，惟心理最勝。

稱鄭復稱〔揚〕，①上乘最上乘。

冬瓜鏤海印，每每將人證。

法法都是道，著衣喫飯處。

洗鉢盂公案，將來與麽注。

自然外道人，悲哉無算數。

有得身心空，安然坐潔净。

便道本無物，邊見自稱慶。

有者先講明，然後入期坐。

諱却所從來，單單要騁我。

自謂高高昇，不覺深深墮。

---

① 原文作"楊"，本書依語意修正爲"揚"。

有向東西卜，縱識求細瑣。

縱然卜得來，念頭早是左。

有向密室傳，有向狐涎躲。

本爲出世間，翻惹謗法禍。

從來祖師關，重重如禁鎖。

雞鳴狗盜客，縱橫誠耐叵。

古人自悟後，心心相印可。

豈是鑿破人，令他不得果。

有者看話頭，誡令勿急切。

只要悠悠然，自然有時即。

又道莫求悟，只要工夫密。

虛虛守閒閒，何時識路絕？

有從放下得，誡人莫看話。

放到死獷狙，更不求悟解。

有者學放下，便道我無心。

道此無心者，正爲人我侵。

有從看話得，誡人莫參問。

終朝用自力，激發全無分。

師承方便多，棒喝如雷震。

一堊一磕間，觸著何其迅！

安用劫生生，受盡途中吝。

有者不求悟，只貴煉機鋒。

新羅捷鷂子，先手是英雄。

點惡躲身牌，糊塗邂喝裏。

拈花體發用，默然用歸體。

有者學難問，不急自孜孜。

如風復如狂，狡猾自稱奇。

開口下一語，便道通無事。
識者纔拶著，翻身著意思。
有者信采喝，滚滚無碑記。
不是連麻禪，定是曳鋸義。
問他何意旨？喃喃或瞶瞶。
有向明處討，評唱《宗鏡録》。
新刻《五家宗》，及《人天眼目》。
只合悟後看，不堪預先讀。
更有注公案，句句分明判。
轉見魔風高，佛祖命脉斷。
有言轆轢鑽，解作坌抖子。
既是駡其人，何須更參此？
奈何可奈何，甘心謗法死。
婦騎阿家牽，注解唤作大。
此類刻成本，邪種忒無賴。
舉一可例諸，説破開長夜。
有言看話頭，聊借截意思。
不知悟機發，全在此提持。
有言看話頭，怕落識心用。
便要抛却話，冷坐待空洞。
豈知心殺心，路絶努追尋。
尋來復尋去，荆棘森如林。
識心自悶死，迴光見本始。
若將枯坐求，驢年不到此。
有者看看話，檢檢囊中書。
鑽火未熱息，此語當何如？
話頭到無味，正是用力地。

如何咒經懺？發願二其志。

偶然值經懺，只當作務看。

經歇便提起，切勿且盤桓。

話頭乾打滑，莫放旁疑發。

只將滑處疑，疑深自發越。

參禪動中好，憤然急要了。

若生怕動心，翻爲折挫倒。

有願生净土，欽守"念佛誰"。

生怕換話頭，西方難定期。

寧知"誰"字寬，易爲生見解。

枉費許多工，未得便痛快。

有願自往生，只貴重參情。

一心既不亂，蓮花上品迎。

懸知阿彌陀，不獨愛呼名。

有看本來面，打入五蘊堆。

因之心性禪，軟處理來推。

不知心窩中，通身是識窟。

轉求轉成識，不得關頭密。

須向事上參，方得卒地折。

有者得見處，忍心恣欺惡。

因果總撥無，舊習放任作。

人前善知識，皮裹自縛著。

不知任運者，個中無病藥。

有者涉奇玄，名鬼家活計。

有者坐死處，黑山裏躲避。

請透這兩路，與古人出氣。

有者云走脫，有者云越過。

有者冷笑看，有者當奇貨。

解縮不解伸，知跳不知歇。

頭尾不相當，主賓無證實。

單單而不雙，兩兩復不獨。

頭撐角似刀，尾帶槌如軸。

縱使通身過，依然未活轆。

有者得一橛，未透怕宗旨。

問看法中深，返道汝未是。

指望謾世人，爭奈翻瞞己。

何不再加工？透盡無法喜。

有者鐵鏇禪，一例都不許。

及至落言詮，合頭皆滲語。

只爲自消亡，不墮湊泊處。

便認爲實法，勝理深深咀。

千古繫驢橛，定非佛祖侶。

有者言話頭，不過是啞謎。

令人猜得著，便是大智慧。

空谷有此言，至今遺大害。

只向有相求，或落空處會。

滲滲無盡頭，此非受用處。

軟弱心識間，何能絕三際？

有者言話頭，當做磨鏡絮。

日日用力磨，要去心上膩。

且道心何物？加此重重治。

總爲不明心，妄自著餘意。

有以三玄要，假借通玄語。

又有三玄章，攙雜古塔主。

邪説不可言，相傳墮口耳。

有以五君臣，實實認事理。

所以講説謄，致令絶祖禰。

有者頗知教，度禪是現量。

現量疾難攀，如何定向上？

有者落見處，又墮比量中。

見比識不忘，生死根所從。

有者言非量，是大悟相應。

未徹聖斷者，受用豈忘情？

莫將三量擬，只在徹不澈。

徹後本無三，三中憑出入。

有者落四句，便言狗性無。

引證本無物，鏟盡爲工夫。

有者落四句，言不昧因果。

以此脱野狐，出水復墮火。

有者落四句，道無實無虛。

性空性真火，一句轉轆轤。

有者總抹殺，拂袖掀禪床。

墮空外道人，通身此處藏。

有者離四句，正在離處躲。

恰恰空見人，依然自枷鎖。

不知一句子，遍空猛熾火。

如何妄著脚？惹却燒身禍。

有者坐嘿處，此事説不得。

便將難説推，佛口挂高壁。

不聞説法者，有墙壁瓦礫。

爾自不解道，却妒廣長舌。

有者最初時，坐處愛光影。
恍惚耳目前，獨頭識爲境。
揑知蘊中事，净目勞成眚。
急切莫隨行，免墮魔羅井。
有者喜好句，要轉詩一聯。
若見據實答，便道不是禪。
但見夾山景，不聞乾〔屎〕橛。
只爲賣弄才，未肯諸祖説。
末世輕薄人，親見曾吐血。
有言棒喝非，毒罵無不至。
臨濟與德山，藏身亦無地。
究其所以然，只爲賣佳句。
佳句誰人無，且貴真實際。
高峰六轉語，一一將來問。
待人答佳句，依稀要通信。
且道高峰來，爲何人不答？
三二百年間，豈是無消息？
如黄龍三關，轉語古人斥。
慎之復慎之，何不參到竭？
大都參禪人，諸法都竭盡。
竭盡發猛參，參情緊又緊。
懸崖判撒手，切勿怕命殞。
忽然死又活，長劍揮空刃。
延平風雨散，簾月鈎闌枸。
迴看説禪病，咄！

〔跋〕

竊見古人善説禪病者，若宋之大慧受十七八員善知識妄證之誤，元之雪巖受洞上綿密工夫困人之誤，高峰禪師受三年"無"字難疑之誤，皆曾中邪師之毒，故説禪病最烈，所謂"曾爲浪子偏憐客"者，其救世之心亦勤矣。

余自萬曆庚戌挂錫海隅之三峰禪院，柞械未枝，禪侶不通，與十數衲子食麩飲水，力參此道，不分旦暮，然未聞禪之有病也。及戊午、己未間，禪路乍開，海内衲僧麕至，叩其所以，則各有偏執，因紀一時之異説，筆爲《禪病偈》一首，秘而不敢告人者數載。

兹因漚泊北禪，而首衆徹公見魔説轉熾，來求挂搭者，先以《禪病偈》爲之格正，然後入堂。以故求偈者多，遂施衣資付梓。屬不肖跋數語以志顛末，嗚呼！我何人斯？敢如古大老之説禪病耶！但今時禪病，非出於諸方尊宿之教，實出於諸方禪人之執，故不憚冒干諸方，願諸尊宿共知其病而力救之，則法門有撥亂返正者，即大慧、雪巖、高峰再生於人世矣。

幸勿以狂見罪，而願各極力圖之云。

　　　　　時天啓丙寅六月朔旦北禪禁蛙堂主法藏跋

三、於密滲參禪諸偈

解　題

一、版本

　　本書所依底本即上海圖書館藏漢月七種文獻合訂本（索書號：線善798214，詳前）之第二種，乃明刻本，版心净尺寸爲 14.2×20.4 cm。半頁 9 行，每行 18 字，白口，單魚尾，版心上方記書名"參禪偈"及頁碼。（參圖版六）

二、内容説明

　　本書所録《於密滲參禪諸偈》共四十偈。《三峰藏和尚語録·三峰和尚年譜》中記萬曆己未年（1619），漢月 47 歲住三峰清凉禪寺時"作《參禪偈》，自'大信'以至'服勤'、'住山'凡四十首，末'總頌'"，并將最後一偈"總頌"之全文録於漢月年譜中。[1] 可見，《於密滲參禪諸偈》亦是漢月早期説法内容，

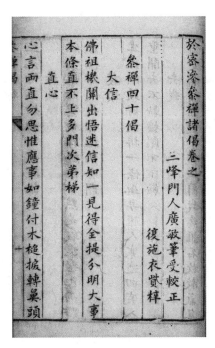

圖版六　上海圖書館本

---

[1]　《三峰藏和尚語録》，新文豐版《嘉興藏》（34），頁 207 上。

漢月弟子繼起弘儲後期在編撰《三峰藏和尚語録》時，將此《參禪四十偈》收於卷第十二《雜偈》中，本書所録上海圖書館所藏《於密滲參禪諸偈》，記爲"三峰門人廣敏筆受較正，復施衣貲梓"，二本正可對勘異同。①

漢月於《參禪四十偈》中以先鼓勵初學者"大信"、"直心"、"持戒"、"發憤"之偈起首，緊接以"去我"、"絶情"、"絶理"、"絶善惡"、"絶簡點"、"絶修證"爲題，提醒參禪者應斷絶有關我、情、理等等之執著，再以正面的指示"近知識"、"受鍛煉"、"看話頭"、"勤問話"，引導參禪者應如何參問善知識和用功。而對於參禪稍有體會者，漢月則説須注意"莫妄答"、"便要徹"、"少打坐"、"莫習静"、"勿墮工夫窟"、"勿立主宰"，由此可見，對漢月而言，參禪并非同等於打坐和習静。

對於已有較深體會的參禪者，漢月則給予"疑情"、"壁立萬仞"、"懸崖撒手"、"斷命根"、"莫坐前後際斷處"、"以證悟爲期"的指導，至於已證悟的參禪者，漢月認爲應該要繼續行脚"更進一步"、"服勤"、"入鍛須深"、"遍參"、"到家"，對於已開始擔任寺院住持的參禪者，漢月對他們的期許爲"住山"、"出格"、"相應"、"不肯住"、"出入生死"、"重法脉"、"提振宗風"，提醒禪院住持們應擔負著從七佛相傳以來延續宗風的重責大任。

《於密滲參禪諸偈》到了末尾時，第三十九偈漢月以"始終重戒"爲題名，囑咐參禪者儘管參禪，始終都必須持戒。漢月并且於天啓癸亥年（1623）在北禪寺，作《弘戒法儀》，表達對戒律的重視。《宗統編年》記漢月集《弘戒法儀》成書，強調"參禪者務持律以固禪宗，受戒者當參禪以求戒體"，當時諸方遵而行之。② 因而清代千華派律師福聚（活躍於

---

① 　本書以上海圖書館所藏《於密滲參禪諸偈》爲底本，以《三峰藏和尚語録》中《參禪四十偈》爲校本。

② 　《三峰藏和尚語録》記天啓癸亥年（1623）漢月 51 歲："夏開戒北禪，定《弘戒法儀》。"新文豐版《嘉興藏》（34），頁 208 上；《宗統編年》，《卍新纂續藏經》（86），頁 292 中；現代學者王建光則稱漢月的律學思想爲"禪律并重"，《中國律宗通史》，鳳凰出版社，2008年，頁 446—458。

1734—1742 年間）於乾隆七年（1742）撰《南山宗统》時，亦將漢月列爲南山律宗祖師古心如馨（1541—1615）下二世，稱漢月爲"鄧尉藏律師（兼宗臨濟）"。之後，有關律宗譜系的《律宗燈譜》和《律門祖庭彙志》相繼成書，皆稱漢月爲律師并兼臨濟宗，足見明清律宗燈譜對漢月的尊重。[①]

　　最後，漢月於"總頌"中充分表達出參禪得悟的自在："歷過通身便放憨，舊來方信是奇男。一般碌碌塵沙界，數樹藤花斗大菴。"[②]漢月的《參禪四十偈》分別提供給初學、稍有體會、有較深體會、已證悟的和擔任寺院住持的參禪者非常珍貴的參禪指南。

---

　　① 《南山宗统》卷三，台南，和裕出版社，2001 年，頁 1；《律宗燈譜》，CBETA 電子佛典，《大藏經補編》(22)，頁 712 上。本書所使用《律門祖庭彙志》之版本爲《金陵全書》所收，南京出版社，2013 年，頁 842。有關清代民國所編律宗譜系之研究，參聖凱《明末清初律宗的傳播情況與特點—以〈南山宗统〉与〈律宗灯譜〉为中心》，《世界宗教研究》第 5 期，2014 年，頁 35—42；馬海燕《論〈律門祖庭匯志〉的史料問題、宗派意識及其影響》，《佛學研究》，2014 年 1 期，頁 90—99。

　　② 參本書《於密滲參禪諸偈》最後一偈。

於密滲參禪諸偈[①]

　　　　　復施衣貲梓

參禪四十偈

大信

佛祖機關出悟迷，信知一見得全提。分明大事本條直，不上多門次第梯。

直心

心言兩直勿思惟，應事如鐘付木槌。捩轉鼻頭生死切，不知面目是阿誰？

持戒

滌盡唯餘潔白存，纔添一點是瑕痕。聖凡兩路齊拋却，戒是當機狹小門。

發憤

生死門頭好放拚[②]，一條血刃耀人寒。這回[③]突入重關去，不斬樓闌不下鞍。

---

① 原文此處作"於密滲參禪諸偈卷之□"，全書僅一卷。
② 《三峰藏和尚語録》作"抖"，新文豐版《嘉興藏》(34)，頁183下。
③ 《三峰藏和尚語録》作"者回"，新文豐版《嘉興藏》(34)，頁183下。

去我

憎愛關頭直截平，不知爾我爲誰名？放教氣息通身盡，呼馬呼牛總不應。

絕情

漂沈生死只緣情，一滴滔天白浪生。真是攫龍金翅鳥，擘①開深水下東瀛。

絕理

絲毫理路即攀緣，慶喜曾經墮梵天。不是頂門心佛咒，如何得到②世尊前？

絕善惡

六道分岐滑似油，只緣兩路定沉浮。不信但看明上座，掉頭何等不風流？

絕簡點

從來不做虧心事，夜半敲門勿③喫驚。若更仁思看逆順，太平草木盡成兵。

絕修證

清晨禮佛把香燒，飯後閒須繞數遭。門外忽逢王阿大，殷勤陪送說前朝。

近知識

湛堂顧命付雲門，要了須參佛果勤。不向迅雷行處薦，二④僧衹劫下功勳。

受鍛煉

習惑從來不自知，隱人胸次法如絲。須向紅爐難下處，百千炮煮百千槌。

看話頭

空腹還吞熱鐵團，四天無路不中安。忍將三寸娘生氣，憤徹⑤骷髏迸

---

① 《三峰藏和尚語録》作"劈"，新文豐版《嘉興藏》（34），頁 183 下。
② 《三峰藏和尚語録》作"到得"，新文豐版《嘉興藏》（34），頁 183 下。
③ 《三峰藏和尚語録》作"不"，新文豐版《嘉興藏》（34），頁 183 下。
④ 《三峰藏和尚語録》作"三"，新文豐版《嘉興藏》（34），頁 183 下。
⑤ 《三峰藏和尚語録》作"出"，新文豐版《嘉興藏》（34），頁 184 上。

腦乾。

勤問話

無心死水話頭遲，悶處逢師急問之。鐵鎖銅關敲斷後，始知參請占便宜。

莫妄答

當機揍著莫低回①，下語須曾會得來。莫學今時油滑輩，便將狗口向人開。

便要徹

不是工夫要久長，話頭綿密是災殃。冤家撞著便當死，拼②命和他戰一場。

少打坐

悟機原在四儀端，莫把形骸博世觀。冷坐悟遲身易病，日隨昏散費盤桓。

莫習靜

靜裏工夫最不堪，不生毛見定沉酣。大豁雙眸隨事看，鬧攛攛處有真參。

勿墮工夫窟

覺無昏散話常提，穩穩蒲團念不迷。末法工夫真重病，自驅老象入深泥。

勿立主宰

忘前失後好工夫，七識幾希主宰無。正是師承施巧處，莫教錯過自支吾。

疑情

斷識還須用識心，不隨明路逐漂沉。只因③一點難分剖，疑到通身血迸淋。

壁立萬仞

鳥飛不度目前高，百尺深潭脚未牢。驀地一聲雷送尾，打翻星斗出重霄。

---

① 《三峰藏和尚語錄》作"低徊"，新文豐版《嘉興藏》(34)，頁184上。
② 《三峰藏和尚語錄》作"拌"，新文豐版《嘉興藏》(34)，頁184上。
③ 《三峰藏和尚語錄》作"緣"，新文豐版《嘉興藏》(34)，頁184上。

懸崖撒手

攀躋不住突然翻，千里黃河徹底渾。颺盡皮毛和骨節，更無消息向君論。

斷命根

鏡光燈影逼天寒，照徹森羅絕不干。不是渠儂言不會，要言思去也應難。

莫坐前後際斷處

翻身跌入水晶宮，一片寒江夢裏空。岐路暫時休坐著，頂門要見日輪紅。

以證悟爲期

突然狹路偶相逢，果與尋常見不同。惺夢昏沉齊受用，任他魔佛變無窮。

更進一步

處處分明礙眼睛，要憑一轉過平生。若爲的①骨親生子，不向東宮問帝京。

服勤

碎身不獨報師恩，要見親孃腳後跟。八萬四千門透過，末稍②愁殺一場渾。

入鍛須深

爐鎚萬遍淬仍生，煉到寒芒逼斗橫。砥礪勤勤休鈍置，龍蛇轉變自成精。

遍參

濟上門庭次第參，五家求遍古人函。翻身行腳問諸老，內外書須向後探。

到家

妙高不見別峰逢，歷遍南方到閣中。此處安身未奇絕，更知格外有高風。

住山

睡眼麻迷萬事休，綠荷黃獨自春秋。日長最是相親處，鋪疊青莎石枕頭。

---

① 《三峰藏和尚語録》作"嫡"，新文豐版《嘉興藏》(34)，頁184中。
② 《三峰藏和尚語録》作"梢"，新文豐版《嘉興藏》(34)，頁184中。

出格

三頭四臂一身全，走入街頭不值錢。一領衣衫二頓飯①，更加長帶驀腰纏。

相應

四更踏著下床鞋，出户依然地是街。折脚鐺邊敲石火，半升湯粥進枯柴。

不肯住

問君途路力如何？椰栗橫肩不顧他。前有蓮花後天目，古人誰個自誦訛？

出入生死

衲衣下事去來間，片片孤雲嶺上閒。若問個中真切意，一條秋水迸遥天。

重法脉

七佛相傳到羼華，東來毒害更如麻。不因此事難分付，誰肯生生入杻枷？

提振宗風

覓人須要智過師，口耳休輕使自知。珍重如來真命脉，莫因輕薄斷懸絲。

始終重戒

入魔心在爲魔纏，奇特掀騰戒不全。力若未充當負墮，古人深切有明言。

總頌

歷過通身便放憨，舊來方信是奇男。一般碌碌塵沙界，數樹藤花斗大菴。

---

① 《三峰藏和尚語録》作"一領青衫三頓飯"，新文豐版《嘉興藏》(34)，頁184下。

四、海虞三峰於密藏和尚普説

解　題

一、版本

本書所依底本即上海圖書館藏漢月七種文獻合訂本（索書號：線善798214，詳前）之第五種，乃明刻本，版心净尺寸爲14.5×21.1 cm。半頁9行，每行18字，白口，單魚尾，版心上方記書名"三峰普説"及頁碼。（參圖版七）

二、内容説明

《海虞三峰於密藏和尚普説》爲"三峰首座廣敏筆録，北禪首座真徹施梓"，其中廣敏亦爲《於密滲提寂音尊者智證傳》之録語者，真徹亦爲《於密滲禪病偈》的筆受并施衣付梓者。此

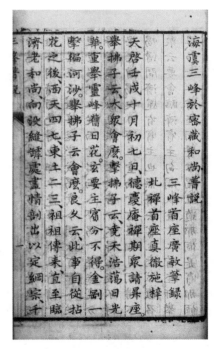

圖版七　上海圖書館本

書之因緣，據首頁所記，天啓壬戌（1622）十月初七日，德慶庵舉辦禪修時，大衆延請漢月前來昇座説法，而德慶庵恰爲漢月15歲（1587）出家之

寺院。①《三峰藏和尚語録・三峰和尚年譜》并記："迎和尚至舊德慶院，里中父老及緇白數百人羅拜，請普説，和尚爲留數日而去。"②因此，《海虞三峰於密藏和尚普説》亦是漢月早期説法内容，漢月弟子繼起弘儲後期在編撰漢月年譜時曾"按《普説》"，引用了四次《普説》的内容。③

此文獻中漢月於德慶庵對大衆説法之内容，雖然大部分皆可見於新文豐版《嘉興藏》所收《三峰藏和尚語録・廣録》中"德慶禪衆請普説"，④但是，筆者比對二本之後，發現兩點學者需特别留意之處。首先，《海虞三峰於密藏和尚普説》的記載較爲詳盡，例如漢月於本書《海虞三峰於密藏和尚普説》中解釋"三要"之内容如下：

"且道如何是三要的旨趣？"自云："仔細著！"

"如何是第一要？"自云："以電光作路，向裏許走馬打雷。"

"如何是第二要？"自云："向馬背上縛取虛空，作金剛王劍，殺佛殺祖不爲分外。"

"如何是第三要？"自云："自己在劍刃子裏，許穿衣喫飯作用過日。"⑤

但是，《三峰藏和尚語録・廣録》僅記："第一要，電光作路；第二要，縛取虛空作寶劍；第三要，自己在劍刃裏，穿衣喫飯作用過日。"⑥以第二要而言，《海虞三峰於密藏和尚普説》中漢月自云："向馬背上縛取虛空，作金剛王劍，殺佛殺祖不爲分外。"語意纔算完整，也纔能充分呈現漢月的禪師形象。

再者，《海虞三峰於密藏和尚普説》中論及可能會引起争議的内容，常

---

① 《三峰藏和尚語録・三峰和尚年譜》，新文豐版《嘉興藏》(34)，頁 204 上。

② 《三峰藏和尚語録・三峰和尚年譜》，新文豐版《嘉興藏》(34)，頁 207 中。

③ 《三峰藏和尚語録・三峰和尚年譜》，新文豐版《嘉興藏》(34)，頁 204 中。

④ 《三峰藏和尚語録・廣録》，新文豐版《嘉興藏》(34)，頁 152 中。

⑤ 參本書《海虞三峰於密藏和尚普説》。

⑥ 《三峰藏和尚語録・廣録》，新文豐版《嘉興藏》(34)，頁 152 下。

常在《三峰藏和尚語録・廣録》中被删略。例如，《海虞三峰於密藏和尚普説》中漢月提及他曾禮拜達觀真可之龕於雙徑（即徑山寺），并且説"其時，遍山無一人看話頭做工夫者"，而《三峰藏和尚語録・廣録》則僅提及達觀真可遷化，漢月"禮龕于雙徑"，《海虞三峰於密藏和尚普説》中漢月對徑山寺當時禪法寥落的評論則被删去不提。①

由此可見，明末時《海虞三峰於密藏和尚普説》有一單行本，而且集成之年和與事者信息清楚明具。之後，繼起弘儲編輯《三峰藏和尚語録》時，删略了《海虞三峰於密藏和尚普説》的一些内容，再編入《廣録》之中。因此，讀者若希望讀到漢月較完整的禪學思想，以及漢月對當時所見禪宗面貌的描述，當以本書所録《海虞三峰於密藏和尚普説》爲較完整的文本。

《海虞三峰於密藏和尚普説》的内容可分爲六部分：一、漢月對大衆開示三玄三要和主賓之内容；二、漢月與大衆問答；三、漢月自出家至開悟的第一次自述；四、漢月與大衆問答；五、漢月做工夫至開悟的第二次自述；六、漢月與大衆問答并總結。其中最特殊之内容當爲漢月的兩次自述，這亦是繼起弘儲在編撰漢月年譜時引用《普説》的主要内容。

漢月第一次自述以"山僧十一嬰瘵，十五出家，十九剃髮於德慶"爲開頭，他解釋自己"將山僧醜拙一朝對衆供通"，是有感於當時禪風，有人以爲一悟便了，心爲墙壁，只是得到些入處，便縱横作用，意狂心滿不求向上，漢月認爲這是墮在"有證有悟之我相處"，仍是動輒都落在"法、我"之相。② 漢月因此以自己證悟的過程爲例：首先，他入百日不語死關期間，因窗外有二僧折竹聲，體驗到"虚空粉碎，大地平沉，人法俱消真無力處"的境界；之後，雖然覺得深遍虚空，端坐一夜，輕安如彈指頃，却自己知道這只是"前後際斷境界"，他仍必須求悟始得；他把《永嘉證道歌》從頭至尾

---

① 《三峰藏和尚語録・廣録》，新文豐版《嘉興藏》（34），頁153中。

② 參本書《海虞三峰於密藏和尚普説》，原文爲："只爲近代禪風以一悟便了爲墙壁，但自得些入處，便爾縱横作用，不求向上，墮在有證有悟之我相處，動輒俱落法、我。萬不得已，將山僧醜拙一朝對衆供通。"

看一遍，了然符契，又悟得祖師言句，凡"萬法歸一，一歸何處"、"柏樹子"、"乾屎橛"等一一皆通；又重參爲何高峰悟得之後，又看"正睡著時，無夢、無想、無見、無聞，主在甚麽處?"在十四夜經行後，抬頭見月，這時，漢月纔認爲自己會得"枕子落地消息"，纔是徹悟之時。①

　　漢月第二次自述以"山僧當初做工夫……"爲開頭，這應是間隔數日之後，再爲大衆補充第一次自述未盡之言而説，符合《三峰藏和尚語録·三峰和尚年譜》所記德慶院"請普説，和尚爲留數日而去"的記載。② 比較漢月兩次自述的内容，漢月第一次自述著重於説明自己證悟的過程，第二次自述則偏重於他當時所做的工夫，因爲不曾覓得良師所助，所以聽聞各種不同之修行方式，如注解公案、不起念、念佛、止觀等等，直至聞折竹聲、打翻窩臼前、十餘年間空費身心、吃盡苦惱的過程。

　　因此，漢月於《海虞三峰於密藏和尚普説》與大衆問答的總結時，特別强調看話頭的功夫：

> 殊不知做功夫無恁麽格則，不用安排，只是去不得底話頭，拼命疑去，久久不懈，懈了再發，日親師長，一槌煉就。或有未了，漸漸鍛煉，以了爲期，皆是刹那際三昧入手。而復於服勤侍者處，温研積穩而成者也。③

漢月勉勵參禪者看話頭爲唯一做功夫的方法，應該久久不懈，漸漸鍛煉，以了悟爲期，并請大衆細檢禪宗燈録中諸祖列傳，以己眼證明。④ 漢月如此推薦閱讀諸祖列傳，恰可銜接本書最後一部典籍——《於密滲宋元三尊宿做工夫因緣邪正注》，以漢月注語宋元三位尊宿做工夫的因緣，來驗證如何藉由看話頭最終得了悟的實例。

---

① 參本書《海虞三峰於密藏和尚普説》。
② 《三峰藏和尚語録·三峰和尚年譜》，新文豐版《嘉興藏》(34)，頁 207 中。
③ 參本書《海虞三峰於密藏和尚普説》。
④ 參黄澤勳《明代漢月禪師的精神歷程》，《人文宗教研究》第十三輯，宗教文化出版社，2022 年，第 144—165 頁。

海虞三峰於密藏和尚普說

三峰首座廣敏筆録
北禪首座真微施梓

天啓壬戌十月初七日，德慶庵禪期衆請昇座。① 舉拂子云：“大衆會麽？”擊拂子云：“堯天浩蕩日光華，重舉靈峰舊日花。玄要主賓分不得，金剛一擊遍河沙。”舉拂子云：“會麽？”良久，云：“此事自從拈花之後，西天四七，東土二三，祖祖傳來，直至臨濟老和尚向没縫罅處，盡情剖出以定綱宗，千古萬古，一印印定，一毫也移他不得。只是急切難於嗣續，須是得他師承邊事始得。且看濟一日昇座云：‘汝等總學我喝，我今問汝：有一人從東堂出，一人從西堂出，兩人齊喝一聲，這裏分得賓主麽？汝且做麽生分，若分不得，已後不得學老僧喝。’次日，濟上堂，兩堂首座相見，同時下喝！僧問濟：‘還有賓主也無？’濟云：‘賓主歷然。’復召衆云：‘要會臨濟賓主句，問取堂中二首座師。’”②

舉畢，乃云：“二首座同聲下喝，且道那個是賓？那個是主？東堂首座是賓耶？西堂首座是賓耶？東首座是主耶？西首座是主耶？東西俱主耶？西東俱賓耶？一總俱在裏許分不得爲塗毒鼓聲耶？總分得爲賓主歷然耶？

---

① 《三峰藏和尚語録》記：“迎和尚至舊德慶院，里中父老及緇白數百人羅拜，請普説，和尚爲留數日而去。”新文豐版《嘉興藏》(34)，頁 207 中。
② 《指月録》，《卍新纂續藏經》(83)，頁 558 上。

若總是毒鼓，又歷然個甚麼？若是歷然又道甚麼毒鼓？”

豎拂子云：“還會也無？若道靈山拈花既已了却，何須臨濟道個分賓分主？若臨濟道賓主須分，爲什靈山舉花便了？諸公試定當看，若於此會得，方知是句。然而臨濟又云：‘句有三句，若第一句薦得，堪與祖佛爲師；若第二句薦得，堪與人天爲師；若第三句薦得，自救不了。’①且道如何是三句？”

良久，云：“若無人道，山僧自道去也。如何是第一句？”豎起拂子。

“如何是第二句？”云：“是拂子？不是拂子？”

“如何是第三句？”放下拂子。

師云：“若人識得句，則世出世間諸句無越此三。若透三句均齊，除須會取三玄三要始得，不然，不過識得儱侗真如，顢頇佛性。今人謂之一悟便了之塗毒鼓子，遂杜撰言，其餘玄要、賓主等語，皆是惑亂人耳。臨濟只求得不受惑的人，若是説玄説要，便是受惑的人了也。雖然透過大法的人，方好罵除大法，若是不透大法便縱謾人，不知墮在見礙，於佛法未夢見在。”

“且道如何是第一玄？”復豎起拂子。

“如何是第二玄？”自云：“三世諸佛向這裏絕胡種族。”

“如何是第三玄？”自云：“兩堂首座各出一隻手，同時扶起捺倒，兩下頭毛撕結，打入大洋海底，至今無出頭分。”

“且道如何是三要的旨趣？”自云：“仔細著！”

“如何是第一要？”自云：“以電光作路，向裏許走馬打雷。”

“如何是第二要？”自云：“向馬背上縛取虛空，作金剛王劍，殺佛殺祖不爲分外。”

---

①　《鎮州臨濟慧照禪師語録》，《大正新修大藏經》(47)，頁 502 上。

"如何是第三要?"自云:"自己在劍刃子裏,許穿衣喫飯作用過日。"

"《汾陽頌》云:'三玄三要事難分,得意忘言道易親。一句明明該萬象,重陽九日菊花新。'"①乃拈起拂子云:"若於此見得,便見臨濟一喝道理,便識世尊拈花道理,自汾陽而下,四傳而至雲菴,雲菴傳之寂音尊者覺範老人,覺範無傳而著《臨濟宗旨》以待後人。自宋建炎迄今五百八十餘載,雖虎丘、徑山諸家相傳未泯然,自楚石、無念而下,二百年來之宗旨,傳而不參,訛誤泛出,於三玄三要則各有短長,未能的據。"

是以山僧十一嬰瘵,十五出家,十九剃髮於德慶,塵勞滿眼,未知此事,但心中耿耿,若有所失。至二十九歲見《高峰語錄》,如得故物,讀之隱隱若能記會,遂決志參禪。乃授戒雲棲。十年之內,費盡心力,喫盡勞苦,不能備述云云。

至三十七受具靈谷,三十八住海虞之三峰禪院,虛簷罅壁,草屋蘿墻,床下水流,庭淺草没,麥麩荳滓,掬水補衣。單單看個"萬法歸一,一歸何處?",脅不至席,無奈昏沈籠罩。集諸隨侍,夜懸巨板於座側,分香擊板,佛聲徹夜不停。

憶得少年初出家時,貪看文字,無事清散,但言:"我到四十歲,決然悟道!"心中如捉得者,把得住相似。至是年近四十,愈參愈難,轉捉轉遠,思之慚懼,便欲卷却祖衣,養長頭髮,潛入醫卜,不受十方茶飯,直待參透再來,幾欲脱逃,然心未甘服。

至萬曆四十年二月一日,時年四十歲,幸得峰中朗泉老宿,三年禁足完滿,欲閉不語關百日。喜乘其便,求入死關。方纔推上關門,兩下拜一拜,欲上蒲團,耐可一時眩運,吐痰斗許,只得放身一睡。雖則隨時喫茶喫飯,飯過便睡,飯時亦不知人事,只是駒夅打睡。一睡五日,睡中如在海螺獅裏打眠,只是盡情要撞出來相似,千撞萬撞,氣急不過而已。至第五日巳間,

---

① 《汾陽無德禪師語錄》,《大正新修大藏經》(47),頁 597 中。

睡已大熟，忽聞隔窗二僧夾籬攀折大竹，如迅雷一震，直見虛空粉碎，大地平沉，人法俱消，真無立處。

開眼轉來，晴日在窗竹影滿地，那時要理會一法了不可得，要覓自己身，遍覓無有，蘇蘇湛湛，如有氣死人，初生孩子。至夜聞兩堂課誦，鐘錚魚鈸，交錯如雨，覺得深遍虛空，聲都在身空中歷歷落落。端坐一夜，輕安如彈指頃，自己道此是前後際斷境界，必須求悟始得。

盡力尋覓，忽於心中撞出《永嘉證道歌》，從頭至尾看一遍，了然符契，自覺安樂。又念祖師道“萬法歸一，一歸何處？”，他答個“青州布衫重七斤”，忽然悟得祖師言句，凡“柏樹子”、“乾〔屎〕橛”等，一一皆通，方纔放心。

又思高峰為何悟得之後，又看“正睡著時，無夢、無想、無見、無聞，主在甚麼處？”，①為此又重參起。至十四夜經行，抬頭見月，會得枕子落地消息，從此半年之內，受用快活。忽得一場熱病，口裏叫天叫地，雖覺身子大痛，但全不干己事，人來問我：“汝如此痛還礙本分否？”我答云：“我無痛也。”人以為譫妄。

半載之後，思欸行腳求師。蓋向來十年之內，粗粗行腳，曾見幾人，不曾發得我實落處，所以工夫枉屈，為此只得在古人門庭下自力參究，看個三玄三要及汾陽偈子。特蓋苑庵，帶濕閉關，染却一身濕病，日夕煨磚作伴，翻覆究之，忽然入得臨濟堂奧。復參德山托鉢公案，參之既省，省處拂開，再參再省，越究越得。又苦究二年，雖無所加，自覺受用非昔。

後赴太倉慧壽之請，主禪之次，自念：“我無師承，雖得些子，不如古人要來要去，入火入水，任運無礙。”因此看個“大徹底人，本脫生死，因甚命根不斷？”。經二十日，心不異緣，受用又非前度矣。作偈志之曰：“一口棺材三隻釘，聲聲斧子送平生。自從薤露悲歌斷，贏得朝朝墓柏青。”嗣後再看三玄三要，會得兩堂首座同喝意旨，及披覺範所著《臨濟宗旨》，如對面親見

---

①　《高峰原妙禪師語錄》，《卍新纂續藏經》(70)，頁 690 中。

付授於五百年前者，是以私淑寂音，遥接宗旨，求師現在，當俟有緣矣。可見參禪不可領得些子乾淨禪便爲了當，又不可入些堂奥不更參求。

今有一輩兄弟，亦見到這裏，只是便要放身快活，恐怕再提前事不得相應，翻致驕養懶散，易壅心塵。不見高峰住龍鬚既久，度人不少；後住師子巖，罷鑽船屋，畢命不出，然豈見解不迨今人耶？有志之士直須到底始得，只爲近代禪風以一悟便了爲墙壁，但自得些入處，便爾縱橫作用，不求向上，墮在有證有悟之我相處，動輒俱落法、我。萬不得已，將山僧醜拙一朝對衆供通，若有問話者，便請當陽拈出。

僧問："如何是第一玄？"師舉起拄杖。

問："如何是第二玄？"師卓拄杖。

問："如何是第三玄？"師舉卓二遍。

問："如何是三要底旨？"師以拄杖揮三下，僧便喝！師便打！

僧問："如何是過去心？"師云："昨日喫飯作麽生？"

問："如何是現在心？"師云："你可曾放生去？"

問："如何是未來心？"師云："你要問甚麽？"僧欲語，師便打云："出去！"

僧問："如何是金剛王劍？"師便喝！

問："如何是踞地師子？"師亦喝！

問："如何是一喝不作一喝用？"師又喝！僧無語，師喝云："是甚麽！"僧禮拜，師便打！

僧問："睦州爲甚推折雲門脚？"師以手畫一畫。

問："如何是秦時鍍鑠鑽？"師擊拂子，僧作禮，師云："脚折也！"便下座。

山僧當初做工夫，只爲不曾覓得人著，蓋因萬曆年來，所聞所見，只有傳帕子，注公案，牽經合理，以見聞覺知爲本性，以不起念爲宗旨，確死坐爲安禪，以念佛爲參究，離止合觀，種種不同，禪宗絕響。幸得我師雲棲老人出世，雖以念佛收盡法中英傑，然而參究一者，是渠本命星官，故晚年於净土、戒律之外，特特提起此事，乃刻《禪關策進》，雪巖、高峰語録，遥續祖祖燈燈末後一段餘暉。

山僧不知宿生那裏曾沾些子氣味，今生揭著高峰本子，了然如昨日背誦，參究明白的相似，其時充身歡喜，踴躍無量。自念前來搜尋《楞嚴》、《圓覺》諸經俱有會處，習天台小止觀亦有得力處。後修耳根圓通，亦於音聲中了得身心如幻處，處於世間，如流雲過虚活水下石相似，自謂輕安。

及見語録，始知與此法了不相契，得此法門，定是到家欛柄也。爲此把前解會一例不肯，遂使疑情結住，先於静處做工夫，覺得昏悶不過。因有龍怡山居士勸我念佛，乃作六時課誦，課隙看話頭，率以爲常。

復因德慶無人，受業招回本刹，遂領修理殿宇之役，致有欠人債負，賣醫償逋。日中碌碌看病，晚上付藥，訖至更餘，討得空閒，方纔打起疑情，直至五更，罨罨放身睡覺，日日如此。

二三年間逋負既清，如地獄得出，聞有達觀大師是宗門中人，及至腰包行脚，觀師已遷化矣。因禮龕於雙徑，其時遍山無一人看話頭做工夫者。止有寒灰老師亦在個中，多方排闥請益，乃危坐熟視曰：“此事無人做得，你且持偈去。”因領其教，持偈二個月日。其時夏山蟬多，徹天蟬響，都舉這四句偈，清清坐立，不用自持，覺得純熟，自念：“我爲參禪而來，急於求悟，那可遷延過日？”遂過白雲山見函虚師，時虚公移單弁山圓正寺，因下白雲抵圓正，正值虚師閉不語死關，悵然而退。

聞霞霧大山有無欲老人是留心此道者，乃策杖入山，又值無欲遷化。人言有個慧禪是老硬禪客，及乎見他，亦無甚説話。回身向湖州訪問，人道車溪有無幻老人，想是此輩，遂搭便船往車溪，舟中逢僧問起，僧皆大笑，呼爲“張外道”。因此不覺睡著，及乎醒來，舟子已到吳江了也。原來真正禪師，世間人識他不出，定然生謗者，直須親見始得。

回首車溪，隔半日程，自覺意興頗闌，日色又亢，不如且回本處，處置盤纏再來無妨。自歸庵中，自謂：“行遍東浙，不見有人。以此類推，外邊亦是寥寥此道，不若就庵結關，自鞭自逼。”

乃於關中，逐七進功，撤去床凳，單單行走，屋中挂一條區擔，若到昏悶太極，就於區擔上高展懸空而睡，纔跌下來便行。如此自煉，煉得無昏無曉，話頭轉難用力。至滿百日，遂脫身走到三峰，愛其閒靜，乃暫居之。或努力於搬石磊墙之際，或發狠於操鋤種地之間，徹夜坐一蒲團，脊梁節節相拄，終日并成一句，心頭滾滾騰疑。

迎賓客先向階沿下打共，省勞起念。做課誦只向木魚邊過字，不待費心。日夜一般，靜鬧無間，只是昏沈作孽，困頓不清，努力盡情，敵他不過，其時政不知日夜不倒身翻爲參禪之障也。自念：“我從十五出家，便有志求開悟，意謂捨不得文字清散，且到四十歲時必然悟道者。至此年近四十，轉見茫然無際，前來願力，一毫把捉不住，直欲逃溷俗人隊裏，不敢喫僧家飯。”

幸遇南濠住靜，聞禪客來訪，蒙他催促一上，因之愈加發猛，如倒懸求救之急，討得朗公不語關之許，幸有顧自謙居士助我百日供給之費，又有常白苦行代我主持庵事，乃安心入關。只帶五寸闊一片板，若有病發，以此爲床；如身强，則不須用此也。發志已圓，那知一入關來，便痰病大作，昏然睡倒，五日夜如在甕中求出相似。政氣悶間，聞折竹聲，打翻窩臼，始知從前做功夫拗直作屈，所以十餘年空費身心，喫盡苦惱。

山僧今日勸諸兄弟：但要下手做功夫時，先須將胸中一切倒正、是非、魔佛等事一齊放過，目前耳裏順逆、善惡都總不知，空净其心，不停一物。不可坐禪，不可閒靜，或入槽廠，或作諸務，隨人起止，信手施爲，喫飯穿衣，不立主宰，單單求一個真正臨濟家宗師作個主者。

話頭亦須簡別，緊峭者如"雲門推折足，道秦時鑽"及"秘魔義"、"三頓棒"、"竹篦子"、"青州衫"之類，先令目前萬法，一例喚他名字不得，背他名字不得，喚本性不得，無本性不得，但是兩頭話一總不得，假饒當面人淫我母、殺我父，亦辯別好惡不得，自然話頭輥成一塊。今日問話也被痛打，明日問話也被痛罵，或推出，或紐住，或道是甚麼？或道"乾〔屎〕橛"、"麻三斤"之類，師家作用，千奇萬怪，只是要個揚眉吐氣了不可得。

久久參請，有朝一日，一刹那間，一時觸翻，了無遺剩也。你若舌頭邊討滋味，意思上沾唾沫，没眼宗師好將實法與人，演些教理，帶些止觀，怕人問著無得回報，翻道參禪須是死坐，坐要長久，與他相應，不得拈槌竪拂，轉語機鋒，都是游嘴。此是自己不曾真悟，不知好歹，只要謾人自是，不知賺害後生晚學，打入惡套，或坐致成疾，終身不救。或吐血，或發狂，或墮死水裏，或合在經教上與《宗鏡録》相參，種種不可救藥，嗚呼！

學道貴有師耳，師承手段毒辣，無你尋香逐臭處，如鐵眼抽絲，夾棒敲骨，不得不圓，不得不死。若是打掃潔净禪堂，閉門杜路，三茶六飯，閒閒地養一隊瞌睡漢，把一個"念佛的是誰"、"本來面目"與本性今日也合，明日也合，只要呆呆地坐冷，冷到身心俱不見了，即便歡喜，便贊嘆他好功夫，便道真相應處，便道此是行到，不是説到。將冬瓜印子一磕磕住，弄一隊野狐精，貢高我慢，遍歷人門，大其口舌云："是某宗師印下的！"又有一輩單單煉個機鋒，快其口舌。又有影影傍著教理，如生盲人倚棒，各各自高，他強我弱。

殊不知做功夫無恁麼格則，不用安排，只是去不得底話頭，拼命疑去，久久不懈，懈了再發，日親師長，一槌煉就。或有未了，漸漸鍛煉，以了爲期，皆是刹那際三昧入手。而復於服勤侍者處，温研積稔而成者也。諸公如或未信，請細檢燈録諸祖列傳，一一透過，自己眼明，方知我不欺汝也，珍重！

五、和隱真子勸修偈

解　題

一、版本

　　本書所依底本即上海圖書館藏漢
月七種文獻合訂本（索書號：線善
798214,詳前）之第三種，乃明刻本。半
頁9行，每行18字，白口，單魚尾。因此
書接續於《於密滲參禪諸偈》之後，版心
仍記書名爲"參禪偈"，且版心净尺寸與
前者同，爲14.2×20.4 cm。半頁9行，
每行18字，白口，單魚尾，版心上方記
書名"參禪偈"①及頁碼。（參圖版八）

二、内容説明

　　《和隱真子勸修偈》包含漢月所作
《序》、勸修偈三十首以及《十二時歌》，
根據《三峰藏和尚語録·三峰和尚年譜》

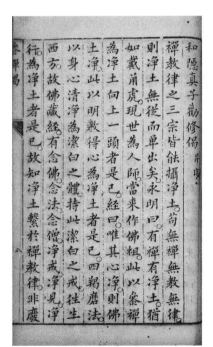

圖版八　上海圖書館本

　　①　此文獻於上海圖書館藏合集本中，接續於《於密滲參禪諸偈》之後，因此版心仍記
書名爲"參禪偈"。

所記，漢月 50 歲(1622)作《和隱真子勸修偈》三十首。① 漢月於《序》中以
"禪、教、律之三宗皆能攝净土"起首，以"和三十日偈以勸參禪爲净土切要
最上事"結尾，明確表達出净土是當時廣爲大衆所喜好的修行，但是，漢月堅
持主張禪、教、律是修净土的基礎，其中參禪更是净土修行最切要之事。

　　漢月爲了論證禪、教、律是修净土的基礎，引述了四種説法爲證：據
稱爲永明延壽(904—975)所作的"有禪有净土，猶如戴角虎。現世爲人
師，當來作佛祖"之説；《維摩詰經》所説"唯其心净，則佛土净"；四羯磨法
以身心清净爲潔白之體，持此潔白之戒便能往生西方；《佛藏經》念佛、念
法、念僧、净戒、净見、净行之説。② 漢月强調禪、教、律是修净土的基礎，
是因爲身處於净土信仰盛行的明代。漢月描述當時之人，多不喜參禪，單
學念佛，便謗毁參禪爲非法；或因不了解經教，便以教説爲多餘；或不肯接
受戒律之拘束，便認爲守戒律是多事。漢月這些舉證的目的很明顯是强
調，儘管修行净土也絶不可放棄禪、教、律的學習與實踐。

　　漢月更進一步以雲棲袾宏(1535—1615)爲例，并稱之爲"吾師"，漢月
認爲袾宏所著《阿彌陀經疏鈔》所云參"念佛的是誰？"爲上等净土，以證袾
宏亦以參禪爲修净土最終目標；③又説袾宏宣講《華嚴》、《楞嚴》諸經，以
經教爲修净土之綱要；袾宏又注《梵網經戒疏發隱》，以律爲修净土之金
湯。④ 因此，漢月總結袾宏爲"以禪、教、律兼修而攝净土"，勸勉世人切不

---

① 《三峰藏和尚語録》，新文豐版《嘉興藏》(34)，頁 207 下。
② 《净土指歸集》，《卍新纂續藏經》(61)，頁 379 下。《維摩詰所説經·佛國品》作
"隨其心净，則佛土净"，《大正新修大藏經》(14)，頁 538 下。漢月《弘戒法儀》卷二曰："比
丘戒名聲聞戒，以白四羯得潔白體。"《卍新纂續藏經》(6)，頁 611 中。《佛藏經》(T. 653)
有念佛、念法、念僧、净戒、净見等品，《大正新修大藏經》(15)。
③ 袾宏於其《阿彌陀經疏鈔》中云："體究念佛與前代尊宿教人舉話頭、下疑情，意極
相似，故謂參禪不須別舉話頭，只消向一句阿彌陀佛上著到。"《卍新纂續藏經》(22)，
頁 659 下。有關袾宏之研究，亦可參 Chun-fang Yu, *The Renewal of Buddhism in China*.
New York: Columbia University Press, 1981, pp.9 - 28。
④ 袾宏於《梵網菩薩戒經義疏發隱》注云持戒有以下功用："未來生處者，報盡必離
惡趣，生净土也。"《卍新纂續藏經》(38)，頁 137 上。

可"聞一而廢三",亦即不可只行净土而廢禪、教、律。

最後,漢月以宋代如如居士颜丙之《普勸修行文》和隱真子之《勸修偈》爲例,藉以説明念佛修净土貴在需參禪,而且不可離教,亦不可無律。其中如如居士颜丙,根據現存文獻記爲福州雪峰可庵然禪師之法嗣,有《勸修净業文》,收於《龍舒增廣净土文》中。① 但是,宋代隱真子則不知何人,而且漢月所録之隱真子《勸修偈》内容,如"報君今日是廿五,念佛參禪戴角虎,現生便得爲人師,來世應當作佛祖",現今此部偈多傳爲中峰明本(1263—1323)所作之《净土偈》,但是,在《天目明本禪師雜録》和《天目中峰廣録》中皆不見此《净土偈》。②

不過,儘管依目前文獻來看,隱真子《勸修偈》之出處雖不詳,但却是當時啓發漢月作《和隱真子勸修偈》之原因。依漢月所録隱真子《勸修偈》之内容來看,是以念彌陀和生净土爲宗旨,此《勸修偈》是依一個月之三十日來作爲三十日偈的架構,如:

> 報君今日是初三,本性彌陀正好參。
>
> 參去參來參到透,超生脱死有何難?③

若同以初三偈爲例,漢月則和以如下内容:

> 報君今日是初三,參到難參拼命參。
>
> 踏斷青蛇七寸命,翻身拍手笑奇男。④

漢月如此唱和至三十日,共三十偈,但是,若比較二者之内容,漢月《和隱

---

① 《續傳燈録》記:"可庵然禪師法嗣一人如如居士颜公(一人無録)。"《大正新修大藏經》(51),頁 701 上。另《居士傳》有"著勸修净業文行於世"的記載,《卍新纂續藏經》(88),頁 240 上—中。《獅子峰如如颜丙勸修净業文》現可見收於《龍舒增廣净土文》,《大正新修大藏經》(47),頁 286 中—287 上。

② 此《净土偈》雖現今多傳爲中峰明本所作,但是《天目明本禪師雜録》中的三部净土偈頌《勸念阿彌陀佛》、《懷净土》(十首)和《懷净土詩》,并無此漢月所録之《勸修偈》,《天目中峰廣録》中亦無此文,CBETA 電子佛典,《大藏經補編》(25),頁 959 中。

③ 參本書《和隱真子勸修偈》。

④ 參本書《和隱真子勸修偈》。

真子勸修偈》却全然不是勸修净土,而是勸修參禪,如漢月第一偈談及上個月的三十日已空過,這個月的初一就應發猛參話頭:

> 報君今日是初一,送過幾多三十日。
>
> 這回發猛莫放鬆,一個話頭黑如漆。①

因此,漢月雖因隱真子《勸修偈》所啓發而作《和隱真子勸修偈》,其心心念念所繫仍是參禪之修行。

最後,此書又附上漢月所作《十二時歌》。《十二時歌》是一種禪師常作的修道偈,以一日中十二時辰的十二地支爲順序,每一時辰都分別搭配佛教的思想或修行内容,以歌、頌或偈文體而作成。② 例如漢月《十二時歌》中的申時(下午三時至五時),藉由日光西移,提示我們思維主賓交換的情況:

> 晡時申,松竹蕭稍換主賓。破盡草鞋無用處,夕陽還照住山人。③

如此,若以漢月《十二時歌》搭配《和隱真子勸修偈》的三十日偈,修行者可從每一時到每一日,時時刻刻都以漢月勸修參禪的内容來激勵自己。

---

① 參本書《和隱真子勸修偈》。

② 參拙著《宋代禪宗辭書〈祖庭事苑〉之研究》,高雄,佛光文化,2011 年,頁 42。

③ 參本書《和隱真子勸修偈》。

和隱真子勸修偈 并序

禪、教、律之三宗皆能攝净土，苟無禪、無教、無律則净土無從而單出矣。永明曰："有禪有净土，猶如戴角虎。現世爲人師，當來作佛祖。"①此以參禪爲净土向上一頭者是已。經曰："唯其心净，則佛土净。"②此以明教得心爲净土者是已。四羯磨法以身心清净爲潔白之體，持此潔白之戒往生西方，故《佛藏經》有念佛、念法、念僧、净戒、净見、净行爲净土者是已。③ 故知净土繫於禪、教、律，非廢禪、教、律別爲净土者也。

吾師雲棲老人集《禪關策進》，刻高峰、雪巖等語録，及其所著《彌陀疏鈔》中，以參"念佛的是誰？"爲上等净土，此以禪爲净土之最也。復以《華嚴》《楞嚴》諸經講説討論，此以教爲净土之綱也。又注《梵網經戒疏發隱》，此以律爲净土之金湯也。④ 此雲棲以禪、教、律兼修而攝净

① 《净土指歸集》，《卍新纂續藏經》(61)，頁 379 下。

② 《維摩詰所説經·佛國品》作"隨其心净，則佛土净"，《大正新修大藏經》(14)，頁 538 下。

③ 漢月《弘戒法儀》卷二曰："比丘戒名聲聞戒，以白四羯得潔白體。"《卍新纂續藏經》(6)，頁 611 中。《佛藏經》有念佛、念法、念僧、净戒、净見等品，《大正新修大藏經》(15)。

④ 袾宏於其《阿彌陀經疏鈔》中云："體究念佛與前代尊宿教人舉話頭、下疑情，意極相似，故謂參禪不須別舉話頭，只消向一句阿彌陀佛上著到。"《卍新纂續藏經》(22)，頁 659 下。《梵網菩薩戒經義疏發隱》云："成就威儀者，威嚴可畏，儀軌可則也，無受畜者，不貪求而妄受，不吝嗇而多畜也。未來生處者，報盡必離惡趣，生净土也。"《卍新纂續藏經》(38)，頁 137 上。

土者也，末法光明幢政以此也。今人不喜參禪，單學念佛，遂謗參禪爲非法；不解講教，遂以説教爲餘文；不肯就律之拘束，遂以律爲多事。固知單提一句彌陀爲横出三界捷徑之徑矣，而不知謗之與"餘"與"多"，即爲念佛之大障也。蓋聞一而廢三，短於見聞故耳，吾人不可不廣其心量而去其憎恢也。

兹閲宋如如顏丙居士之《普勸修行文》，中有云："或參禪了悟自心，或念佛求生浄土。"①又隱真子之《勸修偈》云："報君今日是初三，本性彌陀正好參。參去參來參到透，超生脱死有何難？"又云："報君今日是廿五，念佛參禪戴角虎。現生便得爲人師，來世應當作佛祖。"彼二居士生於宋世，所見所聞皆永明諸老之法化，故其出言皆有來自，乃以浄土貴於參禪也，其通篇則教語矣，未嘗離教也。又云："報君今日是初八，要念彌陀須戒殺。汝殺他時他殺汝，輪迴路上如油滑。"是則念佛不可不律也，余因有感於心，乃和三十日偈以勸參禪爲浄土切要最上事，故瑣瑣及此。

報君今日是初一，送過幾多三十日。這回發猛莫放鬆，一個話頭黑如漆。
報君今日是初二，一片鉄山横眼置。徹天火焰三面來，直突前途莫回避。
報君今日是初三，參到難參拼命參。踏斷青蛇七寸命，翻身拍手笑奇男。
報君今日是初四，切莫坐澄談妙義。疑情只在一句難，勘破祖師實容易。
報君今日是初五，提起千鈞射潮弩。箭頭没羽不留情，透過崖頭石老虎。
報君今日是初六，迸開腦後一隻目。眼前萬事不知名，刀對刀鋒箭拄鏃。
報君今日是初七，七日工夫盡今日。從緣直薦了千生，一著不明便打失。
報君今日是初八，魔來佛來一齊殺。貧兒暴富不值錢，滿把珍珠帳中撒。
報君今日是初九，未易人前開大口。三玄三要作麽生？出語依然亂呈醜。
報君今日是初十，有句無句口頭澀。千回萬轉不得明，一片工夫重壁立。

① 《龍舒增廣浄土文》記："若未能學道參禪也，且勤持齋念佛。"《大正新修大藏經》(47)，頁 287 上。

報君今日是十一，大機之用從何出？再參馬祖舊因緣，仔細探求莫粗率。

報君今日是十二，三際頓消永絕智。若還只到伏粘忘，款款蘇來落妙義。

報君今日是十三，不到尊貴不放憨。何人直向千峰外？拄杖橫擔坐草菴。

報君今日是十四，未得放身重猛利。又看兩度七日過，慚愧迸天揮涕泗。

報君今日是十五，眨眼不來成萬古。明月團團生結冤，擬著分明撞老虎。

報君今日是十六，半月已過空碌碌。脫新整頓輥疑團，忽聽一聲攀折竹。

報君今日是十七，從此打翻心性窟。空中一劃萬事休，投却羲文卦圖筆。

報君今日是十八，抬頭望見隔江刹。臨濟三頓痛不休，至今惹得兒孫滑。

報君今日是十九，師兒莫易人前吼。一回賓主換不來，長袖攣拳露出肘。

報君今日是二十，德山托鉢尤難及。密啓縱然會得來，死活三年還氣急。

報君今日是廿一，三番打七重重密。既知已得斷命根，爲甚死生在形質？

報君今日是廿二，説法如何猶涉智？從令差別萬途通，無夢想時多鈍置。

報君今日是廿三，喜怒當機孰指南？不到林公醉些酒，誰敢回身入鬧籃？

報君今日是廿四，云何無礙入事事？知君悟到出格間，動著依然落放肆。

報君今日是廿五，真是鵝王擇水乳。會來不透主中賓，如何得會主中主？

報君今日是廿六，君牛畢竟如何牧？從教落草不拽來，露地應知未純熟。

報君今日是廿七，皮膚脫盡見真實。睡醒風暖晝日長，花落晴簷語梁乢。

報君今日是廿八，途路翻如投井轄。分明船子踏翻舟，萬里征鴻雙羽鎩。

報君今日是廿九，末句如何細分剖？小盡大盡死與生，初一輪還在明後。

報君今日是三十，倒卓順衣從出入。那邊一句更要參，此法未容輕結集。

十 二 時 歌

半夜子，睡中消息難呈似。無端被底脚頭伸，踏破梅花畫帳紙。

雞鳴丑，生佛紛紛夢中有。翻身摸著枕頭邊，恠道驢手是佛手。

平旦寅，摩挲兩眼見行人。青山一片半江水，幾度東風喚作春。

日出夘，水牯牛兒太潦倒。自從拽斷鼻頭繩，喫盡山前山後草。

食時辰，行事何勞管帶頻。撥著地爐松子火，破砂鍋裏粥翻身。

禺中巳，嬾向人前拈拂子。撞著南鄰北舍翁，只看栽瓜種桃李。

日南午，拈出鉢盂獰似虎。一回飯飽收入囊，疑殺從來諸佛祖。

日昃未，誰道諸方浩浩地？種田博飯我不能，兩眼昏昏只思睡。

晡時申，松竹蕭稍換主賓。破盡草鞋無用處，夕陽還照住山人。

日入酉，依舊面南看北斗。觸著汾陽獅子兒，直向千峰大哮吼。

黃昏戌，覿面相逢黑如漆。任佗描摸許多般，九九原來八十一。

人定亥，翻轉禪衣沒頂蓋。瞎著首羅三眼睛，是睡是醒都不會。

六、於密滲宋元三尊宿做工夫因緣邪正注

解　題

一、版本

本書所依底本即上海圖書館藏漢月七種文獻合訂本（索書號：線善 798214，詳前）之第一種，乃明刻本，版心净尺寸爲 14.2×21.1 cm。半頁 9 行，每行 18 字，白口，單魚尾，版心上方記書名“三老因緣”及頁碼。（參圖版九）

二、内容説明

《於密滲宋元三尊宿做工夫因緣邪正注》内容爲漢月所摘引的三位尊宿之生平行履和漢月之注語，三位尊宿分別爲宋代大慧宗杲、元代雪巖祖欽和元代高峰原妙，漢月之注語則爲雙行夾注。①

圖版九　上海圖書館本

---

① 《於密滲宋元三尊宿做工夫因緣邪正注》現今亦可見於《禪宗全書》第 35 册中，但書名爲《大事因緣》，此書錯記作者爲清代“揚州石成金天基注訂”（石成金生活於康熙至乾隆初年）。此錯誤信息應爲石成金之子宰年和嵩年校刻此書之誤，因爲此書另四篇爲源自《博山和尚參禪警語》的《評古德垂示警語》部分内容，實際作者爲博山無異元來（1575—1630），因此石成金應該只是抄録漢月和無異元來之著作。但是，此信息亦顯示清代時，石成金讀到了漢月《於密滲宋元三尊宿做工夫因緣邪正注》以及録寫其内容。參見《禪宗全書》第 35 册，臺北文殊出版社，1988 年，頁 297—315。

　　《於密滲宋元三尊宿做工夫因緣邪正注》首頁記有"明吳門北禪寺沙門法藏注"，可見成書時，有別於三峰禪寺時期，當時漢月應已駐錫於北禪寺。《三峰藏和尚語錄·三峰和尚年譜》所記漢月與北禪寺之因緣爲漢月50歲（1622）時，蘇州北禪寺住持和諸護法來《疏》請漢月開法九夏，翌年漢月又在北禪寺開戒，最後，1626年，漢月54歲時，北禪寺正式邀請他駐錫開堂。① 此外，漢月爲前書《於密滲禪病偈》所作的跋亦提及宋代大慧宗杲、元代雪巖祖欽和高峰原妙三尊宿，此跋文末尾附有漢月作於"天啓丙寅（1626）六月北禪寺禁蛙堂"的信息，所以，《於密滲宋元三尊宿做工夫因緣邪正注》應最早成書於1626年。

　　此書中漢月所錄三位尊宿生平之來源，經筆者比對後推判：宋代大慧宗杲之生平内容主要摘引自《指月錄》中《臨安府徑山宗杲大慧普覺禪師語要》；②元代雪巖祖欽之生平内容，漢月説明是源自元雪巖欽禪師《普説》，今則可見於《雪巖和尚語錄》；③漢月所摘引元代高峰原妙之生平内容，今則可見於《高峰原妙禪師語錄》中高峰原妙之《行狀》。④

　　至於漢月注語三位禪師生平的方式，筆者以大慧爲例説明。漢月先簡略《臨安府徑山宗杲大慧普覺禪師語要》的信息再加以注語，如下所示：

　　　宋大慧杲禪師，年十六出家，十七落髮，即喜宗門中事，遍閱諸家語錄，猶喜雲門睦州語。

　　　　便是上等根器。

---

　　①　《三峰藏和尚語錄·三峰和尚年譜》，新文豐版《嘉興藏》（34），頁207中—208中。

　　②　《指月錄·臨安府徑山宗杲大慧普覺禪師語要》，《卍新纂續藏經》（83），頁730下，《指月錄》爲萬曆三十年壬寅（1602），瞿汝稷（1548—1610）所編錄。另，有關大慧之生平亦可參《大慧普覺禪師年譜》，新文豐版《嘉興藏》（42），頁793上—下。現代學者之研究，參中西久味《〈大慧普覺禪師年譜〉訳注稿》（一）—（六），《比較宗教思想研究》十四輯，2014年，頁1—72；十五輯，2015年，頁25—89；十六輯，2016年，頁23—65；十七輯，2017年，頁23—77；十八輯，2018年，頁1—32；十九輯，2019年，頁39—92。

　　③　《雪巖和尚語錄》，《卍新纂續藏經》（70），頁606中以下。

　　④　《高峰原妙禪師語錄·行狀》，《卍新纂續藏經》（70），頁698以下。

上文中,針對大慧年十六、十七便出家落髮,除了遍閱禪宗諸家語錄,特別是喜愛雲門文偃(864—949)和睦州道踪(活躍於 889 年)語錄的記載,漢月還在注語中表達了對大慧的讚嘆:“便是上等根器。”漢月如此注語的方式,在禪宗典籍中,與宋代圜悟克勤編撰的(1063—113 五)《碧巖錄》相似。①

　　再者,漢月於其注語中,不僅針對大慧之言行表達其個人觀點,亦藉此表達他對禪宗的看法,如大慧“嘗疑:五家宗派,元初只是一個達磨,甚處有許多門庭”,漢月於其注語便説:“未識羞者,箇箇有這高論,及乎參到深處,不得不入他門庭也。”②此觀點符合漢月一向對禪宗五家之看法,亦即五家各有其宗旨和特色,參禪者必須要深入各家門庭纔得以一窺各家之奧妙。

　　最後,此書既名爲《於密滲宋元三尊宿做工夫因緣邪正注》,漢月對於這三位尊宿生平內容最強調的便是他們如何做工夫,通過參禪而得悟的因緣。例如大慧最初參湛堂文準(1061—1115)時,湛堂告訴他:“若你不得這一解,我方丈裏與你説時,便有禪,纔出方丈,便無了。惺惺思量時,便有禪。”漢月對這一段話的注語即爲:“全是心意識。”③但是,漢月注語雪巖祖欽做工夫因緣時,又批評有些禪師教導只是參“無”字,這是“堵絕意根”的錯誤看話頭方法:

　　邪師因自不曾真悟一悟,只道看話頭是堵絕意根底。若果如此,那裏世世生生將個話頭堵得許多? 直是悟始得耳,看個“無”字是歇前語,古人發疑,只爲有個問處,言:“狗子有佛性也無?”答云:“無!”以此前後兩句不通義路,故不得不疑,不得不悟耳。若歇却前問,單舉“無”字,是外道斷見,有何長處? 若念息便放下,是內守幽閒,法塵影事,

---

①　如參《佛果圜悟禪師碧巖錄》,《大正新修大藏經》(48),頁 140 上。
②　參本書《於密滲宋元三尊宿做工夫因緣邪正注》。
③　參本書《於密滲宋元三尊宿做工夫因緣邪正注》。

待他純熟是要熟鬼窟裹生涯耳。①

漢月認爲看話頭者若是單舉個"無"字,只是念息,就如黑山鬼窟冷坐,因此,話頭必須有個問處,如:"狗子有佛性也無?"的問句,答案爲"無!"時,因爲此前後兩句義路不通,所以看話頭者不得不生起疑情,如此有疑纔能得悟。漢月藉由不僅重述三位尊宿行脚、訪師、參禪、開悟的過程,并且於其注語中提點讀者在這些過程中應該注意的細節。

此外,這三位尊宿做工夫得悟的因緣雖然都不同,但最後的目標都是契證,因此,例如在圓悟對大慧説:"我只以契證爲期,若不契證,斷不放過!"漢月便注語如下:

> 直須以契證爲期,方不諸訛。契證者,前後際斷,要實實事上打斷方得前後際斷的契證。得一橛者,要實實證到推移不動田地,方得一橛底契證。法中契證者,要法法自己薦一薦,方是契證。不可口耳傳授賺人,末上一了,要實實了却,須有契證處。如高峰枕聲,雪巖古柏,方是證悟之期。不然縱有證處,亦是火氣未絕,不足貴也。若真正爲生死參禪,不圖假莊禪套,換衣換食者。切須信之! 信之!②

可見漢月作《於密滲宋元三尊宿做工夫因緣邪正注》的最終目的,在於以三位尊宿做工夫得悟的因緣爲實例,讓參禪者了解在行脚、訪師、參禪、開悟的過程中,會有甚麼困難,漢月又依自己參禪的經驗提醒該注意的細節,尤其是一再叮嚀必須以"契證爲期",必要"實實證到推移不動田地",如此纔是"真正爲生死參禪"! 此次,由於此書之重新問世,漢月之用心良苦纔得重見於世人。

---

① 參本書《於密滲宋元三尊宿做工夫因緣邪正注》。
② 參本書《於密滲宋元三尊宿做工夫因緣邪正注》。

於密滲宋元三尊宿做工夫因緣邪正注

明吳門北禪寺沙門法藏注

〔宋大慧杲禪師〕

宋大慧杲禪師,年十六出家,十七落髮,即喜宗門中事,遍閱諸家語録,猶喜雲門睦州語。

　　便是上等根器。①

嘗疑：五家宗派,元初只是一個達磨,甚處有許多門庭？

　　未識羞者,箇箇有這高論,及乎參到深處,不得不入他門庭也。

性俊逸不羈,十九遊方,初至太平杯度庵,庵主迎待恭甚曰："夜夢伽藍神告以雲峰悦師來,戒令蕭侯也。"杯度老宿因以悦②語示師,師過目成誦,人遂謂雲峰後身。既謁宣州明寂珵③禪師,請益雪竇拈古、頌古,珵不假

---

　　①　漢月注語於本正文中,以低二格表示。

　　② 雲峰文悦(997—1062),臨濟宗汾陽善昭下大愚守芝(？—1034 或 1056)法嗣,《古尊宿語録》有《雲峰悦禪師初住翠巖語録》,《卍新纂續藏經》(68),頁 259 上以下；中西久味《〈大慧普覺禪師年譜〉訳注稿》(一),《比較宗教思想研究》十四輯,2014 年,頁 17。

　　③ 瑞竹紹珵,臨濟宗興教坦禪師法嗣,中西久味《〈大慧普覺禪師年譜〉訳注稿》(一),頁 18。

一言,令自見自說,師輒洞達微旨。

此是宿習露現處,若不參到悟,如隔羅縠,不得實受用。

珵歎曰:"杲必再來人也。"過郢州大陽,見元首座、洞山微和尚、堅首座,師周旋三公會下甚久,盡得曹洞宗旨,見其授受之際,必臂香以表不妄付。

洞宗從雲巖付《寶鏡三昧》便錯起也。

念曰:"禪有傳授,豈佛祖自證自悟之法?"棄之。

可見宋時洞宗不用自悟矣。

遍歷諸方,嘗至奉聖初和尚處。① 值初上堂,師出問,承和尚有言:"金蓮從地涌,寶蓋自天垂,爲是神通玅用? 爲是法爾如然?"初曰:"金蓮從地涌,寶蓋自天垂。"師曰:"鸞鳳不棲荆棘樹,燕雛猶戀舊時窠。"初曰:"三年不相見,便有許多般。"師曰:"只如適來僧道'昔日世尊,今朝和尚',又作麼生?"初便喝! 師曰:"這一喝未有主在!"初回頭取拄杖稍遲,師曰:"掣電之機,徒勞佇思。"拍手一下,歸衆。

隔生事向夢中拈。

已而參心印珣公,珣令至寶峰依湛堂準公②。

僞寶值賈胡。

師始至,機辨〔縱〕③橫。一日湛堂問曰:"你鼻孔今日因甚無半邊?"對曰:"寶峰門下。"堂曰:"杜撰禪和!"

不入師法,變成杜撰。

_____

① 奉聖初和尚,疑爲道初,於宣和年間(1119—1125)住奉聖寺,中西久味《〈大慧普覺禪師年譜〉訳注稿》(一),頁15。

② 湛堂文準(1061—1115),臨濟宗黃龍派真净克文(1025—1102)法嗣,《續古尊宿語要》有《湛堂準和尚語》,《卍新纂續藏經》(68),頁365上—下;中西久味《〈大慧普覺禪師年譜〉訳注稿》(一),頁26。

③ 原文作"從",筆者依語意修改爲"縱"。

又一日,於粧十王①處問曰:"此官人姓甚麼?"對曰:"姓梁。"堂以手自摸頭曰:"爭奈姓梁底少個幞頭?"對曰:"雖無幞頭,鼻孔髣髴。"堂曰:"杜撰禪和!"又看經次,問曰:"看甚麼經?"對曰:"《金剛經》。"堂曰:"是法平等,無有高下,爲甚麼雲居山高,寶峰山低?"對曰:"是法平等,無有高下。"堂曰:"你做得個座主使下。"

> 識破你也,今人用一肚皮座主禪,自高自大,抹殺真宗,何時得遇寶峰? 縱遇寶峰,奈何養成善知識門面,必不肯信,可嘆也!

一日侍次,湛堂視師指爪曰:"想東司頭籌子,不是汝洗。"師承訓,即代黃龍忠道者,②作净頭九月。

> 今人要閉門坐禪,累衆僕僕,縱悟得亦是細娘禪,定無出世福,亦無好兒孫振起。

一日堂問曰:"杲上座,我這裏禪,你一時理會得,教你説也説得,教你做拈古、頌古、小參、普説,你也做得。祇是有一事未在,你還知麼?"對曰:"甚麼事?"堂曰:"你祇欠這一解在囝。"

> 須得入處,從緣一薦方真。

"若你不得這一解,我方丈裏與你説時,便有禪,纔出方丈,便無了。惺惺思量時,便有禪。"

> 全是心意識。

"纔睡著,便無了。若如此,如何敵得生死?"

> 幾乎不起之疾,今日診著,將有生色矣。

---

① 《大慧普覺禪師普説·永大師請普説》記"地藏十王塑像",《卍正藏經》(新文豐版),第 59,頁 877 中;中西久味《〈大慧普覺禪師年譜〉訳注稿》(一),頁 29。
② 黃龍忠道(1084—1149),又稱黃龍法忠,臨濟宗楊岐派佛演清遠(1067—1120)法嗣,中西久味《〈大慧普覺禪師年譜〉訳注稿》(一),頁 26。

對曰：“正是某甲疑處！”湛堂疾亟，師問曰：“儻和尚不復起，某甲依誰可了此大事？”

堂曰：“有個勤巴子，我雖不識渠，然汝必依之，可了汝事。”

真悟底人，千里同風，不必面見便知端的。

“若見渠不了，便修行去，後世出來參禪。”

宋時禪師如麻，真人不過一個兩個，若不遇真師，則不但杜撰，將入異路矣。

及堂化後，師往荊南，謁張無盡①求塔銘。張問曰：“公祇恁麼著草鞋遠來？”師曰：“某數千里行乞，來見相公。”又問：“年多少？”師曰：“二十四。”又問：“水牯牛年多少？”師曰：“兩個。”又問：“甚麼處學得這虛頭來？”師曰：“今日親見相公。”張笑曰：“且坐喫茶。”纔坐，又問：“遠來有何事？”師趨前曰：“泐潭和尚示寂茶毗，眼睛、牙齒、數珠不壞，舍利無數，求大手筆作塔銘激勵後學。”張曰：“有問問公，若道得即作塔銘。”師曰：“請相公問。”張曰：“聞準老眼睛不壞是否？”曰：“是！”張曰：“我不問這箇眼睛。”曰：“相公問甚麼眼睛？”張曰：“金剛眼睛。”曰：“若是金剛眼睛，在相公筆頭上。”張曰：“若如此，老夫爲他點出光明，令他照天照地去也！”師謝，張遂著銘。

復謁靈源、②草堂③諸大老，咸被賞識，與洪覺範遊，覺範嘗見其《十智同真頌》云：“兔角龜毛眼裏栽，鐵山當面勢崔巍。東西南北無門入，曠劫無明當下灰。”

---

① 張商英（1043—1121），治平二年（1065）進士，累遷至宰相等要職，兜率從悦（1044—1091）法嗣；中西久味《〈大慧普覺禪師年譜〉訳注稿》（一），頁33。

② 靈源惟清（？—1117），臨濟宗黄龍派晦堂祖心（1025—1100）法嗣，《續古尊宿語要》有《靈源清禪師語》，《卍新纂續藏經》（68），頁363下以下；中西久味《〈大慧普覺禪師年譜〉訳注稿》（一），頁50。

③ 草堂善清（1057—1143），臨濟宗黄龍派晦堂祖心法嗣，《續古尊宿語要》有《草堂清和尚語》，《卍新纂續藏經》（68），頁362下以下；中西久味《〈大慧普覺禪師年譜〉訳注稿》（一），頁50。

猶是合頭語。

歎曰：“作怪？我二十年做工夫也只到得這裏？”

“作怪”二字，便有疑他處。

又過無盡，無盡與論百丈再參馬祖因緣。師自泐潭準和尚處，將謁圜悟勤。遇張無盡，一日無盡謂曰：“余閱雪竇拈古，至百丈再參馬祖因緣，曰：‘大冶精金，應無變色。’投卷歎曰：‘審如是，豈得有臨濟今日耶？’遂作一頌曰：‘馬師一喝大雄峰，深入髑髏三日聾。黃檗聞之驚吐舌，江西從此立宗風。’後平禪師致書云：‘去夏讀臨濟宗派，乃知居士得大機大用，且求頌本。’余作頌寄之曰：‘吐舌耳聾師已曉，搥胸祇得哭蒼天。盤山會裏翻筋斗，到此方知普化顛。’諸方往往以余聰明博記，少知余者。師自江西法席來，必能辨優劣，試爲余言之。”

師答曰：“公見處，與真淨死心合。”張曰：“何謂也？”師乃舉真淨頌曰：“‘客情步步隨人轉，有大威光不能現。突然一唱雙耳聾，那吒眼開黃檗面。’死心拈云：‘雲巖要問雪竇：既是“大冶精金，應無變色”，爲甚麼却三日耳聾？諸人要知麼？從前汗馬無人識，祇要重論蓋代功。’”張拊几曰：“不因公語，爭見真淨死心用處？若非二大老，難顯雪竇馬師爾。”

細入堂奧，事雖儼然，畢竟如隔一層。

無盡亟賞之，促師見圜悟。

促師見悟，知其未盡也。

及悟住天寧，師往依之，自惟曰：“當以九夏爲期，其禪若不異諸方，妄以余爲是，我則造《無禪論》去也。”

古人根器，大有自知之明，今人若恁麼而復有人言不是，便掉頭不顧矣，何有後日大光明耶？

“枉費精神，蹉跎歲月，不若弘一經一論，把本修行，庶他生後世不失爲佛法中人。"

可見今之一橛禪，是不把本，枉費精神耳。

既見悟，晨夕參請。

今人只求入堂，前關後鎖，於中打坐念話頭，有經時不見和尚者，若令渠晨夕參請，便作弄嘴漢矣。

悟舉雲門"東山水上行"語令參，師凡呈四十九轉語，悟不肯。

今人能轉四十九語而師不肯，便爲無是事矣。

悟一日陞座，舉雲門語曰："天寧即不然。若有人問：'如何是諸佛出身處？'但向他道：'薰風自南來，殿閣生微凉。'"師聞舉豁然，以白悟。悟察師雖得前後際斷，動相不生，却坐淨裸裸處，語師曰："也不易你到這個田地，但可惜死了，不能得活。不疑言句，是爲大病。不見道：'懸崖撒手，自肯承當。絶後再甦，欺君不得。'須知有這個道理。"師言："某甲只據如今得處，已是快活，更不能理會得也。"

前後際斷，心意識頓然一破，身心世界、魔、佛、凡、聖、人、法俱亡，謂之懸崖撒手。行人到此，方纔自肯承當，再無疑矣。只是承當處，正坐死水法身邊，是真奢摩他，是空邊際，雖然生死門頭橫出直入，而未見佛道，但得暫時休歇耳。其救死之法，只在言句上重新起疑，若言句上悟一悟，便得一橛。若在空閒處生照，則好光景尚在，不肯力參矣。須是打亂他光景，方纔著忙肯參耳。

悟令居擇木堂，爲不釐務侍者，日同士大夫閒話。

悟要打亂他好光景，故令居不釐務侍者之役，務不專治，忙亂不過，自然打失真妙法也。

入室日不下三四，每舉"有句無句，如藤倚樹"問之，師纔開口，便曰："不是！"經半載，念念不忘於心。

今人得一概，便機迅自了，只爲不遇真師，不曾向大法上用力，不透最後重關耳，直須恁麼始得。

一日同諸客飯，師把箸在手，都忘下口，悟笑曰："這漢參黃楊木禪却倒縮去。"

黃楊遇閏年則厄，倒縮一節，參禪只爲頻頻倒縮，所以乾得竭，破得大，入得深。

師曰："這個道理恰似狗看熱油鐺，欲舐舐不得，欲捨捨不得。"

此猶是合頭語，只是形容做工夫極妙。

悟曰："你喻得極好，這個便是金剛圈栗棘蓬也。"一日問曰："聞和尚當時在五祖①曾問這話，不知五祖道甚麼？"悟笑而不答。師曰："當時須對衆問，如今説亦何妨？"悟曰："我問：'"有句無句，如藤倚樹"意旨如何？'祖曰：'描也描不成，畫也畫不就。'"

五祖忒煞狼籍，可惜許也，可笑今人尚骰不著。

又問："樹倒藤枯時如何？"祖曰："相隨來也！"師當下釋然曰："我會也！"

推山塞海，水陸并進，不容不悟到徹底。

悟遂舉數諸訛因緣詰之，師酬對無滯。悟曰："始知我不汝欺。"

真正湛堂是作家。

遂著《臨濟正宗記》付之。

前來疑五家宗旨無如是事，今日受他臨濟宗旨，方是大徹。

師既大徹，反於數禪客有疑，乃以問悟，悟云："我這裏禪如大海相似，你須將個大海來傾去始得。若只將鉢盂盛得些子去便休，是你器量只如此，教

①　五祖法演(1024？—1104)，白雲守端(1025—1072)法嗣，有《法演禪師語録》，《大正新修大藏經》(47)，頁 649 上以下；中西久味《〈大慧普覺禪師年譜〉訳注稿》(一)，頁 70。

我怎奈何?"

　　禪如大海,須要深窮。今人但弄得了當,翻道別人不是,正是棄海認
　　漚,只發一笑。

"能有幾個得到你田地?"

　　何不學他重參一參?

"往時只有個璟上座與你一般,却已死了也。"未幾,令分座,室中握竹篦以
驗學者,叢林浩然歸重。

　　勘辨人無知竹篦之妙,今人怪其無處吐氣,便言:"竹篦不是話頭!"
　　可笑!

會女真之變,欲取禪師十數,師在選獲免,趨吳虎丘,閱《華嚴》至八地文,
洞徹昔所請益"湛堂殃崛奉佛語救產難因緣"。初以此請益湛堂,堂曰:
"正爬著我癢處,這話如金〔屎〕法,不會如金,會得如〔屎〕。"師曰:"豈無方
便?"堂曰:"我有個方便,只是你劃地不會。"師曰:"望和尚慈悲。"堂曰:
"殃崛云:'我乍入道,未知此法,待問世尊。'未到佛座下,他家生下兒子時
如何?'我自從賢聖法來未曾殺生。'殃崛持此語未到他家,已生下兒子時
如何?"師茫然。

至是讀至菩薩登第七地,證無生法忍云:"佛子,菩薩成就此忍,即時得入
菩薩第八不動地,爲深行菩薩難可知,無差別,離一切相、一切想、一切執
著,無量無邊一切聲聞、辟支佛所不能及,離諸喧諍,寂滅現前。譬如比丘
具足神通得心自在,次第乃至入滅盡定,一切動心,憶想分別,悉皆止息。
此菩薩摩訶薩亦復如是,住不動地,即捨一切功用行,得無功用法,身、口、
意業,念務皆息,住於報行。

譬如有人夢中見身墮在大河,爲欲渡故,發大勇猛,施大方便,以大勇猛施
方便故,即便寤寤。既寤寤已,所作皆息。菩薩亦爾,見衆生身在四流中,

爲救度故，發大勇猛，起大精進，以勇猛精進故，至此不動地。既至此已，一切功用靡不皆息，二行相行，皆不現前，此菩薩摩訶薩，菩薩心、佛心、菩提心、涅槃心尚不現起，況復起於世間之心？”師因豁然打失布袋，湛堂所説方便，忽然現前。

> 始從前後際斷時，已到佛心、菩薩心尚不現起，況起世心處矣？只是暫時休歇，不是真到永不起處，及進一概，已重到此處，得個著實。但悟處作業，即成動相，故須大法盡而後真真了當。及入大法既盡，奈法路未泯，猶未脱真了，直向最後一了，方是打失布袋。前來途路一步深一步，只是住脚不得，纔住脚便是生死大病，切須知之。尋取真師，務在透遇，若道各人悟處不同，我這一個萬法平沉，昭靈盡絶是極則底？是魔説？是無師外道矣？慎之！慎之！

圓悟詔住雲居，師往覲悟，即請爲第一座。冬至秉拂，昭覺元禪師出衆問云：“眉間挂劍時如何？”師曰：“血濺梵天。”悟于座下以手約住云：“住！住！問得固好，答得更奇。”元乃歸衆。

師每入室，圓悟時來聽其語。一日入室罷，上方丈，悟云：“或有個禪和子得似老僧，汝又如何支遣？”師曰：“何幸如之，正如東坡説：‘作劊子手，一生得遇一個肥漢剮！’”悟呵呵大笑云：“你到與我入室，挼得我上壁也。”悟又問：“達磨西來將何傳授？”師曰：“不可總作野狐精見解。”又問：“據虎頭，收虎尾，第一句下明宗旨，如何是第一句？”師曰：“此是第二句。”

悟常言：“近來諸方盡成窠臼，五祖下，我與佛鑑、佛眼三人結社參禪，如今早見逗漏出來。佛鑑下，有一種做狗子叫鵓鳩鳴，取笑人。佛眼下，有一種覷燈籠露柱，指東畫西如眼見鬼一般。”

> 今人將要學禪，先養長頭髮，買一個蒲團，剪去其棕，弄一條短棍，裝一件破襖。五六月裏穿却，人前卓卓坐起，人後脱却打眠。梳光其髮，帽蓋眉毛，走到人前，八字脚，瞠却眼，捏一個沒要緊問頭問一問。

善知識攄實答他，他便桌上拍一拍，翻一翻帽子，豎拳作證，拂袖便行。及問他意旨何如，他又説一句没來歷談話，連喝數喝，謂之"禪貴須硬"。善知識不肯他，他便毒罵狠打，寫揭帖造謗，無所不致。豈特狗吠見鬼而已？邪師過謬，一至於此，良可嘆息！

"我這裏且無這兩般病。"師曰："擊石火，閃電光，引得無限人弄業識，舉了便會了，豈不是佛法大窠窟？"

擊石火，閃電光處，真得中間的的劍刃上事，著著有出身之路，是從上宗乘爪牙。若此處無殺人手段，翻惹人業識，向理會處生根生葉，師眼不明，無千方百計底法頭翻弄鍛煉，畢竟是個囫圇機鋒塗將去。師既塗人，資亦瞞師，師資相瞞，弄棒弄喝，恰亦相似，爭奈大家在生死業識中過日，妄稱悟道，大妄語成，可不哀歟！

悟不覺吐舌，乃云："休管他！我只以契證爲期，若不契證，斷不放過。"

直須以契證爲期，方不諸訛。契證者，前後際斷，要實實事上打斷，方得前後際斷的契證。得一橛者，要實實證到推移不動田地，方得一橛底契證。法中契證者，要法法自己薦一薦，方是契證。不可口耳傳授賺人，末上一了，要實實了却，須有契證處。如高峰枕聲，雪巖古柏，方是證悟之期。不然，縱有證處，亦是火氣未絕，不足貴也。若真正爲生死參禪，不圖假莊禪套，換衣換食者，切須信之！信之！

師曰："契證即得，第恐只恁麽傳將去，舉了便悟了，硬主張擊石火，閃電光，業識茫茫未有了日。"悟深肯之。

師室中多問衲子："喚作竹篦則觸，不喚作竹篦則背，不得下語，不得無語，不得於意根下卜度，不得囑在無事甲裏，不得於舉起處承當，不得良久，不得作女人拜，繞禪床，不得拂袖便行，一切總不得，速道！速道！"僧擬進語，師便打趁出，時罕有善□其機者。

有僧聞舉，奪却竹篦。師曰："奪却竹篦，我且許你奪却。我喚作拳頭則觸，不喚作拳頭則背，你又如何奪？更饒你道個'請和尚放下著'，我且放下著。我喚作露柱則觸，不喚作露柱則背，你又如何奪？我喚作山河大地則觸，不喚作山河大地則背，你又如何奪？"

時有舟峰長老云："某甲看和尚竹篦子話，如籍没却人家財産了，更要人納物事。"師曰："你譬得極妙。我真要你納物事，你無從所出，便須討死路去也。或投河，或赴火，拚得方始死得，死了却緩緩地再活起來。喚你作菩薩則歡喜，喚你作賊漢則惡發，依前只是舊時人。所以古人道：'懸崖撒手，自肯承當，絶後再甦，欺君不得。'到這裏，始得契竹篦子話。"

又僧聞舉曰："請和尚放下，竹篦即與和尚道。"師放下，僧拂袖便出，師曰："侍者認取這僧！"

又舉問僧，僧曰："甕裏怕走却鼈那！"師下禪床擒住曰："此是誰語？速道！"僧曰："實不敢謾昧，此是竹庵和尚教某恁麽道。"師連打數棒曰："分明舉似諸方！"

師又舉問彌光，光曰："杜撰長老如麻似粟！"師曰："你是第幾個？"光曰："今日捉敗這老賊！"師深肯之。

近禮侍者，久侍師，默究竹篦話無所入。一日入室罷，求指示，師曰："你是個福州人，我説個喻向你。如將名品荔枝，和皮殼剥了，送在你口裏，祇是不解吞？"禮不覺失笑曰："和尚吞却即禍事。"師後復問曰："前日吞了底荔枝，祇是你不知滋味。"禮曰："若知滋味，轉見禍事。"師肯之。

〔元雪巖欽禪師〕

元雪巖欽禪師《普説》①云：山僧五歲出家，在上人侍下聽與賓客交談，便知有這事，便信得及。

---

① 現可見於《雪巖和尚語録》，《卍新纂續藏經》(70)，頁 606 中以下。

再來真種。

便學坐禪。

　　錯起頭在此。

一生愚鈍，

　　只爲走了鈍路。

喫盡萬千辛苦。十六歲爲僧，十八歲行脚，銳志要出來究明此事。

　　善哉傑人！

在雙林鐵橛遠和尚

　　真惡老魔。

會下打十方，從朝至暮，只在僧堂中，不出户庭。縱入衆寮，至後架，袖手當胸，徐來徐往，更不左右顧，目前所視不過三尺。

　　大錯了也。

洞下尊宿要教人看"狗子無佛性"話，

　　邪師過謬，非衆生咎，可惜好漢，撞著惡魔。

只于雜識、雜念起時，向鼻尖上輕輕舉一個"無"字，纔見念息，又却一時放下著，只麼默默而坐，待他純熟，久久自契。洞下門户工夫綿密困人，動是十年、二十年不得到手，所以難于嗣續。

　　欽師善形容邪師教人惡法，可笑如此，邪師因自不曾真悟一悟，只道看話頭是堵絶意根底。若果如此，那裏世世生生將個話頭堵得許多？直是悟始得耳，看個"無"字是歇前語，古人發疑，只爲有個問處。言："狗子有佛性也無？"答云："無！"以此前後兩句不通義路，故不得不疑，不得不悟耳。若歇却前問，單舉"無"字，是外道斷見，有何長處？若念息便放下，是内守幽閒，法塵影事，待他純熟，是要熟鬼窟裏生涯耳。洞上工夫綿密困人，正是提出宋末元來，洞宗少真悟者，只認工夫光景爲事，此法一唱，使天下英靈迷失求悟正法，而困於邪罔工夫也。此是悟後痛恨冤語，形容得曲盡其妙。

我當時忽于念頭起處，打一個返觀。于返觀處，這一念子當下冰冷，直是澄澄湛湛，不動不搖。

正是八識迷境。

坐一日，只如彈指頃，都不聞鐘鼓之聲，過了午齋、放參都不知得。

想要精神化爲土木金石。

長老聞我坐得好，

惡魔得便。

下僧堂來看，曾在法座上贊揚。十九去靈隱挂搭，

吉人天相，撞著真種。

見善妙峰。① 妙峰死，石田②繼席，潁東叟在客司，我在知客寮，見處州來書記

須是他家兒孫始得。

說道："欽兄，你這工夫是死水，不濟得事，動静二相，未免打作兩橛。"我被他說得著，

只爲真有靈骨，魔魅不得。

真個是纔於坐處，便有這境界現前。纔下地行，與拈匙、放箸處，又都不見

① 妙峰之善(1152—1235)，佛照德光(1121—1203)法嗣，《增集續傳燈録》有《杭州靈隱妙峰之善禪師》傳，《卍新纂續藏經》(83)，頁 268 上以下。

② 石田法薰(1171—1245)，破菴祖先(1136—1211)法嗣，有《石田法薰禪師語録》四卷(X. 1386)，《卍新纂續藏經》(70)。

了。他又道:"參禪須是起疑情,大疑大悟,小疑小悟,不疑不悟,須是疑公案始得。"

> 前是去病藥,此是點出話頭不可歇前歇後,須是兩句起疑則悟。

他雖不甚做工夫,他自不庵會下來,不庵是松源之子,説話終是端正。

> 提明臨濟宗,直截源流,令人易悟。

我當下便改了話頭,提個"乾〔屎〕橛"。

> 又錯杜撰,仍是歇前,所以不識好惡,致後喫許多苦處,只爲前來惡套不曾發明去盡耳。

一味東疑西疑,橫看竪看,因改這話頭,前面生涯都打亂了也。

> 也好。

雖是封了被,脇不沾席。

> 又是坐禪惡套。

從朝至暮,行處坐處,只是昏沉散亂,膠膠擾擾,要一霎時净潔也不能得。

> 多事! 多事!

聞天目和尚久侍松源,①是松源嫡子,必得松源説話。

> 真人到也!

移單過净慈,挂搭懷香,詣方丈請益,大展九拜。他問我如何做工夫,遂與從頭直説一遍。

> 且喜他不來聽你許多惡法。

他道:"你豈不見臨濟三度問黄蘗佛法的的大意,三遭痛棒。末後向大愚

---

① 松源崇嶽(1132—1202),密菴傑(1118—1186)法嗣,有《松源和尚語録》(X. 1377),《卍新纂續藏經》(70)。

肋下築三拳，道：'元來黃檗佛法無多子！'汝但恁麼看！"

　　直須向這裏一看便了，何等痛快！

又云："混源住此山時，我做暫到入室，他舉話云：'現成公案，未入門來與你三十棒了也！'但恁麼看！"

　　大似狂鹿中箭，不得不死。

天目和尚這箇說話，自是向上提持。

　　此是悟後真見，他為人作略，特特提明，人當依此下手。

我之病痛，自在昏沉散亂處，他發藥不投，我不歡喜。

　　說自己前中惡毒，迷悶心腑，他不曾忉怛救得。

心中未免道："你不曾做工夫，只是伶俐禪。"尋常請益，末上有一炷香禮三拜，謂之謝因緣，我這一炷香不燒了也。

　　說出當時錯亂，不識好惡處。

依舊自依我，每常坐禪。

　　指出自己執定杜撰處，正是後節多喫生受來源。

是時漳、泉二州有七個兄弟與我結甲坐禪，兩年在淨慈不展被，脅不沾席。

　　惡法流行，人不覺知。英靈漢子多墮此數，所謂學人不了用修行，真成認賊還為子是也。

外有箇脩上座，也是漳州人，不在此數，

　　工夫法子雖錯，然真是猛烈大漢。

只是獨行獨坐。他每日在蒲團上如一個鐵橛子相似，在地上行時，挺起脊梁，垂兩隻臂，開了兩眼，也如箇鐵橛子相似。朝朝如是，日日一般。我每日要去親近他，與他說話些子，纔見我東邊來，他便西邊去；纔見我西邊來，他便東邊去。如是二年間，要親近些子，更不可得。

此是極妙處，若是中夜一睡，而用三頓棒，三十棒話頭，而下如此工夫，不消一二日大徹去者，可惜不睡，打坐所誤。

我二年間，因不到頭，捱得昏了、困了，日裏也似夜裏，夜裏也似日裏；行時也似坐時，坐時也似行時。只是一箇昏沉散亂，輥作一團，如一塊爛泥相似，要一須臾净潔不可得。

形容自己執迷情狀。

一日忽自思量："我辦道又不得入手，身上衣裳又破碎也，皮肉又消爍也。"不覺淚流，頓起鄉念，且請假歸鄉。

爲惡毒所魔，傑人亦幾乎磨退，幸是雪巖，故有後日耳。

自此一放，都放了也！

惡魔脱體，慶快平生！

兩月後再來參假，

幸有生機。

又却從頭整頓，又却到得這一放，十倍精神。

説出脱魔妙處。

元來欲究明此事，不睡也不得，你須是到中夜爛睡一覺，方有精神。

要知山下路，且問過來人。千萬聽取，莫更自錯。

一日，我自在廊廡中東行西行，忽然撞著脩兄，遠看他，但覺閑閑地，恰恰然，有自得之貌。

此是脩公于前後際斷，妄自坐著，不得悟處光影。

我方近前去，他却與我説話，就知其有所得。

未在。

我却問他：“去年要與你説話些箇，你只管迴避我，如何？”他道：“尊兄，真正辦道人無剪爪之工，更與你説話在？”

好！

他遂問我做處如何。與他從頭説一遍了，末後道我如今只是被箇昏沉散亂打并不去。他云：“有甚麼難？自是你不猛烈！”

“猛烈”二字，參禪骨頭。

“須是高著蒲團，竪起脊梁，教他節節相拄，盡三百六十骨節，八萬四千毛竅，并做一箇‘無’字，”

惡套！惡套！幸有骨力。

“與麼提起，更討甚麼昏沉散亂來？”我便依他説，

千古大人。

尋一箇厚蒲團，放在單位上，竪起脊梁，教他節節相拄，透頂透底，盡三百六十骨節，一提提起，正如一人與萬人敵相似，提得轉力，轉見又散。

提字只爲歇前語，疑“無”著實，故有此弊。

到此盡命一提，忽見身心俱忘，但見目前如一片銀山、鐵壁相似。

使盡涓力，方得到此，只是悟門轉遠，可笑耳！

自此，行也如是，坐也如是，清清三晝夜，兩眼不交睫。到第三日午後，自在三門下如坐而行，忽然又撞見脩兄，他問我：“在這裏作甚麼？”對他道：“辦道。”他云：“你喚甚麼作‘道’？”

問得好！

遂不能對，轉加迷悶。

好個消息！後來之悟出於此也！

即欲歸堂坐禪，到後門了，又不覺至後堂寮中，首座問我云："欽兄你辦道如何？"與他說道："我不合問人多了，劃地做不得。"

好人自不信，魔人自信之，不是問多之誤，正是不具眼之誤。

他又云："你但大開了眼，看是甚麼道理？"

也好，只是崑崙頭。

我被提這一句，又便抽身，只要歸堂中坐，方纔翻上蒲團，面前豁然一開，如地陷一般，當時呈似人不得，說似人不得，非世間一切相可以喻之。我當時無著歡喜處，

此是前後際斷處，未是悟處，何須歡喜？只是這一歡喜，便坐定了，可惜！

便下地來尋脩兄。他在經案上，纔見我來，便合掌道："且喜！且喜！"

奴見婢殷勤，一對瞎漢。

我便與他握手，到門前柳堤上行一轉。俯仰天地間，森羅萬象，眼見耳聞，向來所厭所棄之物與無明煩惱昏沉散亂，元來盡是自妙明真性中流出。

說心說性，惡法從此起矣。

自此目前露裸裸地，靜悄悄地，浮逼逼地，半月餘日，動相不生。

半月後便要打失。

可惜許不遇大眼目大手段尊宿爲我打并，

"打并"兩字極有力。

不合向這裏一坐坐住，謂之見地不脫，礙正知見。

前來不過法身邊，光境門頭，虛幻不實，誤墮不少，到悟後痛自說出，

政恐人再墮也。

每于中夜睡著，無夢、無想、無聞、無見之地，又却打作兩橛。

前後際斷，虛妄自在，全是識心好處，故日中作得主，夢中作得主，到真正無見聞覺知處便來不得，此是使鼎銀做騙子底。

古人有寤寐一如之語，又却透不得眼。若不睡，諸夢自除，心若不異，萬法一如之說又都錯會了也。

真透自見。

凡古人公案有義路可以咬嚼者，則理會得下。

公案并無有義路底，只是半途中錯看作義路耳。

無義路如銀山、鐵壁者，又却都會不得。

此處不會，則總不會。

雖在無準①先師會下許多年，每遇他開室舉“主人公”，便可以打箇踍跳，

可見“主人公”不是衲僧巴鼻，所以“念佛的是誰”、“本來面目”、“主人公”、“即心即佛”等公案，皆是就體消停，得力遲，不得到底。每每做幾翻悟入者，此話頭之誤也，須用“三頓棒”等公案作話頭方好。

莫教舉起“衲僧巴鼻”、“佛祖爪牙”，更無你下口處。

話頭須要具此作略方好。

有時在法座東說西說，又并無一語打著我心下事。

誰著你有“主人公”作業！

又將佛經與古語，從頭檢尋，亦無一句可以解我此病，如是礙在胸中者僅

① 無準師範(1178—1249)，紹定六年(1233)，賜號“佛鑑禪師”，有《無準和尚奏對語錄》(X. 1383)，《卍新纂續藏經》(70)和《佛鑑禪師語錄》(X. 1382)，《卍新纂續藏經》(70)。

十年。後來因與忠石梁過浙東天目兩山作住，一日佛殿前行，閑自東思西忖，忽然抬眸見一株古柏，觸著向來所得境界和應，一時颺下，礙膺之物撲然而散，如闇室中出，在白日之下，走一轉相似。

可憐生，幸自人品出群，所以自己不肯，故有瓜熟底落，方得自了。縱有無準、天目時時在側，亦救他病不得，何故？只爲前來魔法深入，難于信向耳。

自此不疑生，不疑死，不疑佛，不疑祖，方始得見徑山老人立地處，正好三十拄杖！何故？若是大力量、大根器底人，那裏有許多曲折？

此句收盡錯處，已下是説話頭好處。

德山見龍潭于吹滅紙燭處，

好！

便道："窮諸玄辨，若一毫置於太虛；竭世樞機，似一滴投於巨壑。自此拈一條白棒，掀天掀地，那裏有你近傍處？"水潦和尚被馬祖一踏，

好！

便道："百千法門，無量妙義，盡向一毛頭上識得根源。"高亭見德山招手，便乃橫趨。

好！

你輩後生晚進，若欲咨參箇事，步趨箇事，須是有這箇標格，具這箇氣概始得。

分明點出看話頭樣子。

若是我説，應都不得記一個元字脚，記著則誤你平生。

識心是生死根本。

所以諸大尊宿，多不説做處與悟門見地，謂之以實法繫綴人，土也消不得。

是則固是，也有大力量有宿種，不從做處來，無蹊徑可以説者；也有全不曾下工夫説不得者；也有半青半黄，開口自信不及者。

　　須知有此三種人品，但不可以爲法。

誠謂刁刀相似，魚魯參差。若論履踐箇事，

　　做工夫處。

如人行路一般，行得一里、二里、三里、四五里便歇，只説得一里、二里、三里、四五里話；行得百里、千里、萬里，見得千里、萬里境界，説得千里、萬里話。須知此事更在百千萬里，盡乾坤之外，那裏更那裏。汝等諸人聞恁麼道，須是自家具眼，各能緇素是否、揀擇青黄始得。若也是鴨聞雷，如水澆石，便從達磨大師與釋迦老子肚裏過，我道也只是閑。久立。

〔元高峰妙禪師〕

元高峰妙禪師，二十更衣入净慈，立三年死限學禪。一日父兄尋訪，巍然不顧。二十二請益斷橋倫，①令參“生從何來？死從何去？”話。

　　師謂：“意分兩路，心不歸一。”②參不得力，以其從生從死，來去甚遠，寬而不密，義路易生，不中參究，果然枉過一年。

於是脇不至席，口體俱忘，或如厠惟中單而出，或發函忘扃鐍而去。

　　理宜如是。

時同參僧顯，慨然曰：“吾己事弗克辦，曷若輔之有成。”朝夕護恃惟謹。

　　具眼行人。

---

　　①　斷橋妙倫（1201—1261），臨濟宗楊岐派僧，有《斷橋和尚語録》（X. 1394），《卍新纂續藏經》（70）。

　　②　《高峰原妙禪師語録》（X. 1400），《卍新纂續藏經》（70），頁 690 上。

時雪巖欽寓北磵塔，欣然懷香往扣之。

　　參得人著也。

方問訊，即打出，閉却門。

　　妙極！妙極！向這裏入。

一再往始得親近，令看"無"字話，自此參扣無虛日。欽忽問："阿誰與你拖箇死屍來？"

　　不好！

聲未絕，即打。

　　此問雖好，奈師在"阿誰"處下手，不在打處下手，所以誤有百年三萬六千朝，翻覆元來是這漢處著脚，致涉許多廉纖，師家出言，大宜愼取，若那時在打處起疑，何有後來曲折？

如是者不知其幾，師扣愈虔。

　　真再來人。

值欽赴處之南明，師即上雙徑參堂。半月，偶夢中忽憶斷橋室中所舉"萬法歸一，一歸何處？"話，

　　"萬法歸一，一歸何處？"極好，只是歇後語，不曾舉得"青州衫子"，所以有後來五年重參之苦。

疑情頓發，三晝夜目不交睫。一日少林忌，隨衆詣三塔，諷經次，抬頭忽睹五祖演和尚真贊云："百年三萬六千朝，返覆元來是這漢。"驀然打破拖死屍之疑。

　　於紙上見得這漢，大似洞山過水睹影，幾乎廉纖出五位，幸得落枕子處了却，所以見得聲未絕便打道理，不失爲濟上傑人耳。

其年二十四矣，解夏詣南明，欽一見便問："阿誰與你拖箇死屍到這裏？"師

便喝!

喝即喝,猶是拂袖便出。

欽拈棒,師把住云:"今日打某甲不得!"欽曰:"爲甚麼打不得?"師拂袖便出。翌日,欽問:"萬法歸一,一歸何處?"師云:"狗舔熱油鐺!"

言句也未會,尚作此合頭。

欽曰:"你那裏學這虛頭來?"師云:"正要和尚疑著!"欽休去。

更參三十年。

自是機鋒不讓。次年江心度夏,迤邐由國清過雪竇,見西江謀希叟曇,①寓旦過。曇問曰:"那裏來?"師抛下蒲團。曇曰:"狗子佛性你作麼生會?"師曰:"抛出大家看!"曇自送歸堂。暨欽挂牌于道場,開法于天寧,師皆隨侍服勞,屢將有所委任,辭色毅然,終不可强。

心頭未穩在。

一日,欽問:"日間浩浩時,還作得主麼?"

正是他藏身處。

師云:"作得主。"

敗缺不少。

又問:"睡夢中作得主麼?"師云:"作得主。"

可不是?

又問:"正睡著時,無夢、無想、無見、無聞,主在甚麼處?"師無語。

賊身已露。

---

① 希叟紹曇(? —1298),無準師範禪師法嗣,有《希叟和尚廣録》七卷(X. 1390),《卍新纂續藏經》(70)。

欽囑曰："從今日去,也不要汝學佛、學法,也不要汝窮古窮今。"

　　腦後一槌。

"但只饑來喫飯,困來打眠,

　　將函應來就蓋。

"纔眠覺來,却抖擻精神:'我這一覺主人公畢竟在甚麼處安身立命?'"

　　你向那裏存坐?

丙寅冬,遂奮志入臨安龍鬚自誓曰:"拼一生做箇癡獃漢,

　　兩重公案,恰好合著。

"決要這一著子明白。"

　　討氣絕處。

越五載,

　　大人不肯自輕。

因同宿友推枕墮地作聲,廓然大徹,

　　今日方知昔日喝處。

自謂如:"泗州見大聖,

　　脫空妄語。

"遠客還故鄉,

　　是甚所在?

"元來只是舊時人,不改舊時行履處。"

　　也不過是蒲團拋出,大家看!

在龍鬚九年,縛柴爲龕,風穿日炙,冬夏一衲,不扇不爐,日搗松和糜,延息

而已。嘗積雪没龕，旬餘路梗，絶烟火，咸謂死矣。及霽可入，師正宴坐那伽。

悟後須是恁麼方與他相應。

甲戌遷武康雙髻峰，蓋和庵主攀緣，又上一稜層之意也。及至學徒雲集，然庵小難容，乃拔其尤者居之。

禪者不可不選，不選則人雜礙修，直須汰去非器始得，不然，則架大屋養閒漢矣。

丙子春，學徒避兵四去。

死難者能得阿誰？

師獨掩關危坐自若，及按堵，啓户視師，則又疇昔雪中之那伽也。於是户履彌夥，應接不暇，乃有“椰栗横肩不顧人，

好一喝！

“直入千峰萬峰去”之語。

吳蠶到死絲方盡，蠟燭成灰淚始乾。

己卯春，腰包宵遁，直造天目西峰之肩，有獅子巖拔地千仞，崖石林立，師樂之，有終焉之意。弟子法昇等追尋繼至，爲茸茅蓋頭，未幾慕羶之蟻復集。師乃造巖西石洞，營小室如舟，從以丈，衡半之，榜以死關。上溜下淖，風雨飄摇，絶給侍，屏服用，不澡身，不薙髮，截甕爲鐺，并日一食，晏如也。

真是其人！

洞非梯莫登，撤梯斷緣，雖弟子罕得瞻視，乃有三關語以驗學者云：“大徹底人本脱生死，因甚命根不斷？”

不能自去自來，切勿以一語放過。

"佛祖公案即是一個道理,因甚有明與不明?"

　　不到法中透盡,切勿以一語遮過。

"大修行人當遵佛行,因甚不守毘尼?"

　　不到真畜生行處,切勿以見處當過。

儻下語不契,遂閉門弗接,自非具大根,負大志,鮮不望崖而退。

　　下語縱契,不過開接,未是了手。

雪巖方住大仰,凡三喚,師堅臥不起,遂有竹篦塵拂及"綠水青山同一受記"語來授師。懷中瓣香始於人天前拈出,道風所屆日益遠,遂有他方異域,越重海、逾萬山而來矣。

〔跋〕

三峰大師得心於高峰,得法於覺範,而金粟印證,雲門推轂,已有上堂語錄若干卷行于世矣。茲婆心太切故,觀根逗機時拈大慧、雪巖、高峰三老因緣,命梓流通。願見者、聞者如聞塗毒鼓,喪身失命去!

　　　　　　　　　　　　　　　　　　新安無隱居士金在斯識
　　　　　　　　　　　　　　　　　　吳郡周永年刊

附錄　漢月法藏《於密滲提寂音尊者智證傳》略探[*]

黃繹勳

　　學術界對於明末禪僧密雲圓悟(1567—1642)與漢月法藏(1573—1635)師徒之諍的研究,多著墨於漢月所著《五宗原》,部分原因是未見漢月所著另一部引起二人之諍的著作——《於密滲提寂音尊者智證傳》之故。密雲於 1634 年痛斥漢月到處提語惠洪覺範(1071—1128)所著的《智證傳》,將禪院變爲"講席",且犯佛教所知障之大忌。[①] 但由於《於密滲提寂音尊者智證傳》之缺失,我們一直無法具體陳述漢月爲何要提語《智證傳》,藉以了解師徒之諍的關鍵內容。可幸的是,2016 年,筆者先於上海圖書館複製取得稀見之善本《於密滲提寂音尊者智證傳》之上半部,又在 2018 年於蘇州西園寺舊藏經樓尋得另一版本之《於密滲提寂音尊者智證傳》下半部。如今,《於密滲提寂音尊者智證傳》上下半部合并後之全

---

　　[*]　與本文內容相似之英文版論文"Chan Master Hanyue's Attitude toward Sutra Teaching in the Ming",已出版於 *Journal of the Oxford Centre for Buddhist Studies*, vol.15, 2018, pp.28 - 54。

　　[①]　《密雲圓悟禪師天童直說》卷一,頁 5;《密雲禪師語錄・天童密雲禪師年譜》,新文豐版《嘉興藏》(10),頁 83 下。日本學者長谷部幽蹊甚至認爲漢月提語《智證傳》是引發二人紛諍的直接原因,《三峰一門の隆替》,《愛知學院大學論叢一般教育研究》32(1),1984年,頁 109。

文,適可補上此師徒之諍論中非常重要的一塊拼圖,讓我們得知漢月在《於密滲提寂音尊者智證傳》所述的思想。

爲了提供了解漢月《於密滲提寂音尊者智證傳》的基礎,本文首先簡介惠洪的《智證傳》,接著闡述漢月提語《智證傳》的歷史背景,并且分析漢月《於密滲提寂音尊者智證傳》的架構和體例,最後概述漢月《於密滲提寂音尊者智證傳》之重要思想。

一、惠洪《智證傳》簡介

惠洪 19 歲受具足戒,39 歲第一次下獄被遞奪僧籍,一生之中因被誣或政治因素共四次下獄,更曾被流放海南島。57 歲時,終於獲赦改正爲僧,并於翌年去世。① 惠洪自年輕時便開始匯集《智證傳》的内容,流放海南島期間亦不斷撰寫,大約於 52 歲時完成《智證傳》(1122)。而《智證傳》刊行的時間,在惠洪去世六年後(1134)。

惠洪《智證傳》之文體近似傳統疏釋,亦即惠洪從經、論和佛教法師或禪師之語句中摘引出一○九則,再加以論釋,《智證傳》一○九則中共引用了 20 部經論(62 次)、33 位佛教法師或禪師(46 次)和一則《易經》,其中最常被引用之佛經爲《華嚴經》、《法華經》和《楞伽經》,論爲《破色心論》、②《瑜伽師地論》和《起信論》,佛教法師或禪師爲永嘉玄覺(665—712)、臨濟(? —867)、洞山(807—869)、曹山(840—901)和永明延壽(904—975)。因此,從上述《智證傳》引用之資料性質和次數,可知惠洪對佛教經論之重視。

由於現今《智證傳》中無惠洪所作之序,我們無從得知惠洪編撰《智證傳》之動機。不過,惠洪於《智證傳》中表達其對"知"或"智"的重視却是顯

---

① 周裕鍇,《宋僧惠洪行履著述編年總案》,高等教育出版社,2010 年,頁 145;林伯謙《標點注釋智證傳》,臺北秀威資訊科技,2004 年,頁 79。

② 《破色心論》亦即《唯識論》,《大正新修大藏經》(31)。《大正新修大藏經》中記其譯者爲菩提流支。

而易見的。① 《智證傳》中，惠洪除了藉由廣引經論以論證其對諸法虚妄、無明顛倒妄見、因果功德等基礎佛法教義的看法外，亦對禪宗五家各派祖師之説持平舉揚，廣述并重。② 其中，惠洪曾多次強調智慧對禪學者之重要性如下：

> 今禪學者馳求之狂，欺詐之病，不以知見之慧鍛之。③

又：

> 禪者不能以智慧之力破滅無明，至老死而不暇。④

由上文可知，惠洪認爲禪學者之所以有"馳求之狂，欺詐之病"，皆是因無知見之慧鍛煉，更甚之，禪學者不能以智慧之力破滅無明的話，其心至老死都無法停歇。

惠洪如此強調以"知見之慧"和"智慧之力"對治禪學者的無明和狂病的主張，想必然會引起其他禪師的軼伐和批評。果然，《智證傳》刊行 45 年後，惠彬於其《叢林公論》（成書於 1189 年），便對惠洪和《智證傳》加以嚴厲批評：

> 《智證傳》僅三萬言，動謬佛祖之意。略舉此數端，學者宜審之。
>
> 嗚呼！蟊生於禾，害禾者蟊也，寂音尊者似之！⑤

上述惠彬針對惠洪的評論，現代學者林伯謙表示實不能認同爲"公論"，因爲惠彬於《叢林公論》中只列舉他所判定《智證傳》之錯誤六處，并且完全沒有提供解釋或修正，而且若考量《智證傳》對後代禪師之影響，其貢獻是

---

① 有關《智證傳》書名之考證，或有人以《維摩詰所説經》所説"受諸觸如智證"解釋之，參林伯謙《標點注釋智證傳》，頁 32—35，本文不再贅述。

② 林伯謙《標點注釋智證傳》，頁 37—44。

③ 參本書《於密滲提寂音尊者智證傳》第九十五則。

④ 參本書《於密滲提寂音尊者智證傳》第八十一則。

⑤ 《叢林公論》，《卍新纂續藏經》(64)，頁 772 上。

不容抹滅的。①

　　不過，南宋之後，《智證傳》都不見收於《洪武藏》和《永樂藏》中。明末僧人密藏道開（活躍於 1560—1595 年間）於其《藏逸經書標目》記載，秀水（今嘉興）楞嚴寺則刊行了惠洪所著之《僧寶傳》、《智證傳》和《林間録》三部。② 至於對《智證傳》之流傳最具關鍵性貢獻者，當爲紫柏真可（1543—1603），真可將之收入《嘉興藏》中。漢月《於密滲提寂音尊者智證傳》亦記載一則紫柏與《智證傳》相關之信息如下：

　　萬曆間，介如□公偶於爆紙中購得此書，乃呈　柴老人，老人曰："吁嗟乎！ 臨濟兒孫猶在耶！"遂命開公梓而公之天下後世。③

上文中，"介如□公"生平不詳，"開公"應爲紫柏之侍者密藏道開，萬曆二十一年(1593)曾協助《嘉興藏》之刊刻，把經版從五臺山移置於徑山寺寂照庵，刻藏工作南遷後便以病隱去。④

　　紫柏在其作於 1585 年《重刻智證傳引》中强調，佛法之衰皆是由於當代法師"綱宗不明"，惠洪作《智證傳》正是爲矯正此弊：

　　有宋覺範禪師於是乎懼，乃離合宗教，引事比類，折衷五家宗旨，至發其所秘、犯其所忌而不惜。⑤

紫柏認爲惠洪作《智證傳》，一來是以"引事比類"的方式"離合宗教"，因此廣引經教之説，藉以類比闡明禪宗之旨；二來更是折衷禪宗五家之宗旨，

---

　　① 　林伯謙《標點注釋智證傳》，頁 66—67。

　　② 　《藏逸經書標目》，CBETA 電子佛典，《大藏經補編》(14)，頁 442 中。楞嚴寺爲明末藏經佛典重要之刊印地點，陳玉女《明代佛門内外僧俗交涉的場域》，臺北稻香出版社，2010 年，頁 228—235。

　　③ 　參本書《提智證傳序》。

　　④ 　密藏道開亦爲 1593 年時將新文豐版《嘉興藏》之刊印，從五臺山轉往徑山寺寂照庵之主要人物，參《密藏開禪師遺稿》，新文豐版《嘉興藏》(23)，頁 34 中—下；《新續高僧傳》，CBETA 電子佛典，《大藏經補編》(27)，頁 86 上；中嶋隆藏《嘉興入藏仏典と密藏道開の立場》，《東方學》113，2007 年，頁 34—50。

　　⑤ 　參本書《重刻智證傳引》。

并且顯發其密藏之意。紫柏更進一步推論，惠洪以《智證傳》爲題名之深刻意涵：

> 書以“智證”名，非智不足以辯邪正，非證不足以行賞罰。蓋照用全，方能荷大法也。
>
> 充覺範之心，即天下有一人焉能讀此書，直究綱宗，〔行〕祖令，斯〔不負〕著書之意。①

紫柏對於“智證”的詮釋，深富明代禪師之傳承意識，除了强調禪師己身有“智”纔足以辨邪正以外，亦帶有禪宗師家必須有“證”纔足以行賞罰，知道適時接引弟子的能力，如此照、用皆全，方能荷擔傳繼佛法之大任。紫柏最後慨然表示，這世上只要有一人能讀到《智證傳》，因而領略綱宗，進而行禪宗祖令，就不負惠洪作《智證傳》之深意。如今我們回顧歷史，確實至少有一人是深受《智證傳》之啓發和影響，此人便是漢月法藏。

二、漢月提語《於密滲提寂音尊者智證傳》的歷史背景

根據《三峰和尚年譜》所記，萬曆三十八年（1610），漢月於 38 歲時行脚至虞山，安頓於三峰禪寺，40 歲決定入百日不語死關。漢月并於其《海虞三峰於密藏和尚普説》中自述，至第五日忽聞窗外二僧折竹聲若迅雷，“頓見虛空粉碎，大地平沉，人法俱消”。漢月此時纔明白過去閱讀前人祖師所説的悟後偈語，皆是轉句或是半提，只有自己親驗纔是向上全提時節。②《常熟三峰清凉禪寺志》現存最早之版本記漢月 42 歲時，偶然從架上抽得惠洪的《智證傳》，一讀下來，有如對面惠洪親授于五百年前，漢月歎曰：“我以高峰印心，覺範印法，真師則臨濟也。”③漢月以臨濟

---

① 參本書《重刻智證傳引》。
② 《三峰藏和尚語録》，新文豐版《嘉興藏》（34），頁 205 下—206 上。
③ 《常熟三峰清凉禪寺志》，常熟圖書館藏抄本，四册，上圓嚴炳述於壬辰（1652），孫淇寶洲續訂於約乾隆十年（1745）。《三峰藏和尚語録》則記漢月所讀爲惠洪的《臨濟宗旨》并歎曰：“我以天目爲印心，清凉爲印法，真師則臨濟也。”新文豐版《嘉興藏》（34），頁 206 上。

（？—867）爲真師，遥尊高峰印心，而惠洪所代表的特別意義，則是印證了漢月自己所體證的佛法。

更進一步地，漢月特別探尋惠洪在明代的法嗣，却找不到一人時，便自己遥嗣惠洪之法脉：

> 見師著《臨濟宗旨》及《智證傳》之臨濟兩堂首座同喝語，今古心心如覿面相印。復檢其法嗣，未有續之者，因願遥嗣其宗旨。①

學者吳疆表示此遥嗣法脉之舉在明末是頗爲常見的情況。② 此後，從萬曆丙辰（1616）年起於三峰禪寺結夏時，漢月 44 歲，便開始對衆人每日提語一則覺範的《智證傳》，漢月自己於《提智證傳序》中説：

> 歲丙辰結夏峰中，對衆日提一則，時或間越一二。至庚申，痛念法門，勃勃虐病，因强病爲之卒業，提成而病愈。③

可見，漢月由於生病無法每日提語《智證傳》，有時間隔一日或二日纔提一則，《三峰和尚年譜》更記漢月有時"或越四日、五日一提，甚或越月"，一直到庚申年（1620），四年後，即 48 歲時，漢月纔因痛念法門，勉力完成提語《智證傳》全書，這便是其年譜所記，庚申泰昌元年（1620），"首座聽石敏録成帙，曰《於密禪師提智證傳》"。④ 至於《於密滲提寂音尊者智證傳》之刊印則晚至天啓甲子（1624），此據漢月於《提智證傳序》末所提"天啓甲子歲秋日三峰法藏於密氏序"。此年，漢月 52 歲，恰是漢月謁密雲圓悟和尚于金粟廣慧寺之年。所以，漢月完成提語《智證傳》的時間實早在謁見密雲之前四年。

至於漢月既已自證，爲何又要依密雲爲弟子的原因，學者們已討論頗

---

① 《五宗原》，《卍新纂續藏經》（65），頁 104 上。
② 吳疆《禪悟與僧諍：17 世紀中國禪宗的重構》，第 8 頁。
③ 參本書《提智證傳序》。
④ 《三峰藏和尚語録》，新文豐版《嘉興藏》（34），頁 207 中。

詳,筆者本文僅提供新出之資料信息。① 漢月《於密滲提寂音尊者智證傳》論及師承之重要如下:

> 古人悟是自悟,得法是師承。有悟無師,恐不入細。有法無悟,終是野狐。②

可見考量"有悟無師,恐不入細",漢月仍然肯定師承在修行上能鍛煉弟子行儀更爲謹慎細密的功用。又,《常熟三峰清凉禪寺志》中漢月傳記的説法爲:

> 師志宗臨濟,欲遥嗣而心知不可。天童悟和尚爲臨濟嫡孫,出世金粟,師即杖策從之,得其真源,自是元風大唱。③

漢月心中雖已遥嗣臨濟,也在三峰禪寺爲一方之師并收受自己的徒弟,但秉持著"威音已後,不許無師"的原則,他一直都"不正席、不升座",④直到 52 歲才謁見當時被認爲臨濟嫡孫的天童密雲圓悟。漢月曾於《上金粟老和尚》書信中自述他 29 歲讀了《高峰語録》便發大心參禪,并誓言若大徹之後,要紹隆此宗,後來得知密雲乃高峰嫡骨正傳,怎敢"不一探堂奥"?⑤ 於是便杖策金粟山謁見密雲。但是,直到三年後(1627),漢月於安隱寺收到密雲專使送僧伽黎(表付法之袈裟)和手書,書云:"老僧年邁,不能領衆説法了也,舊衣一頂惠與代勞耳。"⑥漢月這時纔正式成爲臨濟宗密雲法嗣。

前文已説明,漢月自 1616 年起開始提語《智證傳》,1620 年完成提語《智證傳》全書,這皆是在 1627 年漢月成爲密雲弟子之前。而密雲斥責漢

---

① 如參連瑞枝《漢月法藏(1573—1635)與晚明三峰宗派的建立》,《中華佛學學報》第九期,1996 年,頁 167—208。

② 參本書《於密滲提寂音尊者智證傳》第三十則。

③ 《常熟三峰清凉禪寺志》卷四,頁 3,常熟圖書館藏。

④ 《三峰藏和尚語録》,新文豐版《嘉興藏》(34),頁 207 上。

⑤ 《三峰藏和尚語録·上金粟老和尚》,新文豐版《嘉興藏》(34),頁 190 上。

⑥ 《三峰藏和尚語録·三峰和尚年譜》,新文豐版《嘉興藏》(34),頁 208 下。

月"吾徒到處提《智證傳》"①之批評則晚在 1634 年,爲《於密滲提寂音尊者智證傳》刊印十年後,因此,在成爲密雲法嗣後的七年間,漢月是否真的到處提語《智證傳》呢? 根據現存文獻記載,漢月重新提語《智證傳》始於 1631 年,59 歲三赴安隱寺之請,"提覺範禪師《智證傳》凡四十餘日";②又,1633 年漢月 61 歲之時,受邀駐錫真如寺,就在此年,漢月又"日提寂音尊者《智證傳》,助顯第一義上堂法語".③ 可見從 1631 年到 1633 年之間,漢月分別於安隱寺和真如寺重提《智證傳》,這便是密雲 1634 年批評漢月"到處提《智證傳》"的原由.

而漢月爲何要提語《智證傳》呢? 漢月最初於 1616 年起在三峰禪寺,結夏時提語《智證傳》,《三峰和尚年譜》於此年前後提到漢月已有弟子梵伊弘致(? —1628)、在可弘證、(1588—1646)和頂目弘徹(1588—1646)等人,④而《三峰清凉寺志》則另記有十四人,皆是漢月"真實抱道衲子",其中一人即録語《於密滲提寂音尊者智證傳》的聽石廣敏.⑤ 結夏時漢月爲這些弟子説法,漢月於《於密滲提寂音尊者智證傳》破題中説明:

> 三峰今年結夏,下手全無柄欛,雖然終日商量,不曾説一句話.……如其不會,不免提起葛藤,與大衆翻謄一上,舉寂音尊者《智證傳》.⑥

---

① 《密雲圓悟禪師天童直説》卷一,頁 5;《密雲禪師語録·天童密雲禪師年譜》,新文豐版《嘉興藏》(10),頁 83 下。

② 《三峰藏和尚語録·廣録》,新文豐版《嘉興藏》(34),頁 156 上。

③ 《三峰藏和尚語録·三峰和尚年譜》,新文豐版《嘉興藏》(34),頁 210 上—中。

④ 《三峰藏和尚語録·三峰和尚年譜》記萬曆四十五年丁巳(1617):"憨山大師自五乳至雙徑,旋抵海虞,和尚與錢太史迎至三峰,爲門人梵伊致、在可證、頂目徹、净心玉輩説心地戒。"新文豐版《嘉興藏》(34),頁 206 中。

⑤ 《三峰清凉寺志》記:"漢公住三峰,至萬曆戊午(1618)、己未(1619)間,四方來學益衆,提唱無虛日。時座下參學又有聽石敏、净心玉、穎夷可、淵充兹、净懷襟、含初信、曇舸航、觀常慧、超津拔、鏡融聞、幻生伊、圓印海、無壞法、擴南宏輩十四人,皆真實抱道衲子。亦在弟子之列而未付法者,事迹莫詳,僅一見其名而已,附録於此。"《中國佛寺志叢刊》(40),頁 126。

⑥ 參本書《於密滲提寂音尊者智證傳》之破題。

首先,漢月是以"葛藤"來稱自己對《智證傳》的提語,這或是自謙之辭,但亦代表了漢月看待試圖以語言文字表達第一義的一貫態度,即包括他自己的提語皆是"葛藤"。而漢月爲何選擇提語寂音尊者的《智證傳》呢?

《智證傳》的成書,學者林伯謙推斷在宋宣和四年(1122)。是時惠洪 52 歲歷經劫難,自海外歸來,目睹"叢林頓衰",於是振筆直書而完成此書。林伯謙并稱《智證傳》旁徵博引三藏及外典,足見惠洪"學識雄厚,禪法精透"。① 然而對漢月而言,惠洪所處的宋代却是佛法正盛的時期:

> 尊者引經作傳,正謂佛法盛時,弟啐師啄,因智而證,以證證智,燈燈相續。②

漢月認爲《智證傳》貴在其博引經教,所以讀者可以"因智而證"或"以證證智",禪宗因而可以燈燈相續。漢月年譜更説"寂音尊者作《智證傳》直究綱宗,行祖令四百年",③因此漢月實不必再畫蛇添足著書。但因自宋末以後,耆宿漸少,後來禪者對開悟之事漸疏,漢月"只得發其密、犯其忌",著作此書,以使開悟之事不至斷絶。④

因此,漢月提語《智證傳》并刊印成書,實是與開悟一事相關,而且先是與其自身開悟經驗相關。漢月於《三峰藏和尚語録・五宗原・臨濟宗》中自述:

> 吾嘗參三玄之旨有深得,欲求決諸方而難其人。忽見師所著《臨濟宗旨》及《智證傳》之臨濟兩堂首座同喝語,今古心心如覿面相印。⑤

可見,漢月自悟後,苦尋不得能爲他印可此深得經驗之人,直到讀了《臨濟宗旨》及《智證傳》,纔與惠洪如親面相覿。所以,漢月於《於密滲提寂音尊

---

① 林伯謙,《標點注釋智證傳》,頁 7、頁 34—35。

② 參本書《提智證傳序》。

③ 《三峰藏和尚語録・三峰和尚年譜》,新文豐版《嘉興藏》(34),頁 207 中。

④ 參本書《提智證傳序》。

⑤ 《三峰藏和尚語録・五宗原・臨濟宗》,新文豐版《嘉興藏》(34),頁 177 上。

者智證傳》破題亦説，此書之撰述目的在於"俾後之無師自悟者，于此證之"，①亦即往後無師自悟者，可以《智證傳》檢證自己的證悟經驗。

但是，漢月亦强調以此書爲自證目的只適用於"已自悟"者。《三峰藏和尚語録・廣録》中解釋：

> 若非親見親證有簡入處，決不可看此等書以爲活計，即如《智證傳》《宗鏡録》亦然。有大心者，幸于自己分上求之，待徹後，細簡前書，不妨有大證據。②

誠如漢月不認爲第一義可以用語言文字表達的一貫態度，漢月不視閲讀《智證傳》和《宗鏡録》等書可以爲活計，却必須是已參禪徹悟者，之後用此等書來檢驗細證自己的悟境。也因爲如此，漢月自言《於密滲提寂音尊者智證傳》一書只是"收覺範狼藉之夜光，復胎明月"，③他非常清楚此書的功用和限制。書成之後，我們可以看到的是，漢月除了謹慎地選擇特定對象提語《智證傳》以外，亦以特殊方式提語《智證傳》，此待下文再作分析。

漢月是在 1631 年重新提語《智證傳》的。當時漢月第三次赴安隱寺之請開法，而他每次赴安隱寺開法都是應兩浙人士之請，可見漢月非常受當地好佛人士的歡迎。《三峰藏和尚語録・廣録》中記有《安隱寺提〈智證傳〉普説》一篇，漢月自己説明了他提語《智證傳》的原由：

> 老僧于安隱凡三赴其請，前兩期上堂已委曲指示五家宗要，未能徹上徹下，禪教相印，以收諸種根器，今乃爲提覺範禪師《智證傳》凡四十餘日。④

漢月明言他在安隱寺前兩次上堂都是主講禪宗五家宗要，但未能"徹上徹

---

① 參本書《於密滲提寂音尊者智證傳》之破題。
② 《三峰藏和尚語録・廣録》，新文豐版《嘉興藏》(34)，頁 160 中。
③ 參本書《提智證傳序》。
④ 《三峰藏和尚語録・廣録》，新文豐版《嘉興藏》(34)，頁 156 上。

下”，第三次提《智證傳》，目的在於補足“禪教相印，以收諸種根器”。漢月希望接引的根器應是好佛儒者，因爲《三峰藏和尚語録》所記漢月第三次在安隱寺講法，即有“張秀初、馮儼公、翁季祥、江道闇兄弟朝夕座下”的記載。①

這幾位好佛儒者之中，張秀初（1600—1664）即張岐然，爲黄宗羲（1610—1695）的同學，杭州讀書社的創始人，著有《春秋四家五傳平文》和《古木大學説》等書，久參漢月於净慈寺和安隱寺，晚年跟隨漢月的弟子澹予弘垣（1582—1643）薙染，《五燈全書》中有傳，稱之爲“杭州雲居仁菴義禪師”。② 馮儼公（憬）和江道闇（浩）皆是杭州讀書社的社員，江道闇爲錢塘人，南都陷後亦祝髮爲僧，更名爲智宏，字夢破。③ 這些儒者皆是杭州讀書社名人，而誠如黄宗羲所言，其中張秀初和江道闇都被禪門網羅而去，由此看來，他們最初皆是親近漢月而後被度化的儒者。④

此外，另一位在座下聽漢月説法的翁季祥，《三峰藏和尚語録》中收有漢月所作《示翁季祥居士》書，藉由此書信，我們更可以得知漢月度化這些儒者的方法。漢月於《示翁季祥居士》書信中亦强調禪教相印無差的道理：

> 禪是提出教之骨髓，一見便向語言文字外了却心地。……今若得提脱者些根蒂，則佛祖頭上一例踏去，討甚麽生死來？ 此便是教之骨髓也，你若未信有此，且向大乘教中看得明白，自然抛却葛藤窠臼，肯心參禪矣，《楞嚴》題曰：“一切事究竟堅固。”⑤

漢月强調參禪之重點在於教人“了却心地”，因此是提出教之骨髓，而非相

---

① 《三峰藏和尚語録·三峰和尚年譜》，新文豐版《嘉興藏》（34），頁 209 下。
② 王汎森《權力的毛細管作用：清代的思想、學術與心態》，臺北聯經出版公司，2013 年，頁 96。《五燈全書》，《卍新纂續藏經》（82），頁 452 下。黄宗羲并爲其作《張仁庵先生墓志銘》，《黄宗羲全集》第十册，浙江古籍出版社，2012 年，頁 455。
③ 王汎森《權力的毛細管作用：清代的思想、學術與心態》，頁 96 頁；連瑞枝《漢月法藏（1573—1635）與晚明三峰宗派的建立》，頁 195。
④ 王汎森《權力的毛細管作用：清代的思想、學術與心態》，頁 96。
⑤ 《示翁季祥居士》，《三峰藏和尚語録·書問》，新文豐版《嘉興藏》（34），頁 195 下。

異於教,因爲教之骨髓在於解脫生死,這正是參禪之重點。接著,漢月告訴翁季祥若不信此説,就"且向大乘教中看得明白",可見由於翁季祥是儒者,故藉大乘經教的内容以證其説,增加説服力,并且以《楞嚴經》經題之意爲"一切事究竟堅固"來確定保證他參禪的決心。

上述《楞嚴經》經題爲"一切事究竟堅固"之意的説法,始見於唐代慧琳(737—820)《一切經音義》,其文云:"首楞嚴三昧(此云勇健定也,此經中自釋云'首楞嚴者,於一切事究竟堅固也')。"①此文原是强調修得首楞嚴三昧能於一切事究竟堅固,漢月借《楞嚴經》經題之意,强調"肯心參禪"則能一切事究竟堅固。此《楞嚴經》經題之意在明末頗流行,憨山德清(1546—1623)的《楞嚴經通議》也引用之,甚而亦可見於密雲所編其師龍池幻有(1549—1614)的《幻有傳禪師語録》中。所以,漢月是引用當時學佛之人頗熟悉的經題之意,藉以鞏固翁季祥參禪的決心。②

漢月隨後又於 1633 年駐錫真如寺時,每日提語寂音尊者《智證傳》,其目的在於"以助顯第一義上堂法語"。③ 相同地,在漢月《住秀州真如寺語》中,我們亦可見到"朱大理廣原居士薦親請上堂"、"蔡大參維立居士薦母請上堂"和"元日朱大理請上堂"三則上堂語。其中,朱大理廣原居士之官銜爲"司寇",是一位虔信的佛教居士,并同時與萬如通微(1594—1657)和雪嶠圓信(1571—1647)交往。④ 蔡維立(1586—1644)即蔡懋德,於《明史·列傳》卷二六三和《居士傳》中有傳,萬曆四十七年(1619)進士,少慕王陽明之學,著有《理學管見》,宗良知之説,履任官職。蔡維立母憂去官時,家居常往來吴郡鄧尉天壽聖恩寺,參漢月有省。漢月住真如寺時,蔡

①　《一切經音義》,《大正新修大藏經》(54),頁 480 上。

②　《楞嚴經通議》,《卍新纂續藏經》(12),頁 534 上;《幻有傳禪師語録》,CBETA 電子佛典,新文豐版《乾隆大藏經》(153),頁 620 上。

③　《三峰藏和尚語録·三峰和尚年譜》,新文豐版《嘉興藏》(34),頁 210 上—中。

④　《萬如禪師語録·司寇朱廣原居士喪子求偈》,新文豐版《嘉興藏》(26),頁 478 上;《雪嶠信禪師語録·與朱廣原居士》,CBETA 電子佛典,新文豐版《乾隆大藏經》(154),頁 25 中。

維立因超薦母親而請漢月上堂説法。① 真如寺中聽法者有這些儒者在座下，因此漢月以《智證傳》中經教的内容來"助顯"禪宗第一義的法語，應是其原因之一。

綜而言之，漢月提語寂音尊者《智證傳》的功用有二：首先，漢月開始四處應邀弘法後，於特定寺院，針對特殊聽法者，提語《智證傳》中經教的内容來與參禪相印，藉以接引好佛儒者等根器，因爲《智證傳》貴在博引經教的内容，好讀佛經的儒者可以"因智而證"或"以證證智"，并且堅固他們參禪的決心；再者，無師自悟者，徹悟後，可以此書内容細檢自己所證的境界。

上文已討論漢月提語《智證傳》的歷史背景，接著，我們可以重新簡略審視 1634 年密雲對漢月的斥責。密雲在崇禎七年（1634）春《與漢月上座》中，對漢月到處提《智證傳》的做法，大致有二項指責。一爲以佛果圓悟作《碧巖集》爲前車之鑒，痛斥漢月將禪院變爲"講席"，犯佛教所知障之大忌，密雲基本上與大慧毀《碧巖集》板木的立場相同，這是禪宗歷史上禪師對文字禪的傳統分歧看法。② 但是，根據《密雲圓悟禪師天童直説》卷五之《據評説》所示，密雲本身亦十分嫻熟於因明論證之理，并且依因明論證之方法回應空印鎮澄（1546—1617）對僧肇（384—414）《物不遷論》的批評，因而有一位達澄禪人讀了《據評説》，見密雲於文中"以脚跟下事貫徹《肇論》、《楞嚴》、《法華》等經"，便抨擊密雲違背宗門教外別傳之旨。③ 由

---

① 蔡維立後於 1644 年李自成攻陷太原時，自縊而死。《居士傳》，《卍新纂續藏經》（88），頁 280 中—下。

② 《密雲圓悟禪師天童直説》卷一，頁 5—6；另《闢妄救略説》中亦可見相似之内容，《卍新纂續藏經》（65），頁 181 上—中；有關二人相異觀點，亦可參廖肇亨《惠洪覺範在明代—宋代禪學在晚明的書寫、衍異與反響》，《中邊・詩禪・夢戲》，臺北允晨文化，2008年，頁 130—137。

③ 《密雲圓悟禪師天童直説》卷五，頁 27；密雲依因明論證之方法回應空印鎮澄的討論，參林鎮國教授之會議論文"When Chan Meets Logician：Miyun Yuanwu's（1566‐1642）Response in the Debate on Seng Zhao's Thesis on No‐Motion of Things"（《物不遷與正量：幻有正傳、密雲圓悟與空印鎮澄之論辯探析》），發表於"第二屆近世東亞佛教文獻與研究"國際研討會，佛光大學佛教研究中心舉辦，2018 年 6 月 2—3 日。

此看來,密雲己身之作爲似乎與他對漢月的指責互相矛盾,違背宗門之旨應只是表面理由而已。

　　密雲的第二項指責是針對漢月個人的性格,有關密雲和漢月二人在出身和教育背景上的差別,學者劉元春已做過很詳細的分析。① 本文在此僅以新出文獻《密雲圓悟禪師天童直説》中,密雲寫給漢月的第七書内容爲例:

> 吾徒病在好自高,賣學識以要名,故録中每扯正篇書以配之,妝妝點點,老僧不料吾徒不肖以至如此。然則老僧固不識一字,無一所長,固不在吾徒眼裏看得上者,固宜如是作者可矣……②

密雲於書信中自稱"老僧固不識一字,無一所長",這本是自謙之詞,但密雲批評漢月"病在好自高,賣學識以要名",正凸顯二人出身教育背景之別。密雲亦曾稱自己"漁也漁過,樵也樵過,耕也耕過,牧也牧過",導致密雲對漢月之儒者家世背景和自高之性格的不滿。③

　　通過上文,我們已了解漢月提語《智證傳》的理由,是爲了度化不同根器的衆生,漢月甘犯此大忌,承擔此痛罵,以現存資料來看漢月下一代弟子,可謂是枝葉茂盛人才輩出的情況而言,我們必須説漢月的用心良苦是有所回報的,而且這適可提醒我們對於漢月《於密滲提寂音尊者智證傳》的研究,應著眼於漢月提語《智證傳》的内容和其禪教相印的主張,纔不枉漢月希望藉此書能讓人"因智而證"的初衷。

---

　　① 劉元春《明末禪門僧諍與清雍正帝〈揀魔辨異〉評析》,《覺群學術論文集》,商務印書館,2001 年,頁 49—74。

　　② 日本東方文化學院東方研究所本《密雲圓悟禪師天童直説》卷一,頁 5—6;此處依杭州圖書館藏本補"者可"二字。

　　③ 《密雲禪師語録》,新文豐版《嘉興藏》(10),頁 76 上。由於此二種類型禪師在出身和教育背景上的差別,導致他們對經教文字之態度差異討論,亦可見於 Robert Gimello, "Mārga and Culture: Learning, Letters, and Liberation in Northern Sung Ch'an." In *Paths to Liberation: The Mārga and Transformation in Buddhist Thought*, edited by R. E. Buswell, Jr. and R. M. Gimello. Honolulu, Hawaii: University of Hawai'i Press, 1992, p.381。

三、漢月《於密滲提寂音尊者智證傳》的架構和體例

　　《於密滲提寂音尊者智證傳》内容依次包含：卷首漢月天啓甲子(1624)歲秋日所作《提智證傳序》、紫柏真可萬曆乙酉(1585)夏六月所作《重刻智證傳引》和正文。此外，上圖本《於密滲提寂音尊者智證傳》保留了漢月書寫真可《重刻智證傳引》的樣貌，可鑒賞漢月書法之美，而且上圖本此《傳引》與中國國家圖書館所藏，刻印於明萬曆十三年(1585)的《寂音尊者智證傳》所收之《傳引》版型相異。① 因此，筆者推測上圖本真可《重刻智證傳引》應是刊印《於密滲提寂音尊者智證傳》時重新雕版，誠屬珍貴。

　　《於密滲提寂音尊者智證傳》卷首記有“明海虞三峰沙門法藏提語”和“三峰門人廣敏録語”，此“門人廣敏”於《三峰藏和尚語録·三峰和尚年譜》則記“泰昌元年(1620)……首座聽石敏録成帙”，②可見漢月此弟子之全名爲聽石廣敏，是漢月早年之弟子，在漢月48歲時便擔任其首座，并記録漢月提語《智證傳》之成書内容，如《三峰清凉寺志》亦記：“漢公住三峰，至萬曆戊午(1618)、己未(1619)間，四方來學益衆，提唱無虚日。時座下參學又有聽石敏浄心王……輩十四人。”③可惜，由於《五燈全書》等無其傳記，以致聽石廣敏之其他生平不詳，目前僅於《三峰藏和尚語録》中存有一篇《示聽石敏首座》。④

　　至於上圖本《於密滲提寂音尊者智證傳》之題名，現存資料中另有些許差異，如《三峰藏和尚語録》中僅記爲《於密禪師提智證傳》，主要爲缺“滲”字，由於漢月所作《提智證傳序》中并無題名之解釋，筆者只能旁敲側擊其可能原因。事實上，漢月現存著作中尚有其他包含“滲”字之題名，如

　　① 紫柏真可《重刻智證傳引》於國圖本半頁7行，每行15字，并附有《附達觀師書》；上圖本半頁9行，每行18字，且無《附達觀師書》。
　　② 《三峰藏和尚語録·三峰和尚年譜》(新文豐版《嘉興藏》(34)，頁207中。
　　③ 《三峰清凉寺志》，《中國佛寺志叢刊》，揚州，廣陵書社，2006年，頁126。
　　④ 《三峰藏和尚語録》，新文豐版《嘉興藏》(34)，頁188中。

《於密滲禪病偈》(完成於 1619 年)、《於密滲宋元三尊宿做工夫因緣邪正注》(完成於約 1626 年)和《於密滲施食旨概》(完成於 1626 年;《卍續藏經》第 59 册,第 1082 號)。① "滲"字之意,漢月於《三峰藏和尚語録》提及"情滲漏、見滲漏、語滲漏"②三種滲漏,又於《於密滲提寂音尊者智證傳》中曾提及"蓋五宗之最,惟臨濟一宗法密而不滲,苟非真參大透者不能盡其閫奥",③上述"滲"字之用法皆含有負面之意涵,漢月又説再提語《智證傳》是"不顧狂陋",所以,漢月現存著作題名包含"滲"字,可能爲漢月之字號或是漢月自謙之詞。

至於《於密滲提寂音尊者智證傳》正文之體例,首先,此書既爲漢月提語《智證傳》之作,其基礎架構當爲《智證傳》原本一〇九則之內容,此外,漢月於每一則之前先作一些提語。故漢月提語與《智證傳》原本的內容的辨識方式爲:每一則起首爲漢月的提語,低一格和以△三角形符號開頭,并且以"舉"結尾引出《智證傳》之內容;接著爲《智證傳》引文之內容,頂格;最後惠洪的解釋以"傳曰"開頭并且低一格。因此,《於密滲提寂音尊者智證傳》之體例相似於《碧巖録》中的"垂示",④如下所引第一則全文之內容,以示其完整體例:

〔漢月提語〕

△"棒起虛空迸地開,一時生死合歸來。真仙不逐當年蜕,昨夜步虛乘月回。勘破也,莫依俙,兩堂首座喝如雷。拈來擲向人前看,雪裏〔暗〕香初綻梅。"以拄杖卓一下云:"若會得這一下子,便會得賓主句子,便會得同喝句子,便會得四賓主句子,便會得三玄三要句子,便會得四喝句子,乃至照用、料揀一切句子,一時會盡。始知臨濟喫三頓痛棒,向大愚肋下著拳,決非草草只向乾蘿蔔頭上胡棒亂喝,指東話西可同日語也。"又卓拄杖一下云:"會麽?"

---

①　《於密滲禪病偈》和《於密滲宋元三尊宿做工夫因緣邪正注》原收於上海圖書館。

②　《三峰藏和尚語録》,新文豐版《嘉興藏》(34),頁 157 中。

③　參本書《提智證傳序》。

④　《碧巖録》,《大正新修大藏經》(48),頁 140 上。

良久，復卓拄杖一下云：“此是臨濟宗旨也，然非臨濟自己杜撰，乃逆從黃蘗吐舌處得來，蘗從百丈耳聾處得來，丈從馬祖一喝處得來，祖從讓公之‘修證不無，染污不得’處來，讓從六祖袈裟遮圍，擊碓三下，以鞋擦墻處得來。要之總不出乎安心數語，拈花睹星，放光散花，入無量義定處發源也。若此處會得，不妨治世語言，資生業等，皆順正法。一動一靜，一闔一闢，無非此法。此處不會，便學時人於門頭户腦，説個塗毒鼓子，礙在悟處，法我立根，四相亂起而不自知也。悲夫！臨濟之法自在，而臨濟兒孫局之覺範婆心太切，而覺範後人泥之，源流雖存，而大法紊矣，烏在其源流之是慕也。”喝一喝！問大衆：“如何是臨濟源流？”衆無語。乃哭云：“蒼天！蒼天！”喝一喝！舉：

〔惠洪引文〕

《涅槃經》曰：“譬如有人，以雜毒藥用塗大鼓，於衆人中擊之發聲，雖無心欲聞，聞之皆死，唯除一人不橫死者。是大乘典《大涅槃經》亦復如是，在在處處，諸行衆中，有聞聲者，所有貪欲、瞋恚、愚癡悉皆滅盡。其中雖有無心思念，是《大涅槃》因緣力故，能滅煩惱，諸結自滅。犯四重禁及五無間，聞是經已，亦作無上菩提因緣，漸斷煩惱，除不橫死一闡提也。”
又曰：“何等名爲秘密之藏？猶如∴字，三點若并則不成伊，從亦不成。如摩醯首羅面上三目，乃得成伊，三點若別，亦不得成。我亦如是，解脱之法亦非涅槃，如來之身亦非涅槃，摩訶般若亦非涅槃，三法各異，亦非涅槃。我今安住如是三法，爲衆生故，名入涅槃，如世伊字。”

〔惠洪傳文〕

傳曰：巖頭奯禪師嘗曰：“《涅槃經》此三段義，〔略〕似宗門。”夫言似則非宗門旨要明矣！然宗門旨要，雖即文字語言不可見，離文字語言，亦安能見哉！臨濟曰：“大凡舉唱，須一句中具三玄，一玄中具三要，有玄有要。”此塗毒鼓聲也。臨濟歿二百年，尚有聞而死者。夫分賓主，如并存照用，如別立君臣，如從慈明曰：“一句分賓主，照用一時

行。若會箇中意，日午打三更。”同安曰：“賓主穆時全是妄，君臣合處
正中邪。還鄉曲調如何唱？明月堂前枯樹華。”如前語句，皆非一代
時教之所管攝。摩醯首羅面上竪亞一目，非常目也。①

但是，有時漢月之提語只是頌文，如第七則：

△“溪聲踏斷對青山，不識吾宗向上關。萬古剎那饒嚌語，冬瓜儱侗瓠彎
環。空逼逼，去閑閑，月白松青鶴夜還。囨！”②

或是，漢月只是以簡單的言語動作表達，如第四十則：

△拈起拂子云：“咄！”放下拂子云：“嗚！”復拈拂指揮，乃大笑！③

綜而言之，漢月於《於密滲提寂音尊者智證傳》中以相似於公案評唱
體例之“垂示”提語，顯示出漢月於三峰禪寺提語《智證傳》時，是對衆宣
講，如我們可於其提語中見到“喝云”或“卓拄杖一下云”的語詞，而非只是
自己於方丈室奮筆疾書之作；④再者，漢月對衆宣講時，於惠洪的引文和
傳文之前，先説出自己的提語，亦表達出漢月對“禪教”持有不同於惠洪的
態度，此點留待下一小節漢月釋經教之特色再詳加討論。

四、漢月《於密滲提寂音尊者智證傳》之重要思想概述

漢月《於密滲提寂音尊者智證傳》中每則提語都值得學人細讀，但若
總論其序和全書的內容，漢月提語《智證傳》的重點仍不外乎“智”和“證”，
因此，本節以漢月釋經教之特色代表“智”和禪宗五家宗旨與修行代表
“證”，藉以概述《於密滲提寂音尊者智證傳》之重點。

①　參本書《於密滲提寂音尊者智證傳》第一則。
②　參本書《於密滲提寂音尊者智證傳》第七則。
③　參本書《於密滲提寂音尊者智證傳》第四十則。
④　漢月另於《於密滲提寂音尊者智證傳》第一〇九則提語説：“及看尊者之傳，太似
老婆心切，半思半恨，不覺技癢，因對十數禪子略爲提起，使不住於經教道理，恐牽人於
濁智流轉故也。”可見漢月提語《智證傳》時，約有十數禪弟子在座下。

（一）釋經教之特色

惠洪撰《智證傳》的體例是以先"引"經、論和古德之語，再作"傳"釋之呈現，因此其内容次序爲先"引"後"傳"。譬如惠洪曾舉《涅槃經》之教能除衆人之貪欲、瞋恚、愚癡，有如塗毒鼓聲，①接著於其傳中，惠洪則論説巖頭全奯（828—887）禪師嘗曰："《涅槃經》此三段義，略似宗門。"②雖然惠洪仍强調"夫言似則非宗門旨要明矣"，但提及宗門旨要中臨濟所言"大凡舉唱，須一句中具三玄，一玄中具三要，有玄有要"，惠洪仍將臨濟之言譬爲《涅槃經》之塗毒鼓聲，而且以效果而言，臨濟儘管已殁二百年，至今尚有聞之而死者。③ 所以，若以禪教之間的關係而言，惠洪撰《智證傳》的目的在於"引教釋禪"。

而漢月雖提語《智證傳》，但他和惠洪最大的差別却是對大衆提語在先，之後纔舉示惠洪的"引文"和"傳文"，因此漢月之目的是先立"禪"，後引"教"，此舉完全是受到他看待經教之態度影響所致。漢月另於第一〇九則提語説："及看尊者之傳，太似老婆心切，半思半恨，不覺技癢，因對十數禪子略爲提起，使不住於經教道理，恐牽人入於濁智流轉故也。"④可見漢月提語《智證傳》時，仍是以使弟子不執著於經教道理，以免濁智流轉爲最終目的。

若以論禪教之間的關係而言，漢月所説"信佛者未必信法，學法者未必明心"⑤一言即清楚表達出，禪、教在漢月心中何者纔是佛教修行最後的終點。也因此，惠洪與漢月二書之別，除了禪教次序不同以外，惠洪在自己的"傳"中，除了謹守所引用之經論内容并加以闡釋以外，亦廣泛地額外再援引更多的經論加以論證；相反地，漢月的提語有時甚至不再提及惠洪所引的經論，而是强調如何從禪宗之立場思維了解惠洪的"引文"和"傳文"。

① 《大般涅槃經》，《大正新修大藏經》（12），頁 661 上。
② 唐代巖頭全豁（828—887）禪師上堂援引此説云："吾教意猶如塗毒鼓，擊一聲遠近聞者皆喪，亦云俱死。"《景德傳燈錄》，《大正新修大藏經》（50），頁 326 中。
③ 參本書《於密滲提寂音尊者智證傳》第一則。
④ 參本書《於密滲提寂音尊者智證傳》第一〇九則。
⑤ 參本書《於密滲提寂音尊者智證傳》第九則。

　　以下筆者以《智證傳》中第十八則《華嚴‧十地品》爲例，說明二人之差別，藉以凸顯漢月釋經教之特色。

　　〔惠洪引文〕

《華嚴‧十地品》曰："生死皆由心所作，心若滅者生死盡。"①又曰："隨順無明起諸有，若不隨順諸有斷。"②

　　〔惠洪傳文〕

　　傳曰：譬如有人，畏影而逃日中，其行愈疾而影愈隨。休於樹陰，則影自滅。三尺童子知之，而學者畏生死，乃不息滅妄心，是不類也。又如日親君子，則小人自疏；日親小人，則君子自遠。市井庸人知之，而學者畏流轉之苦，甘隨順無明，是首越而之燕者也。夫知心寂滅，則不復故起現行；不與妄合，則自然本智現前。此二種，第約之心耳，非加功也。③

　　上文惠洪所舉爲《華嚴經‧十地品》中第五地之文句，惠洪於其傳中更以《莊子‧漁父》有人害怕自己的影子而疾走的典故，④譬喻害怕生死流轉之苦却隨順無明而行的人，應知生死皆由心所作，妄心息滅，現行則不復；又日親君子，小人自疏，不與妄合，則本智自然現前。最後，惠洪雖表明此種説法只是"第約之心"，但他仍然非常盡責地從"心寂滅"到"本智現前"的次第一一説明清楚。

　　漢月的提語則不然，他以禪宗一貫無著無礙的態度對應惠洪傳中所引《莊子‧漁父》畏影之喻，漢月的提語如下：

△"出没生死，一任生心。隨順無明，不斷諸有。步步踏殺影子，時時驅役小人。本智作麽現前？現行如何起滅？心與功，休與轉，只在這裏。"以

---

① 《大方廣佛華嚴經》，《大正新修大藏經》(10)，頁195中。
② 《大方廣佛華嚴經》，《大正新修大藏經》(10)，頁195中。
③ 參本書《於密滲提寂音尊者智證傳》第十八則。
④ 黄錦鈜注譯《莊子讀本》，臺北三民書局，2007年，頁440—441。

拄杖畫一畫！云：“此與《華嚴》智證是同？是別？若道同也，打作兩橛；若道別也，總一鼻孔。還會麽？……”①

有別於惠洪談“息滅妄心”和“不與妄合”，漢月直言“出没生死”和“隨順無明”，并且主張相異於《莊子·漁父》畏影之譬，以“步步踏殺影子，時時驅役小人”的態度，坦然無染無礙地面對無明流轉。接著，漢月更進一步以禪師慣用機鋒的方式，質問衆人：“本智作麽現前？現行如何起滅？”并且要衆人思維這與《華嚴經》中所説的“智”、“證”是同、是別。

《華嚴經》中提及“智”“證”的内容有多處，如“受持正法修諸智，證菩提故而發心”，②“修行波羅蜜，究竟隨覺智，證知力自在，成無上菩提”，③或是“如諸菩薩摩訶薩，超諸世間，現諸趣身，不住攀緣，無有障礙，了達一切諸法自性，善能觀察一切諸法，得無我智，證無我法，教化調伏一切衆生恒無休息，心常安住無二法門，普入一切諸言辭海”。④但漢月秉持著禪師不落於言語的原則，不可説“同”，否則禪教則一致；又不可説“别”，否則禪宗則異於佛法。漢月如此提語，正是超越了惠洪所説的“第約之心”，并且點破了惠洪所未言“加功”的部分。

因此，我們若細探漢月引用經教的原則，正如他提語《智證傳》的方式是先立“禪”，後引“教”，他指示禪學者必須對經教已有一定之體悟，如此引教言參禪纔是正確的方式：

引教言參禪，須情理兩絶，無所攀緣……今學者欲以講説意度通，豈不謬哉？⑤漢月特别注重切不可“講説意度”，而應“情理兩絶，無所攀緣”，因爲禪師之偏好於經教者，往往“理性”太重。漢月於《三峰藏和尚語録·示看教者》亦説：“教中人參禪最難下手，只爲他平日學得底都有言路

---

① 參本書《於密滲提寂音尊者智證傳》第十八則。
② 《大正新修大藏經》（10），頁 72 中。
③ 《大正新修大藏經》（10），頁 317 上。
④ 《大正新修大藏經》（10），頁 401 中—下。
⑤ 參本書《於密滲提寂音尊者智證傳》第十七則。

意路,言思不斷。"①《於密滲提寂音尊者智證傳》中漢月所舉之例爲圭峰宗密(784—841),他對宗密的批評如下:

> 此舉祖家傍出道理,禪負墮之宗旨也。旁出者透微如来禪,不墮有無四句之法,而能曲盡法奧,未得大用現前,故但見理性而不能出格。……故神會之下,圭峰悟《圓覺》妙義,而其言語偏枯如此,參禪人不可以了義之義爲究竟也。②

漢月稱宗密爲禪宗之旁出,是因宗密屬荷澤神會(688—758)一系,并不在五家之列,尤其是宗密於其《禪源諸詮集都序》中宣稱:"若頓悟自心本來清净,元無煩惱,無漏智性本自具足,此心即佛,畢竟無異。依此而修者,是最上乘禪,亦名如來清净禪。"③對漢月而言,此如來禪之意雖不墮入有無四句之法,亦能曲盡法奧,却未得大用現前,"但見理性而不能出格",因此,宗密雖然了悟《圓覺經》之如來禪妙義,却因而"言語偏枯"。而後,漢月表達出其對經教最終的態度:"參禪人不可以了義之義爲究竟。"

總論漢月面對經教的態度:一來他既然提語《智證傳》,就應是肯定經教的内容,這也是他屢次對好佛儒者教導《智證傳》的原因;但是,二來由於他認爲參禪人不可將經教中的了義之義作爲究竟,便是將禪宗置於經教之先,并且認爲"禪是教之骨髓",因此提語《智證傳》時,一定對大衆先指示依禪宗宗旨應如何思維或判別,接著纔舉《智證傳》的内容。漢月之目的是先立"禪宗",後引經"教"證之,正如其於《安隱寺提智證傳普説》所述,提語《智證傳》目的在於"禪教相印,以收諸種根器"。④ 所以,與其他如宗密、延壽和惠洪等禪師相較,漢月面對經教的態度最爲疏離,而且置禪宗宗旨高於經教之上。

---

① 《三峰藏和尚語録》,新文豐版《嘉興藏》(34),頁189中。

② 參本書《於密滲提寂音尊者智證傳》第三則。

③ 《禪源諸詮集都序》,《大正新修大藏經》(48),頁399中。

④ 《三峰藏和尚語録·廣録》,新文豐版《嘉興藏》(34),頁156上。

（二）禪宗五家宗旨

《於密滲提寂音尊者智證傳》并非漢月專談禪學思想的典籍，但是，禪學思想却又是禪師最終的教學目的。因此，本節僅就《於密滲提寂音尊者智證傳》中漢月對禪宗五家思想之理解略加整理描述。漢月對禪宗五家思想之分析，最完整之著作當屬其《五宗原》，但漢月著《五宗原》於 1625 年，提語《智證傳》於 1616—1620 年之間，因此，《於密滲提寂音尊者智證傳》中漢月所提語禪宗五家思想之内容當早於《五宗原》，代表了漢月禪宗五家思想之雛形。漢月提語《智證傳》第十三則"二祖大師問達磨"有關安心之問時，簡述了五家的思想如下：

> 以拄杖又擊一下！乃云："此是千佛出世以至達磨傳心法式也。若於此處會得，則臨濟三玄，曹洞五位，潙仰九十六圓相，法眼華嚴六相義，雲門三句，該一切賓主父子，無量法門，百千妙義，却從這裹流出。……"①

依此可見，漢月認爲"三玄"是臨濟之宗旨，"五位"是曹洞之宗旨，"九十六圓相"是潙仰之宗旨，"華嚴六相義"是法眼之宗旨，"雲門三句"是雲門之宗旨，而且五家雖各有其宗旨，但五家均能該攝所有主客相應之理以及無量法門和妙義。漢月此五家之簡述與其較後期之作《五宗原》内容相符，主要目的是於明末時重新爲禪宗五家宗旨建立正統性。

漢月於《五宗原·序》中表示，乙丑年（1625）他於聖恩禪寺之萬峰關結夏之時，有弟子請示："嘗聞諸方尊宿欲抹殺五家宗旨，單傳釋迦拈花一事，謂之直提向上。然不知五宗之立，果爲謬妄者否？"②可見明末之時，有諸方禪師認爲五家宗旨所述皆總歸佛陀拈花之旨即可，禪宗後來所分立五家宗旨，對參禪求道并無實質的差別意義。針對此説，漢月之回應爲："自威音已來，無一言一法非五家宗旨之符印也。"力主五家宗旨所説皆符合威音古佛以來，諸佛諸祖所説之一言一法，并且皆可做

① 參本書《於密滲提寂音尊者智證傳》第十三則。
② 《五宗原》，《卍新纂續藏經》（65），頁 102 上。

爲悟心之"法印"，就如用以確認將帥身分之"兵符"一樣，五家宗旨各別，可以用來分辨參禪者之不同根機和悟境，亦可防僞，因此不可抹殺。①

至於有關漢月對五家宗旨之論述，筆者依漢月所述"臨濟三玄，曹洞五位，潙仰九十六圓相，法眼華嚴六相義，雲門三句"順序，從《於密滲提寂音尊者智證傳》檢出細節內容討論。

首先，漢月雖認爲五家等齊重要，却也説"蓋五宗之最，惟臨濟一宗法密而不滲，苟非真參大透者不能盡其閫奧"，②漢月并且列舉臨濟宗旨包含"賓主"、③"同喝"、④"四賓主"、⑤"三玄三要"、⑥"四喝"、⑦"照

---

① 《五宗原》，《卍新纂續藏經》(65)，頁 102 上。有關《五宗原》之著作背景與動機，參釋見一《漢月法藏之禪法研究》，頁 113—117。

② 參本書《提智證傳序》。

③ 臨濟賓主句子可見於《古尊宿語録·臨濟禪師語録之餘》，《卍新纂續藏經》(68)，頁 32 中。漢月亦曾引此段賓主句子於其《三峰藏和尚語録·頌古》中："示衆：'參學之人大須仔細，如賓主相見便有言論往來，或應物現形，或全體作用，或把機權喜怒，或現半身，或乘獅子，或乘象王。'"新文豐版《嘉興藏》(34)，頁 165 下。

④ 臨濟同喝句子可見於《古尊宿語録·臨濟禪師語録之餘》，《卍新纂續藏經》(68)，頁 23 中。漢月亦曾引此段賓主句子於其《三峰藏和尚語録·頌古》中："兩堂首座相見同時下喝，僧問師：'還有賓主也無？'師曰：'賓主歷然。'"新文豐版《嘉興藏》(34)，頁 165 下。

⑤ 臨濟四賓主句子可見於《古尊宿語録·臨濟禪師語録之餘》，《卍新纂續藏經》(68)，頁 32 下。漢月亦曾引此段四賓主句子於其《三峰藏和尚語録·頌古》中："如有真正學人便喝，先拈出一箇膠盆子。善知識不辨是境，便上他境上作模作樣，便被學人又喝，前人不肯放下，此是膏肓之病不堪醫治，喚作賓看主。或是善知識不拈出物，祇隨學人用處即奪，學人被奪抵死不肯放下，此是主看賓。或有學人應一箇清净境出善知識前，知識辨得是境，把得抛向坑裏，學人言：'大好善知識。'知識即云：'咄哉！不識好惡。'學人便禮拜，此喚作主看主。或有學人披枷帶鎖出善知識前，知識更與加一重枷鎖，學人歡喜，彼此不辨，喚作賓看賓。"新文豐版《嘉興藏》(34)，頁 165 下。

⑥ 《古尊宿語録·鎮州臨濟慧照禪師語録》記臨濟云："一句語須具三玄門，一玄門須具三要，有權有用。"《卍新纂續藏經》(68)，頁 32 下。《三峰藏和尚語録》則記漢月上堂舉臨濟祖師云："大凡演唱宗乘須一句中具三玄門，一玄中具三要，有權有實，有照有用。"新文豐版《嘉興藏》(34)，頁 126 下。

⑦ 臨濟四喝句子可見於《古尊宿語録·臨濟禪師語録之餘》，《卍新纂續藏經》(68)，頁 504 上。漢月亦曾引此段四喝句子於其《三峰藏和尚語録·住梁溪龍山錦樹禪院語》上堂中："昔日臨濟大師有四喝，有時一喝如金剛王寶劍，有時一喝如踞地師子，有時一喝如探竿影草，有時一喝不作一喝用。"新文豐版《嘉興藏》(34)，頁 142 上。

用"①和"料揀",②這些皆是我們從現存臨濟之語録中可讀到的内容,漢月於其語録中也都曾詳細解説過,并且强調這些并非臨濟自己杜撰,而可上溯至六祖惠能(638—713)。漢月於《於密滲提寂音尊者智證傳》中溯源臨濟宗旨如下:

> 此是臨濟宗旨也,然非臨濟自己杜撰,乃逆從黄蘗吐舌處得來,蘗從百丈耳聾處得來,丈從馬祖一喝處得來,祖從讓公之'修證不無,染污不得'處來,讓從六祖袈裟遮圍,擊碓三下,以鞋擦墙處得來。要之總不出乎安心數語。③

漢月如此上溯臨濟宗旨從黄蘗希運(? —850)、百丈懷海(749—814)、馬祖道一(790—788)、南嶽懷讓(677—744)至惠能六祖,其目的便在於如前所述,確立臨濟宗旨之正統性,而且簡要説來,總是不出乎"安心數語",可見漢月認爲臨濟宗旨有其祖師傳承之淵源,内容雖豐富,有"賓主"、"同喝"、"四賓主"、"三玄三要"、"四喝"、"照用"和"料揀"等説,目的都在於教導禪者如何能安其心。

　　接著,漢月於第一〇七則提語認爲"曹洞五位"之説,源自洞山離開雲巖後,渡水睹影處大悟,先作偈有"渠"、"我"等語,再根據其大悟内容"離

---

　　①　臨濟四照用可見於《古尊宿語録·臨濟禪師語録之餘》,《卍新纂續藏經》(68),頁32下—33上。漢月亦曾引此段四照用於其《三峰藏和尚語録·頌古》中舉臨濟示衆云:"我有時先照後用,有時先用後照,有時照用同時,有時照用不同時。先照後用有人在,先用後照有法在,照用同時驅耕夫之牛奪飢人之食,敲骨取髓痛下鍼錐,照用不同時有問有答,立賓立主,合水和泥應機接物,若是過量人向未舉已前,撩起便行猶較些子。"新文豐版《嘉興藏》(34),頁166上。

　　②　臨濟四料揀可見於《古尊宿語録·鎮州臨濟慧照禪師語録》,《卍新纂續藏經》(68),頁23下—24上。漢月亦曾引此段四料揀於其《三峰藏和尚語録·頌古》臨濟至晚小參曰:"有時奪人不奪境,有時奪境不奪人,有時人境俱奪,有時人境俱不奪。"克符問:"如何是奪人不奪境?"師曰:"煦日發生鋪地錦,嬰兒垂髮白如絲。"符曰:"如何是奪境不奪人?"師曰:"王令已行天下遍,將軍塞外絶煙塵。"符曰:"如何是人境俱奪?"師曰:"并汾絶信,獨處一方。"符曰:"如何是人境俱不奪?"師曰:"王登寶殿,野老謳歌。"新文豐版《嘉興藏》(34),頁165中。

　　③　參本書《於密滲提寂音尊者智證傳》第一則。

合爲五位君臣"。① 惠洪於其《智證傳》所錄《洞山五位》爲：

> 正中偏，三更初夜月明前。莫怪相逢不相識，隱隱猶懷昔日嫌。
>
> 偏中正，失曉老婆逢古鏡。分明覰面更無真，休更迷頭猶認影。
>
> 正中來，無中有路出塵埃。但能莫觸當今諱，也勝前朝斷舌才。
>
> 偏中至，兩刃交鋒莫迴避。好手還同火裏蓮，宛然自有冲天氣。
>
> 兼中到，不落有無誰敢和。人人盡欲出常流，折合終歸炭裏坐。②

漢月則認爲曹山"復以理事判爲今時空劫，大有密意"，③此句應是指曹山所作之偈："渾然藏理事，朕兆卒離明。威音王未曉，彌勒豈惺惺？"④此偈曹山以萬物雖含藏理事，但一經分別，便愈發不明，因此既然空劫以前的"威音王未曉"，將來之"彌勒豈惺惺"？漢月認爲曹山之密意并非在於以理事詮釋五位君臣，但曹山作了此偈，後人竟就此攀緣講説，以致令人訛爲有"實理實事"的存在，甚至於後代室中傳授，大壞曹洞宗風。⑤

　　因此，漢月批評會衍生出這種錯誤，皆是因爲不由"證悟"去理解而然，他因而提示大衆必須從"睹影處徹去"體會。在此提語時，他首先以月影明暗爲内容作偈，唱和洞山渡水睹影處大悟之偈：

> 夜明簾外，全身影子，隱隱見佳人。明月堂前，脱體靚粧，翩翩携半影。見影不見人，豈是無從忽有，形影全呈出？恰來彼此相忘，滅銀缸，下羅幃，同眠同眠，無夢無惺。燈前月下，相對處絕想絕情。

---

① 參本書《於密滲提寂音尊者智證傳》第一〇七則。洞山渡水睹影處大悟，所作之偈爲"切忌從他覓，迢迢與我疏。我今獨自往，處處得逢渠。渠今正是我，我今不是渠。應須與麽會，方始契如如。"《筠州洞山悟本禪師語録》，《大正新修大藏經》(47)，頁 508 上—中。

② 參本書《於密滲提寂音尊者智證傳》第一〇七則。"兼中到"，惠洪《智證傳》作"偏中至"，《瑞州洞山良价禪師語録》記洞山良价《五位君臣頌》作"兼中至"，《大正新修大藏經》(47)，頁 525 下。

③ 參本書《於密滲提寂音尊者智證傳》第一〇七則。

④ 《撫州曹山本寂禪師語録》，《大正新修大藏經》(47)，頁 537 上。

⑤ 參本書《於密滲提寂音尊者智證傳》第一〇七則。

　　暗去明來,共住中自臣自主。至若笙歌全寂後,香袖未來前,畢竟是第幾位?①

　　漢月於偈中表達出人影相忘之境界,一方面於相對處"絕想絕情",另一方面又能於共住中"自臣自主",如此纔能如其提語最後所説"超情于五位之外",這便是漢月所提示大衆要了解"曹洞五位",必須從洞山睹影"證悟"處徹去,而非執著詮釋五位君臣内容的原因,漢月這種説法與後來於其《五宗原》中説"五位前後事也,五位無位而位者也"的態度是一致的。②

　　至於漢月對潙仰宗九十六圓相最清楚的解釋,可見於第九十一則中。首先,禪宗文獻中圓相的起源有兩個記載,分別與相傳爲禪宗印度第十二祖馬鳴(活躍於 100—160 年間)與第十四祖龍樹(活躍於二至三世紀)有關。《景德傳燈録》中記馬鳴付法給第十三祖迦毘摩羅後,即入龍奮迅三昧,挺身空中如日輪相,然後示滅,這也是後代禪師會將圓相詮釋爲涅槃相的緣故。③ 接著,《傳法正宗記》之《天竺第十四祖龍樹大士傳》中説,龍樹遊化至南天竺國,發現其國之人好修福業,龍樹爲勸化他們便化身如一月輪,大衆雖然聽得到其所説之法,却無法睹其形。衆中唯有一長者之子迦那提婆能契悟,迦那提婆告訴衆人,龍樹以此示現,表達"無相三昧,形如滿月,佛性之義,廓然虛明"的意含。④ 此傳中强調"興福"非爲最勝事,反之,知正法,能見佛性纔是最勝事,并以圓月相表達諸佛體廓然虛明之義,這便是後代禪師多以圓相指涉圓滿與絕對之真理的原故。

　　① 參本書《於密滲提寂音尊者智證傳》第一〇七則。

　　② 《五宗原》,《卍新纂續藏經》(65),頁 104 下—105 上。

　　③ 《宗門玄鑑圖》,《卍新纂續藏經》(63),頁 747 下;《破山禪師語録》,新文豐版《嘉興藏》(26),頁 90 下;《景德傳燈録》,《大正新修大藏經》第 51),頁 209 下。以下本書對圓相之討論曾發表於拙著《雪竇七集之研究》,臺北法鼓文化,2015 年,頁 196—200。

　　④ 《傳法正宗記》,《大正新修大藏經》(51),頁 727 上。

後來圓相與中國東土禪師相關的起源，宋代睦庵善卿（活躍於約1050—1108年間）於其《祖庭事苑》中說明始於南陽國師慧忠（677—775）付授其侍者耽源應真（765?—825?），耽源再傳于仰山慧寂（807—883），後來便成爲潙仰家風。① 善卿之依據應爲《景德傳燈録》，書中首記南陽國師有一次見一僧來，便以手作圓相，圓相中再書寫一"日"字。② 雖然，僧傳中都沒有記載南陽國師以手作圓相或圓相中再書寫一"日"字代表甚麼意思，但是，後代禪師如仰山之弟子五冠山瑞雲寺順之和尚便說圓相者"所依涅槃相，亦名理佛性相"。③

"圓相"之義在仰山的時代却獲得極大發展，《袁州仰山慧寂禪師語録》中記載耽源將南陽國師九十七個圓相傳授給仰山。④ 但是，最早可見的文獻是神宗萬曆三十五年（1607）刊行，明代曹洞宗僧虛一方覺所撰的《宗門玄鑑圖》，中有"仰山九十六種圓相圖"之說。⑤ 漢月於第九十一則的提語亦提到此源流：

> 忠國師雖旁出法嗣，而得此九十六相，不爲玄妙所粘，故爲旁出之白眉。後以此法授耽源，源授仰山，山既會得，復參潙山。山問："汝是有主沙彌？無主沙彌？"仰云："有主沙彌。"曰："主在甚處？"仰從東過西。仰問："如何是真佛住處？"潙曰："以思無思之妙，返思靈焰之無窮，思盡還源，性相常住，事理不二，真佛如如。"仰乃頓悟，執侍十五

---

① 《祖庭事苑》，《卍新纂續藏經》(64)，頁332上。杜繼文、魏道儒主張潙仰宗如此"作相示意"的設計，當是"效仿《周易》，所謂'聖人立象以盡意'"而來，《中國禪宗通史》，江蘇古籍出版社，1993年，頁347。賈晉華則主張仰山纔是畫圓相的開創者，而且仰山畫圓相的方式，可能是受到密教曼荼羅（mandala）的啓示，《古典禪研究》，頁289。但是，禪宗文獻之記載則是受禪宗印度第十二祖之馬鳴與第十四祖之龍樹所啓發。

② 《景德傳燈録》，《大正新修大藏經》(51)，頁244下。

③ 孫昌武、衣川賢次、西口芳男點校《祖堂集》，中華書局，2007年，頁875。五冠山瑞雲寺順之，於《景德傳燈録》中稱"新羅國順支禪師"，《大正新修大藏經》(51)，頁289中；於杜繼文、魏道儒《中國禪宗通史》稱"東海朴順"，頁347。

④ 《袁州仰山慧寂禪師語録》，《大正新修大藏經》(47)，頁582上。

⑤ 《宗門玄鑑圖》，《卍新纂續藏經》(63)，頁750中。

載，曲盡奧旨。①

由於漢月於提語中亦說九十六相，可見漢月是受到明代說法影響，而仰山九十六種圓相雖被視爲潙仰宗之特殊宗旨，禪宗禪師中如馬祖、雲門與雪竇則警誡學人對有形的方便施設須得其意，勿執其相。② 漢月對圓相的提語亦是如此：

○作圓相，云："會麼？"● 乃以手抹殺，云："原來不會！"○ ● 復作圓相，旋抹殺云："此潙仰宗旨也。"③

漢月提語開頭先作圓相，但後來又將之抹殺說："此潙仰宗旨也。"漢月於《五宗原》亦說："兩口無舌，九十六相雲興。"④由此可見，漢月雖亦以九十六種圓相爲潙仰宗宗旨，但并未如有些禪師試著解釋或演繹九十六種圓相形貌與意義之企圖，只是強調潙仰二師在無言無相之中，所說的有形方便施設而已。⑤

　　而法眼宗一系，在禪宗五家之中，如傳統禪學者所理解的，向來就對經教抱持著最開放的態度。⑥ 其中，法眼文益（885—958）和永明延壽當是最代表性的人物，漢月於《於密滲提寂音尊者智證傳》第二則提語中亦說，惠洪的傳中只要是舉經教之語多出自法眼宗：

傳中多舉教語，皆此宗收也，華嚴六相義所以符也，一大藏教之綱領也，萬古拈題之法式也，義虎所未知也，道理所不到也。百丈野狐，趙州狗子，蓋出於此也。於此會得，則五家宗旨同一鼻孔也。⑦

────────────

① 參本書《於密滲提寂音尊者智證傳》第九十一則。
② 參拙著《雪竇七集之研究》，頁 196—200。
③ 參本書《於密滲提寂音尊者智證傳》第九十一則。
④ 《五宗原》，《卍新纂續藏經》（65），頁 104 中。
⑤ 參虛一方覺《宗門玄鑑圖》，《卍新纂續藏經》（63），頁 750 中。
⑥ 孤峰智璨《禪宗史》，東京，光融館，1987 年，頁 261。
⑦ 參本書《於密滲提寂音尊者智證傳》第二則。

上文中"六相"思想源自於《華嚴經·十地品》的歡喜地中,世尊勸衆佛子發大願,依此願所述,菩薩教化一切衆生時,如實説總、別、同、異、成和壞等六相,使衆生心得增長。① 爾後,華嚴祖師法藏(643—712)在其《金師子章》中,以金獅子爲喻,演釋六相之深義。②

有關文益對於六相的討論,我們可於《景德傳燈録》中看到兩則記載。第一則爲"大法眼禪師文益頌十四首"中之"華嚴六相義",此頌亦被收入《金陵清凉院文益禪師語録》中,其内容爲:

> 華嚴六相義,同中還有異。
>
> 異若異於同,全非諸佛意。
>
> 諸佛意總別,何曾有同異?
>
> 男子身中入定時,女子身中不留意。
>
> 不留意,絶名字,萬象明明無理事。③

文益於此"華嚴六相義"中表達出,只認同"總""別"二相的説法,并且更進一步地否認"理""事",這是非常不尋常的説法,因而到了明清時,便有二位禪者三山燈來(1614—1685)和錢伊庵特別拈提和贊同文益之説。④ 可

---

① 《華嚴經·十地品》:"願一切菩薩行廣大無量,不壞不雜,攝諸波羅蜜,凈治諸地,總相、別相、同相、異相、成相、壞相。所有菩薩行皆如實説,教化一切,令其受行,心得增長,廣大如法界,究竟如虛空,盡未來際一切劫數無有休息。"《大正新修大藏經》(10),頁181下。以下有關六相義的詳細討論,請參拙著《宋代禪宗辭書〈祖庭事苑〉之研究》,頁271—277。

② 現今《大正新修大藏經》中,并無獨立一卷本的法藏《金師子章》,我們只能見到宋代承遷編注的《華嚴經金師子章注》(T. 1881),《大正新修大藏經》(45),第號和晉水凈源(1011—1088)編注的《金師子章雲間類解》(T. 1880),《大正新修大藏經》(45)。

③ 《景德傳燈録》,《大正新修大藏經》(51),頁454上—中。

④ 文益此頌之末説"不留意,絶名字,萬象明明無理事",由於性空寂滅之理,而説無男女名字事相之別,三山燈來《五家宗旨纂要》評語:"法眼恁麽道,未免裂破舌頭。"此"裂破舌頭"應相似於"坐斷舌頭",形容文益遮奪其他無用之言詞,不使任何人再説任何話語。《卍新纂續藏經》(65),頁282上;《碧巖録》第十三則:"舉一明三即且止,坐斷天下人舌頭,作麽生道?"《大正新修大藏經》(48),頁153下。錢伊庵於其《宗範》(1835年刊行)則説:"法眼頌萬象明明無理事,乃六相深旨,見徹禪教皆在裏許。"深表贊同文益否認"理、事"之別的見解,《卍新纂續藏經》(65),頁339下。

見,法眼宗旨所談"華嚴六相義"是明清禪者普遍知曉的内容,因此漢月也説這是"一大藏教之綱領也,萬古拈題之法式也"。但是,漢月又緊接著説法眼宗旨"華嚴六相義"是"義虎所未知也,道理所不到也",意即禪師所領略的"華嚴六相義"不等同於僅是就理而論的義解師。

《景德傳燈録》中,有關文益"六相義"的第二則記載即爲文益質問弟子永明道潛(?—961)如何理解"六相義"的機緣問答,恰好提供我們了解漢月所言,如果只是依文字而不自思惟,爲何無法徹底明白"六相義"的解釋。下文《景德傳燈録》中净慧禪師即是文益,"净慧"一名是江南國主(南唐李昇)迎文益住報恩禪院時所賜之名,"師"即爲永明道潛。①

> 一日净慧問曰:"子於參請外,看甚麽經?"
> 師曰:"看《華嚴經》。"
> 净慧曰:"總別同異成壞六相,是何門攝屬?"
> 師對曰:"文在十地品中,據理則世出世間一切法皆具六相。"
> 曰:"空還具六相也無?"
> 師懵然無對。
> 净慧曰:"子却問吾。"
> 師乃問曰:"空還具六相也無?"
> 净慧曰:"空。"
> 師於是開悟,踊躍禮謝。②

由上文可看出,文益與道潛師徒皆熟知"六相"的典據,是出自於《華嚴經·十地品》,而就以上述文益與道潛師徒對答來看,若只是從字面上的意義來解讀,很容易讓人有"禪宗禪師反對經教"的印象。但是,若仔細讀來,文益却是很實際地在檢驗道潛是否真的懂得六相的意義? 因此當道

---

① 《金陵清凉院文益禪師語録》,《大正新修大藏經》(47),頁 588 下;鄧克銘《法眼文益禪師之研究》,臺北中華佛學研究所,1987 年,頁 1。

② 《景德傳燈録》,《大正新修大藏經》(51),頁 412 中。

潛説"據理則世出世間一切法皆具六相",文益就很快地捉到道潛理解的錯誤,并且一針見血地問他:"空還具六相也無?"道潛的錯誤,在於認爲"世出世間一切法皆具六相",但"六相"的適用範圍,正確的理解應是只有"世間法"纔皆具六相,就如華嚴學者張澄基所説:世間法皆具六相,而且六相是被用來説明世間法與"空性"不異的關係。① 因此,面對文益尖鋭的問話"空還具六相也無",道潛最初只能懵然無對。接著,文益見其無法回答,便讓道潛反問自己相同的問題,而在文益以"空"字答之後,道潛便豁然開悟。②

　　由此例推判漢月所言法眼宗旨,"華嚴六相義"是"義虎所未知也,道理所不到也",漢月的目的除了表達出禪者不應執著於經教的文字之外,更是强調禪者是否有深刻體悟經教之意涵,就如他亦曾問過弟子:"你道《華嚴》説底是? 杜順、傅老説底是? 更須自悟始得。"③以如此態度理解經教,漢月認爲禪宗公案中如"百丈野狐"④或"趙州狗子"⑤等等,都不異於經教之理,五家宗旨亦然,以禪家之語而言,即所謂"同一鼻孔"是也。

　　最後,漢月所提語的雲門宗旨爲雲門三句——"函蓋乾坤"、"截斷衆流"和"隨波逐浪",此三句可見於《雲門匡真禪師廣録》,雲門弟子圓明緣密述《頌雲門三句語》中。⑥ 漢月强調此雲門宗旨之由來爲"雲門於陳尊宿處悟得,而於雪峰處得法。二途合轍,故有'天中函蓋,目機銖兩,不涉

---

① Garma Chang, *The Buddhist Teaching of Totality: The Philosophy of Hwa Yen Buddhism*. Philadelphia: The Pennsylvania State University Press, 2001, p.170.

② 學者陳榮波亦提出"善誘性"爲文益的語言特色之一,本文在此僅以文益如何運用"六相"一詞教示弟子道潛,有關法眼文益的華嚴禪思想更詳細的討論,請參陳榮波《法眼文益大師的華嚴禪探微》,《新世紀宗教研究》第八卷第二期,2009 年,頁 125—146 頁。

③ 參本書《於密滲提寂音尊者智證傳》第四十九則。

④ "百丈野狐"之典故可見於《古尊宿語録》,《卍新纂續藏經》(68),頁 5 下。

⑤ "趙州狗子"之典故可見於《古尊宿語録》,《卍新纂續藏經》(68),頁 81 上。

⑥ 《雲門匡真禪師廣録》,雲門弟子圓明緣密述《頌雲門三句語》,《大正新修大藏經》(47),頁 576 中。

世緣'等語".① 漢月此語之目的同樣是確定雲門宗旨之正統性。《雲門山光泰禪院匡真大師行録》記載雲門文偃（868—949）先參於睦州道踪，道踪又稱陳尊宿，爲黃蘗之法嗣。雲門初往參道踪時，三扣其門，道踪纔開門，雲門試著進入，却被道踪托開説："秦時轆轢鑽！"雲門因而釋然朗悟，諮參道踪數載後，道踪指示雲門前往福建參承雪峰義存（822—908）。② 今禪宗燈録多記雲門爲雪峰義存法嗣，漢月也因此説雲門是在陳尊宿處悟得，而於雪峰處得法。

總而言之，漢月於《於密滲提寂音尊者智證傳》提及禪宗五家宗旨的目的，并不在於詳細地詮釋或演繹大家所耳熟能詳五家宗旨之義，而是再次確定於明代分立禪宗五家宗旨之必要性，如其《提智證傳序》中所説明的，往昔五家宗師只是因各人路徑不同，但所證入皆爲大法，引導人證悟之目的亦是相同的：

> 昔之人分大法而立五宗者，各因其所證入而設隘外之玄關，布空中之雲陛，分絶罅之宗眼，涌頂門之心咒，曲盡其證證之人法，直斷夫了了之命根而後已耳。③

漢月特以五家宗師所證入之路徑各異，因而分設檢驗修禪人之隘要玄關、登進雲階、勉強分辨宗旨差別，宗師之目的皆在於竭力道盡他們能幫助修禪人證入之法，直斷煩惱之根源，這對明代修禪者而言亦是迫切需要的。

（三）禪法修行

《於密滲提寂音尊者智證傳》并非漢月專談參禪的典籍，由於近期明清稀見佛教文獻的發現，學人若參照本書所録漢月之《於密滲禪病偈》和《於密滲參禪諸偈》三十首，對於漢月指示的參禪修行内容纔會有更完整

---

① 參本書《於密滲提寂音尊者智證傳》第三十則。
② 《雲門匡真禪師廣録》，《大正新修大藏經》（47），頁 575 下；《景德傳燈録》，《大正新修大藏經》（51），頁 353 上。
③ 參本書《提智證傳序》。

的了解。本文僅撿擇《於密滲提寂音尊者智證傳》漢月提及參禪修行數語作簡短討論,如其中第十四則漢月之提語:

> 大凡學道人,須具一段剛骨,於聲色頭邊,如木石相似。更須發大參情,務求徹底。未悟者當立地要悟,已悟者當細細力參。大透脱後當曲盡師承,斷盡習漏,努力利生,如蓮華峰之不肯住高峰之死關。更貴志千生,無少休息,方不負參禪發心初念。①

依上文中,漢月此段有關學道提語之重點爲:不爲聲色所移、發大參情和利生。其中首先要能"不爲聲色所移",漢月亦於《於密滲提寂音尊者智證傳》屢屢提語如何"破人名法相",如"四大既言假借,又曰爲身,添一頭,減一脚。心本原是無生,更言境有",②或"透色惟心,惟心亦透",③可見漢月以惟心之旨先破色,先斷絕對世間聲色之執著,接著再破惟心。

　　而漢月連惟心之旨都破,這是因爲有心即有念,有"起念處即乖違"。④ 但是,漢月并非惡取空者,爲了避免弟子墮於二邊,他亦問弟子:"總非心外事,心內亦無交。且道既非心內,又非心外,畢竟在甚麼處?"⑤或是"分別墮惡道,無念坐木偶。二謗既紛然,如何得分剖?"⑥至於要如何修行,便是要"發大參情,務求徹底",對未悟者而言,當機立地決定要求悟是最重要的,而很有趣的是,漢月强調已悟者仍然應當繼續"細細力參"。

　　這亦即反映漢月於 40 歲自悟後的情況,他曾於《海虞三峰於密藏和尚普説》自述説,他在閉不語關百日時"忽聞隔窗二僧夾籬攀折大竹,如迅雷一震,直見虛空粉碎,大地平沉,人法俱消,真無力處"之後,除了繼續努力盡斷漏習以外,一直重參一些以前看過的話頭,確定"一一皆通,方纔放

---

① 參本書《於密滲提寂音尊者智證傳》第十四則。
② 參本書《於密滲提寂音尊者智證傳》第四十六則。
③ 參本書《於密滲提寂音尊者智證傳》第二則。
④ 參本書《於密滲提寂音尊者智證傳》第十五則。
⑤ 參本書《於密滲提寂音尊者智證傳》第十則。
⑥ 參本書《於密滲提寂音尊者智證傳》第二十九則。

心”，半年後閉關得病之時，又繼續“再參再省”，①如此又經二年：

> 特蓋苑庵，帶濕閉關，染却一身濕病，日夕煨磚作伴，翻覆究之，忽然
> 入得臨濟堂奥。復參德山托鉢公案，參之既省，省處拂開，再參再省，
> 越究越得。又苦究二年，雖無所加，自覺受用非昔。②

在漢月悟後約二年半期間，漢月所提及或參、或看的公案有如“萬法歸一，一歸何處？”、“柏樹子”、“乾屎橛”、“三玄三要”及“汾陽偈子”，如此“再參再省，越究越得”，而且在“受用”上越來越增進，這應是爲何漢月在《於密滲提寂音尊者智證傳》中强調已悟者仍當細細力參的緣故。

接著，漢月期望禪者在大透脱之後，便要努力利生，并舉“蓮華峰之不肯住高峰之死關”爲例。筆者推判漢月此説應是結合了兩位禪師之言行。一爲廬山蓮華峰祥庵主（約五代至北宋初人）示疾時，問衆人云：“汝道古佛到這裏，爲甚麼不肯住？”意謂諸佛爲何不住於涅槃寂滅之處？衆人無語以對，蓮華峰祥庵主便代答：“爲他途路不得力。”③二爲高峰原妙閉死關共十五年，期間弟子都必須跋涉數里纔能參請。④漢月於其《於密滲參禪諸偈》中“不肯住”一偈也明白地説：“問君途路力如何？椰栗横肩不顧他。前有蓮花後天目，古人誰箇自涓訛？”⑤因此，漢月“蓮華峰之不肯住高峰之死關”之説應是在於勸勉禪師大透脱後，應努力利生，不住死關，以利他爲重。

尤其是有關自行化他之旨，漢月在提語《智證傳》第五十一則《法華經》時，另講了一段非常深刻勉勵的話語：

> 未解者令解，此開悟之旨也；未安者令安，此相應之旨也。既悟既安，
> 當以不懈怠心，廣爲衆説，此自行化他之旨也。故菩薩處慈悲，被忍

---

① 參本書《海虞三峰於密藏和尚普説》。
② 參本書《海虞三峰於密藏和尚普説》。
③ 《建中靖國續燈録》，《卍新纂續藏經》(78)，頁 651 中。
④ 《高峰原妙禪師語録·行狀》，《卍新纂續藏經》(70)，頁 698 下。
⑤ 《三峰藏和尚語録·廣録》，新文豐版《嘉興藏》(34)，頁 184 下。

辱,休息法空,安住是中,出生入死,隨順隨逆,利己利人,潛行密用,
無所不至。①

漢月特別指出"未解者令解"和"未安者令安"是禪師們努力開悟後之責
任,因此期許開悟者要不懈怠地以菩薩心行一方面自己能"休息法空,安
住是中",另一方面又要能"出生入死,隨順隨逆,利己利人",因此纔會有
"不住死關"誡勉之語。

　　至於參禪的方法,漢月提到的是"看話頭",而且他特別提醒禪學者看
話頭時不可太心急:

　　看話頭亦勿太急,須自悠悠然待時節至。縱不悟,當多生做去,自有
　　入頭。②

漢月上文甚至以"多生做去,自有入頭"勸戒當時急於速成的禪修者,這說
法也回應了漢月在《於密滲提寂音尊者智證傳》中批評了某些禪師簡化禪
宗之教導爲"棒喝"的問題:③

　　今之人欲將一棒一喝以當透綱宗,明大法,不亦見彈而思鴞
　　〔炙〕乎?④

"見彈而思鴞炙"語出《莊子‧齊物論》,漢月藉以比喻今人欲想以一棒
一喝就能通透禪宗綱宗,明白大法,是計思過早的想法。⑤ 但這并非表
示漢月本身不用"棒喝",我們亦可在《於密滲提寂音尊者智證傳》讀到漢
月向大眾"喝一喝!"或說:"這一輩煩惱眾生,個個好與三十棒!"漢月強調
"棒喝"只是一種教學方式或是學習過程,而非淪爲一種形式表現或是參
禪的目的,就如:"臨濟喫三頓痛棒,向大愚肋下著拳,決非草草只向乾蘿

---

① 　參本書《於密滲提寂音尊者智證傳》第五十一則。
② 　參本書《於密滲提寂音尊者智證傳》第十四則。
③ 　有關此討論,亦可參吳疆《禪悟與僧靜:17 世紀中國禪宗的重構》,第 5 頁。
④ 　參本書《提智證傳序》。
⑤ 　《莊子讀本》,黃錦鋐注譯,頁 23。

葡頭上胡棒亂喝！”①可見漢月所批評的棒喝是“胡棒亂喝”，“棒喝”的方式并不等同於參禪目的，禪師用“棒喝”之用意應在於引導弟子最終能“透綱宗，明大法”。

所以，總論漢月對禪法修行的指示，其不爲聲色所移、發大參情和利生的主張仍是承繼著大乘菩薩之修行傳統，再加上禪宗自宋代所發展出來特殊的參話頭和發大參情的方法，他還強調禪師應不住死關和適時適當使用棒喝以幫助弟子透綱宗和明大法。因此，明末漢月的禪法修行思想不僅秉持傳統菩薩之修行理念和延續宋代以來禪宗特有的禪修方法，同時漢月亦慎密地檢視和反思禪師們的修行方式和指導弟子的方法，是一位承續傳統又保有自己獨立思考的禪師。

五、結語

由於《於密滲提寂音尊者智證傳》的重新問世，我們得以見到反映了造成密雲和漢月師徒之諍、對於禪教態度之別的癥結的典籍内容。惠洪《智證傳》的一〇九則中共引用了 20 部經論 62 次，經教意義之重確實是禪師著作中鮮少的例子，但惠洪之用意却是在於“引教釋禪”，因此，《智證傳》一〇九則中亦引用了 33 位佛教法師或禪師共 46 次。其中，《智證傳》所引之臨濟兩堂首座同喝語，在漢月已自認參得臨濟三玄之旨，却苦覓無諸方禪師印其所證時，提供了一個“今古心心如覿面相印”的自證根據，這便是爲何縱使漢月被密雲痛斥爲將禪院變爲講席，犯佛教所知障之大忌，漢月仍不爲所動，去世那年仍繼續提語《智證傳》。

這便是漢月身處明末之時所觀察到的現象，在度化好佛儒者時，只憑一昧棒喝并不足以服人，漢月依循其弘化原則——“未解者令解”和“未安者令安”，四處應邀弘法時，針對好佛儒者之根器，提語《智證傳》中經教的

---

① 此“臨濟喫三頓痛棒，向大愚肋下著拳”典故可見於《鎮州臨濟慧照禪師語録·行録》，《大正新修大藏經》(47)，頁 504 中。

内容,藉以與他們的參禪境界相印。因爲《智證傳》貴在其博引經教的内容,可以讓好讀佛經的儒者"因智而證"或"以證證智",并且堅固他們參禪的决心。再者,漢月依據己身的經驗認爲:無師自悟者,徹悟後,可以用《智證傳》内容來細檢自己所證的境界。依據目前所見歷史文獻資料而言,不可否認的是,漢月通過這樣的内容和方式,在明末確實成功地接引了一群常熟和蘇杭的好佛儒者。①

　　因此,僅從師徒之諍而論并不足以見到漢月提語《智證傳》的價值,從禪宗歷史的長河來看禪教關係的發展,雖然禪宗"教外别傳"的形象旗幟自古飄揚至今,但眾多禪宗典籍包含禪師之著作、語録甚或燈録,自始都可見到援引經教之身影,禪師中更有一向視教禪平等重要者,如唐代宗密和五代永明延壽,到了宋代惠洪之《智證傳》意在於"引教釋禪",乃至到明末漢月提語《智證傳》則立申"參禪人不可以了義之義爲究竟",因此他"先立禪,後引教"以使"禪教相印",如此展現出明代禪者之自信和適時應機的風範。

　　而且值得我們注意的是,漢月如此作法并非孤例。明末清初之時,亦有其他僧人或居士以此自信之態度重新詮釋法相、天台、華嚴或净土等傳統佛教思想。② 佛教自東漢傳入中國至明清已千數百年,此時的明清佛

---

　　① 長谷部幽蹊《三峰一門の隆替》,《愛知學院大學論叢一般教育研究》32(1),1984年,頁110。此外,我們亦可見到年代晚於漢月的偶亭净挺(1615—1684)亦有"參《智證傳》,以舊有《智證傳》而又參之"的記載,偶亭净挺之生平詳見清文人毛奇齡(1623—1716)所著《洞宗二十九世傳法五雲偶亭挺禪師塔志銘》。净挺俗名徐繼恩,早年曾參加科舉,明弘光帝時(1645)舉明經,至47歲時,忽憶及前世爲僧之因緣,纔於西湖愚庵受曹洞宗法,落髮受三壇净戒。此塔銘中,毛奇齡以"參《智證傳》"和又參"舊有《智證傳》"記之,雖然我們不能確定第一部《智證傳》是否爲漢月之《於密滲提寂音尊者智證傳》,但偶亭净挺參《智證傳》確實是可以做爲有儒學背景之人喜好參究《智證傳》之另一實例。參《洞宗二十九世傳法五雲偶亭挺禪師塔志銘》,《西河文集》(9),臺北商務印書館,1968年;拙著《〈維摩詰經〉論疏考辨》,《佛光學報》新一卷·第2期·下卷,2015年,頁461—462。

　　② 有關此議題,參林鎮國教授之會議論文"When Chan Meets Logician: Miyun Yuanwu's (1566‐1642) Response in the Debate on Seng Zhao's Thesis on No‐Motion of Things"(《物不遷與正量:幻有正傳、密雲圓悟與空印鎮澄之論辯探析》),發表於宜蘭佛光大學佛研中心所舉辦之"第二屆近世東亞佛教文獻與研究"國際學術研討會,2018年6月2—3日。

教常背負著衰敗的普遍印象。但是，隨著新出稀見明清佛教文獻的陸續重新發現，此時正是重新檢驗我們對於明清漢傳佛教評價的時候。譬如明末佛教的復興常以所謂“明末四大師”爲標竿，如此説來的話，試問：有千餘位第三代傳法弟子的密雲圓悟的地位呢？各個位居常熟和蘇杭重要寺院的漢月法藏和其後二代衆多弟子的地位呢？或，是否有更多在當時有影響重大而現在却不爲人知的僧人呢？期待現代學者能利用近日重新發現之文獻資料，進一步探究和闡發明清漢傳佛教的時代意義和價值。

後　記

　　本書之出版，緣起於佛光山教團對佛光大學佛教研究中心執行"近世東亞佛教文獻和研究"計劃（2016.8—2020.7）之支持。在本書文獻收集、整理和編校再版的過程中，筆者衷心感謝蘇州西園寺方丈普仁大和尚同意調閱古籍，藏主法宗法師、三寶樓智誠法師和圖書館樓曉蔚先生熱心協助調閱古籍，上海永福庵常住法師之支持，上海大學成慶教授推動出版"明清禪宗文獻叢書"的熱誠和統籌，以及佛光文化出版社、上海古籍出版社多位人員之細心編輯和校對。感謝成書過程中的所有協助！

黃繹勳

2024 年 2 月 12 日

圖書在版編目(CIP)數據

漢月法藏禪師珍稀文獻輯注初編 / 黃繹勳輯注. ——
上海：上海古籍出版社，2024.6
（明清禪宗文獻叢書 / 黃繹勳，成慶主編.第一輯）
ISBN 978-7-5732-1166-8

Ⅰ.①漢… Ⅱ.①黃… Ⅲ.①禪宗－文獻資料－彙編
－中國－明清時代 Ⅳ.①B946.5

中國國家版本館 CIP 數據核字(2024)第 104621 號

明清禪宗文獻叢書 第一輯
黃繹勳 成 慶 主編
漢月法藏禪師珍稀文獻輯注初編
黃繹勳 輯注
上海古籍出版社出版發行
（上海市閔行區號景路 159 弄 1-5 號 A 座 5F 郵政編碼 201101）
（1）網址：www.guji.com.cn
（2）E-mail：guji1@guji.com.cn
（3）易文網網址：www.ewen.co
啓東市人民印刷有限公司印刷
開本 787×1092 1/16 印張 18 插頁 3 字數 241,000
2024 年 6 月第 1 版 2024 年 6 月第 1 次印刷
ISBN 978-7-5732-1166-8
B·1398 定價：78.00 元
如有質量問題,請與承印公司聯繫